贲友林 著

此岸与彼岸 II

我的数学教学手记

江蘇鳳凰教育出版社
Phoenix Education Publishing, Ltd

图书在版编目(CIP)数据

此岸与彼岸Ⅱ——我的数学教学手记/贲友林著.
—南京:江苏凤凰教育出版社,2015.6(2020.9 重印)

ISBN 978-7-5499-5227-4

Ⅰ.①此… Ⅱ.①贲… Ⅲ.①小学数学课-教学研究 Ⅳ.①G623.502

中国版本图书馆 CIP 数据核字(2015)第 137846 号

书　　名:此岸与彼岸Ⅱ——我的数学教学手记
作　　者:贲友林
责任编辑:朱凌燕
封面设计:张金风
出版发行:凤凰出版传媒股份有限公司
　　　　　江苏凤凰教育出版社(南京市湖南路 1 号凤凰广场 A 楼　210009)
网　　址:http://www.1088.com.cn
新浪微博:http://e.weibo.com/jsfhjy
照　　排:南京开乐数码图文设计有限公司
印　　刷:济南市莱芜凤城印务有限公司
厂　　址:山东省济南市莱芜区高庄街道办事处任家庄村
经　　销:江苏省新华发行集团有限公司
开　　本:787×1092 毫米　1/16
印　　张:17
字　　数:300 千字
版　　次:2015 年 6 月第 1 版
印　　次:2020 年 9 月第 2 次印刷
书　　号:ISBN　978-7-5499-5227-4
定　　价:40.00 元
邮购电话:025-83658689,025-83658688

思想者与实践家

成尚荣

这是贲友林老师小学数学教学研究的又一本专著，他仍然坚持用“此岸与彼岸”作书名。他的这种“任性”，透着他忠贞的信念和永远的追求，正如我在为他第一本专著《此岸与彼岸》所写的序里说的：“贲友林的人生中永远只有彼岸，而且永远在瞭望对岸。”不过，他永远不会放弃此岸，有此岸的存在，才会有踏踏实实的彼岸；从此岸到彼岸一次次的摆渡，才会有进步和超越。

这次摆渡的进步在哪里？他告诉我，他已经从以往的“碎片化”的反思开始走向专题式的思考；他还说，他要用思想来提升生活的品质。我很认同。当然，我并不认为，他的以往的反思是“碎片化”的，更不认为反思不是一种思想，但是，显然他已自觉意识到，专题性的思考多么重要——走向专题其实是思考结构化的体现；而从反思开始的思想是又一次的跃升——走向思想会更深刻、更系统。这本专著，印证了贲友林的进步。坚信这一步步走下去，贲友林在向彼岸摆渡中会更成熟、更成功——在我看来，贲友林视野中的彼岸是教学的高峰、学术的殿堂，是再一次走向全国，甚至走向世界。

关于“思想”，其词性有个演进过程。“思想”，经日本传入我国后，是作为名词来使用的，“思想者，事实之母也”。但是，据考证，1892 年，“思想”现身辞典之中时，是作为动词使用的。贲友林告诉我，他更愿意回到最初的动词使用上去。因为，他需要不断地改变、发展。思想着，其实就是改变着、进步着、丰富着、发展着。人只有思想着，才能有专业尊严地工作着。我常说，我们不是思想家，但一定要做思想者，因而，我们才能从实践者走向实践家。贲友林靠着不断地思想，正在迈向实践家这一彼岸。

可贵的还在于，贲友林认为，成为有思想的教师，不是一蹴而就的，而是有个过程。他将这一过程描述为：有一点想法→有一点自己的想法→有一点见解→有一点稳定的观点→有一点思想。当然，这是互相渗透、互相支撑的过程。不能截然分割，但过程性十分清晰，用他自己的话来说，这是发展的路径。依循这一路径，我们会不断地逼近思想的彼岸。

贲友林给我总的感觉中，还有他的安静。是的，平常，或是开会，他的话很少，至少是话不多，总是安静地倾听着，其实他的脑子里是不平静的。我以为这是贲友林所表现出来的中华美学精神和品格。中华传统美学体系中有一个重要的学说——虚静说。成长、发展需要虚静的心境，只有以虚静的态度，才能进入真正的研究和创作境界。虚静不仅是心态，也是生活态度、学习态度、工作态度。虚静说应对着慎独说，那就是“昨夜西风凋碧树，独上高楼”。慎独，修身；虚静，去功利去浮躁。慎独，虚静让贲友林以思想的方式去向着彼岸摆渡。

读着贲友林的文章、书稿，尤为感动的是他的儿童观：“教学智慧，心向着学生”，“在解读学生过程中重建学生观”，“和学生一起慢慢成长”……我以为，贲友林的教育观、课程观、教材观、教学观、管理观都是基于儿童观的，都是根植于儿童文化土壤之中的。而他所做的一切就是，永远为学生开门，而不是关门。开门，开启思维之门，开启探究之门，开启创造之门，开启未来之门。这是一种理念，也是一种意象。很有意思的是，此岸与彼岸，既是一种理念，也是一种意象。这两种理念相重叠，这两种意象相汇合，多神圣，多精彩！

（成尚荣，国家督学，原江苏省教科所所长）

由“船”到“桥”的自然转身

游建华

和以往一样，捧读贲友林老师的书稿，仿佛置身于他那充满智慧的课堂，欣赏他挥洒自如的风采、润物无声的点化，还有亲密无间的师生互动……或许这就是《此岸与彼岸》出版8年后仍在热销的缘故吧。

很荣幸，我又参与了贲友林老师《此岸与彼岸Ⅱ》的选题策划。《此岸与彼岸Ⅱ》是2007年版《此岸与彼岸》的续篇，也可称之为升级版。与2007年版《此岸与彼岸》相比，这个升级版新意何在？

一是更为聚焦。超越了对教学现场、教育故事随机性散点式记录、叙说与反思，聚焦于数学课程改革与数学课堂教学的核心和重点。书中深入探讨的概念教学、计算教学、解决问题的策略，以及对数学活动经验的思考，明确指向“四基”的课程目标，也聚焦于一线教师普遍关注的热点。

二是更为立体。超越了对传统数学教学价值目标的关注与追求，展示了全方位、多层次的实践与理性相互关照的立体架构。从教学到教育，从学科视角到学生视角，从学生成长、教师发展到与学生一起成长，从关注个体到面向全体，从逻辑起点到现实起点与逻辑起点兼顾，从且行且思到思行合一……横向拓展，纵向延伸，其教学思想脉络进一步清晰化、立体化。

从此岸出发，探路开道，直至抵达心中的彼岸，人们可以蹚水，可以划船，也可以架桥，还可以架设索道和缆车……其行走方式在不断改变、升级。从划船到架桥，更是观念的创新、方法的突破。

划船过河，出发与抵达的位置可以因一个人、少数人的需要随机分散布设；而架设桥梁，则需选址于人流聚集的村镇、闹市。桥，任凭风打浪击、日晒雨淋，总是安然不动，默默坚守，日复一日、年复一年地全天候地承载大量行人、车马的过往。

划船过河，过河的船与来往于上下游的船航行路线在水平面交叉，难免出现避让、等待，甚至停航；而架桥于水上，桥与江河形成立体交叉，桥上的车马行人与水上的舟船各行其道、互不妨碍，正可谓“水从碧玉环中过，人在苍龙背上行”。

可见，同样作为交通工具或设施，桥的承载能力之强、施惠造福面之广、便捷程度之高，非船可相比。不仅如此，桥还具备了顽强负重、默默坚守、普惠利他的品格。

从《此岸与彼岸Ⅱ》的字里行间，我们能读懂贲友林老师始终心向彼岸的教育情怀与学术追求，我们也能看见一位名师成长过程中由“船”到“桥”的自然转身——拒绝浮躁，脚踏实地，坚守课堂，做普普通通、默默奉献的教师，自觉担当教育的天职；博爱厚生，和谐发展，爱每个学生，为每个学生的发展而教，与学生一起成长，而不是为了教师的所谓成功而轻忽、妨碍学生的发展；思而励行，行而敦学，在持续的实践与思考中有所创造，有所发现，建构高效而有活力的课堂操作模式。

此岸在脚下，彼岸有多远？

心在哪里，彼岸就在哪里。我相信，在贲友林老师的心中，一定还有更远的彼岸，他一定会不断探索通向那彼岸的更新更美的行走方式；前行路上，他一定也会饱览更多更美的风景。所以，我也必然期待《此岸与彼岸》的下一个升级版。

（游建华，编审，江苏凤凰教育出版社副总编辑，江苏省教育学会中、小学数学专业委员会副理事长）

发现成长的美好

闫　勤

成长，是件很美妙的事。无论对于学生，还是对于教师。发现成长的密码，是件非常艰难、但却是既有意思又有意义的事。这些年，我在想：教师如何成长？贲友林老师的新书《此岸与彼岸Ⅱ》记录了他对数学教学内容，对学生、对数学课堂的思考与实践，这带给我一些启示。

教师的成长，离不开读书。对教学内容的研究，是教师的必修课。新手教师刚“上路”时，对于教材通常是手不释卷。在一次有关读书的讲座中，贲友林老师谈到，教师读书，从读教材开始。我以为，这是有道理的。不过，不同的教师，读教材的方式与收获是不一样的。有的浅尝辄止，有的读得透彻，读出了自己的思考，看到了白纸黑字背面的东西；有的纸上谈兵就教材读教材，有的将读教材和教学实践结合起来；有的拘泥于具体的一节课的教学内容，有的不囿于孤立的一节课，而是整体解读小学数学一个领域或一个板块的教学内容，如计算教学、解决问题的教学等。在这本书中，我们看到了贲友林老师对小学数学教学内容的研究。以简算教学为例，他认为，简算，其实不简单；简算教学，有时太简单。这样的想法有新意又接地气，有用又深刻。有用，是因为有心；深刻，是因为深入。类似这样对教学内容的研究，给更多的教师提供了一种示范。

教师的成长，是与学生在一起的。对学生的研究，是教师从“关注自己”走向“关爱学生”的必经之路与重要表现。对教师而言，更有意义的评价往往不在于教师本身所具有的“才华”，而是教师所有的才华、坚守、付出等投注的方向。教师的工作实际上是一种不断对象化的“成全性”工作，把“爱”转化成了学生的成长。教育的目的不仅是知识的丰富、智力的成长，还有情感的浸润、意志的砥砺、人格的完善、心灵的圆满，进而体验到一种精神上的幸福。教师必须走出技术型、专业化的误区，全面关注学生的生命成长。贲友林老师对学生的爱，他身边的每个人都能强烈地感受到。读着书中贲友林老师记录的教学故事以及他对学生的解读，我们体会到了教学相长，感受到了温暖，更发现了学生成长的故事美妙地和教师成长的故事融合在一起。

教师的成长，是在课堂这片广袤的田野中。好的课堂教学，是对学生的亲切款待，是与学生亦教亦学的共舞，是心灵与心灵之间的默契与关联，是对学生本性保持着的开放、信任与期待。这些年，贲友林老师坚持课堂教学改革实验。听过贲老师课的教师都惊讶，贲老师的课发生着改变。从本书收集的十多节课能看到课堂变化的脉络，每节课之后的教学思考，让我们体会到支撑课堂现场的背后，是教师的所思所想，正如贲老师所说，课可以有缺憾，但不能没想法。贲老师的课，常教常新，更提醒我们，好的教学，一定是有思想的，是理性地创新，不是简单地标新立异；是自我的"刷新"，不是"复制＋粘贴"。

研究，助推教师成长。教师日常的教育科研，既不同于课程专家的学术研究，也不同于实验室里的测验和计算，它更多的是源于教育实践的一种反思和行动。教师的教育研究应回归本原，即结合自己每一天的教育实践进行反思性研究，带着一个思考的大脑完成记录每一天平凡的教育琐事。多年来，贲友林老师坚持着这样的研究，真实、自然、诚恳而坚韧，在行动与反思的交互过程中，默默地改善与改变着自己，在此岸与彼岸的追寻过程中，变得富有活力、引人注目、让人称道。当把这些诚实而温暖的文字集中在一起，也就有了贲友林老师的《此岸与彼岸》、《此岸与彼岸Ⅱ》，相信，还会"接二连三"。

成长充满了挑战，充满了期待，成长的过程不可复制，但可以借鉴。这或许正是《此岸与彼岸Ⅱ》这本书的价值与意义所在。让我们一起走进《此岸与彼岸Ⅱ》，发现成长的美好；让我们一起走出《此岸与彼岸Ⅱ》，感悟成长的真谛。期待更多的教师能像贲友林老师一样，怀着一种虔诚的教育情怀，在日复一日的常规教学中历练、坚守。相信每一位教师都可以成长为最好的自己。

（闫勤，特级教师，南京师范大学附属小学校长）

一节课·一本书

华应龙

从1995年到2002年，我与贲友林老师一起工作了8年。其间，他做我儿子三至六年级的数学教师4年。后来，我儿子高考数学得147分，真得感谢贲老师！

2002年3月，我"北上"；2005年8月，他"南下"。我一直关注着他的发展与成长。对于他，我既熟悉又陌生。熟悉的是，他坚持走自己的路，追寻着自己心中对教育的那份梦想；陌生的是，与他每一次的相遇和交流，总是带给我惊喜与惊讶，感动与感悟。

2001年4月，山东淄博，全国第五届小学数学优秀课评选活动。贲友林老师的那节《"平面图形面积"总复习》，赢得了满堂彩，荣获一等奖第三名。前两名都是新授课（参加本届比赛的课是从新授课和复习课两种课型中任抽一种），我们不满足但很满意（当时我和贲友林是同事，他是副教导主任，我是常务副校长）。我见证了他磨课的全过程，更感动于他平常认认真真上好每一节课的兢兢业业、精益求精的精神。

回忆贲友林老师成长的过程，我想起禅学中的一个故事：徒弟问师傅，一碗米有多少钱的价值？师傅说，这太难说了，看在谁手里。要是在一个家庭主妇手里，她加点水蒸一蒸，半个钟头，一碗米饭出来了，就是一块钱的价值。要是在小商人手里，他把米好好泡一泡，分成四五堆，用粽叶包成粽子，花一两个小时，就是四五块钱的价值。要是到一个更有头脑的大商人手里，把它做成米饭后再发酵、加温，十天半个月，很用心地酿造成一瓶酒，有可能是二三十块钱的价值。所以一碗米到底有多少价值，要因人而异。

我们做教师的每天都要上课，但一节课与一节课的价值是大不相同的，因人而异。有的一节课是教给了学生一点知识，有的一节课是教给了学生一种方法，有的一节课是传授给了学生一种思想，有的一节课激发起的是学生求知的热情。

一节课获奖了，可喜可贺。但对于执教教师而言，"她"的价值也是截然不同、因人而异的。有的可能是加官晋爵的筹码，有的可能是评职评特的金砖；有的可能是一种圆满的抵达，有的可能是一次崭新的出发。有的教师因一节课的成功，而荒废了精彩的人生。马斯洛说过："人们不仅惧怕自己身上最坏的东西，也惧怕自己身上最好的东西。"他称那些有了点进步就沾沾自喜、不思进取的人为"逃避成长"。而贲友林老师因一节课的成功，走上了更加成功的康庄大道。

贲友林老师的成功告诉我们：一节课的价值的不同，在很大程度上取决于每个人(不管是对学生而言，还是对教师来说)对"一节课"的加工程度。我们教师对"一节课"加工的时间越短，这节课的价值就越低；我们教师对"一节课"加工的时间越长，这节课的价值也就越大。

何为"加工"？如果我们没有迷茫过，如果我们没有思索过；如果我们没有比较过，如果我们没有质疑过；如果我们没有寂寞过，如果我们没有憔悴过；如果我们没有向往过，如果我们没有激动过，那么，我们就别说"加工"过，因为那只是在"重复"。

有意思的是，2001年的《"平面图形面积"总复习》，贲友林老师将它记录于《此岸与彼岸》中；十多年后贲友林老师与自己同课异构的《"平面图形面积"总复习》，记录于《此岸与彼岸Ⅱ》中。

贲友林老师对一节课的加工，是用心的。这样的加工，体现在他的课中，记录于他的笔下。而且，他不滞留于对公开课的加工。每一节家常课，都是他加工的对象与内容。正如他自己所言：把公开课上成家常课，把家常课上成公开课。

一节好课，折射心灵世界，浓缩人生精华，散发人格魅力，凸显生命价值。课如其人，我们的人生何尝不是"一节课"呢？一声啼哭，上课；再一阵啼哭，下课。其间就是一个不断寻找、开发、提升和放大价值的过程。父母给我们"一个人"，然后我们自己"加工"。

贲友林老师始终把自己的教育人生当成一节课来上。他在自己的教育路途中心无旁骛地一直往前跑，于是，《此岸与彼岸》之后，有了《此岸与彼岸Ⅱ》。我想起了那次与我交流时，他谈到了"宁静致远"的成长体会。

哦，何以宁静？"心何以知？曰：'虚壹而静'。"(《荀子·解蔽》)"养心莫若寡欲，至乐无如读书。"(郑成功语)就像他自嘲式介绍自己时所说的："我的眼睛很小，不过，眼小聚光。"是的，聚光就是有目标，就是对目标之外的视而不见。眼不见，心就不烦。

哦，为何致远？碗里的水多了，米就少；眼里的草多了，花就少；心里的腥气多了,芬芳就少。心不旁骛,反而能够视阈敞亮。

一节课,一碗米,一本书,一个人。

我真心地感谢贲友林先生的“一节课”!他让我体悟到:真正钻了进去,“一”就是“多”,“无”即是“有”。从一节课到一本书,一步之遥,贲友林老师在此岸与彼岸之间完成着摆渡。或许,我们不少教师与贲友林老师也是一步之遥,如何完成跨越,不妨到《此岸与彼岸Ⅱ》中寻找答案。

(华应龙,特级教师,北京第二实验小学副校长)

目录

第三辑

教学，“发现”之旅

第四辑

我的课堂我“辩护”

后记

第一辑

理解与重建

理解与重建

——关于计算教学的思考

计算，在小学数学教学内容中占有很大的份额。关于计算教学，有太多值得重新认识与理解的问题，正如有的数学教师所感叹的，“想说爱你不容易”。

一、“又是买东西！”

（一）场景描述

教学“小数和整数相乘”，课始，一位教师以图画、对话的形式出示了下面三个问题让学生列式解答：

（1）每支铅笔 0.3 元，买 2 支铅笔要多少元？

（2）每根橡皮筋 0.06 元，买 9 根橡皮筋要多少元？

（3）每只羽毛球 0.8 元，买 3 只羽毛球要多少元？

有学生发出一声叹息：“又是买东西！”

（二）我的思考

我们知道，课标教材中学习四则计算时，计算与解决实际问题结合在一起，目的是让计算回归到实际问题的背景之中，让学生体会到计算是解决实际问题的需要。联想学生的生活，他们已有的经历大多与游玩、购物、借书、植树以及一些文体活动等相关。教材也据此设计问题场景，有的还设计了“情景串”的编写形式，即在某一阶段或某一个单元中，连续几课时呈现的都是相关的场景。

计算与解决实际问题相结合，这里结合的价值与意义，不仅是让学生进一步感受计算是解决实际问题的需要，更重要的是通过结合过程中的解决实际问题，激活学生已有知识经验，从而对学生探索计算方法起到调度经验、启发思维的作用。也就是说，计算的学习与解决实际问题的学习，它们之间的作用是相互的。

教材中多次出现的“买东西”的场景可能让学生索然无味，但“买东西”的落脚点并不是让学生对问题场景念念不忘。如上面举例的“小数和整数相乘”，呈现了

"买东西"的三个问题，学生凭借已有的知识经验能顺利地列式并口算出得数，教师在引导学生归纳三个算式共同之处的基础上，揭示课题。而学生在没有学习新课之前，已能算出这三题，不过，此刻学生对计算时把小数乘法当成整数乘法的转化策略的认识是朦胧的、混沌的，教师应充分挖掘学生思考的价值，抓住这一点，使之成为后继教学的生长点。

在实际教学中，出现了教师更换教材中素材的现象，倒产生了一些新的问题。如三年级上册教学除法，教材中呈现的是分羽毛球图（如图1—1）。

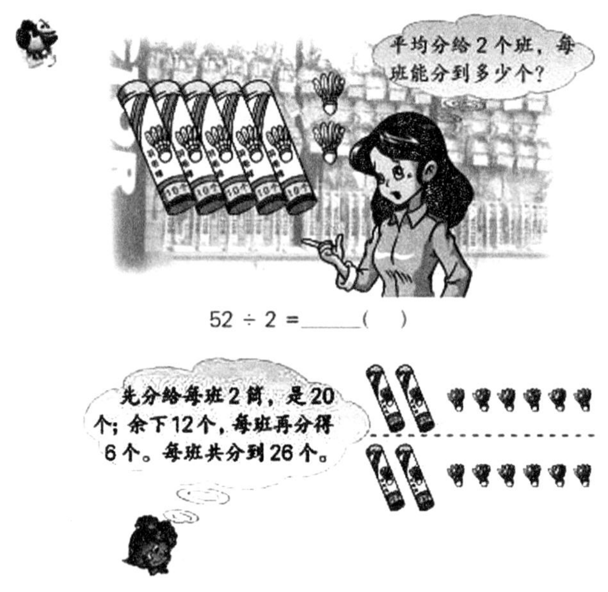

图1—1

一位教师结合当地实际，将分羽毛球改为分土豆。初看，并无不妥，甚至可以看作是因地制宜的做法。那教材为什么设计"分羽毛球"呢？教材的设计意图是：列出算式之后，学生先试算（一般学生都是用口算），继而对照实物或学具或图操作过程，体会先分整筒的（分给每班2筒），余下的一筒要和单个的合起来再分。这样的安排，有助于理解竖式计算的方法。特别是图示"分羽毛球"的处理，检验了口算结果是否正确，又为竖式的教学作了铺垫与孕伏。而更换素材为"分土豆"，则无法让学生体会"先分整十"的思路。

由此可见，替换教材中的素材，绝不是"随心所欲"。教学素材的选择，是为了更好地激活学生的知识经验以支持学生的数学学习。有的教师把"用教材教"等同于改换一下教材中的素材，这是一种简单而肤浅的想法与做法。诚然，教学内容的一些素材，往往需要因时、因地而作出一些调整，但这仅仅是加工教材的一点做法。我们不能把“用教材教”等同于更换内容，不能为了标榜“用教材教”而对教材作没有价值的调整。

计算与解决实际问题相结合，不是简单地“1＋1”。

二、“我都会算了，还要摆小棒！”

（一）场景描述

一年级教学“笔算两位数加两位数”，出示算式 34＋16 之后，教师指出：请同学们用小棒摆一摆，或用计数器拨一拨，看结果是多少。一位学生很不情愿地操作，嘟哝着：“34 加 16 等于 50，我都会算了，还要摆小棒！”

（二）我的思考

应当说，这位教师是按照教材的编写思路组织课堂学习进程的。教材编写 34＋16 的大致安排是，先用小棒摆一摆或用计数器拨一拨，再用竖式计算。它所表达的信息是，在教学时借助学具的直观操作，理解进位加法中相同数位上的数相加、“满十进一”的算理，探索用竖式计算 34＋16 的方法。一言概之，借助直观，理解算理，探索算法。

而实际教学中，对于相当一部分一年级学生来说，在学习 34＋16 时，已能不借助直观“拐杖”，进入表征为“形式化”的运算阶段，当然，不同的学生个性化的运算方法及表现方式会有所不同。像这样学生的学习水平已“超前”教材预期定位的现象并非偶然。我们知道，不少学生在学习某些数学内容时，已经或多或少地从家长或其他途径得到“提前学习”。我们都经历并熟悉这样的场景：一年级新生在家长陪护下到学校报到时，家长会很“自豪地”告诉我们：我孩子已经能熟练计算 20 以内加减法了，我孩子 100 以内的加减法都会算了……我们需要分析的是，学生会算了，他们理解为什么这样算吗？算法的学习不能脱离算理的学习。学生既要掌握算法，也要理解算理，否则算法的学习就可能停留于“依葫芦画瓢”的模仿以及机械应用的水平。

教材的编写，提供了教学活动的线索，但我们绝不能把教材的编写思路等同于教学预案，把教材的言语叙述方式直接照搬成课堂中的师生学习活动。尊重教材、理解教材，要求我们要以科学、审慎的态度去研究教材、解读教材。教材中所传递的事实性的客观知识，我们不能加工改变。但教材中所设计的呈现形式及其蕴含的教与学的方式，往往是对学生作共性化的考虑，使用时必须结合所教学生

的学习情况进行个性化的加工。也就是说，教材的编写是建立在对学生群体学习状况的预设的基础之上的，它对学生在学习某一部分新知时的"数学现实"的预设，往往依据的是教材编写时所设计的知识逻辑体系。如"笔算两位数加两位数"的学习，教材所依据的学生知识基础是：已学两位数加一位数的进位加法口算和两位数加两位数的不进位加法笔算。教材难以调和不同地域、不同背景、不同个体的学生具有不同的数学学习现实之间的矛盾，教师应在教学中加以调整，寻求平衡。事实上，这正是教师教学工作创造性的表现之一。

思路，决定了出路。在理解教材编写的价值指向，把准学生的现实状态之后，我们重新调整教学思路，寻找更为合理的"借助直观促进理解"的教学落脚点。教材编写所预设的教学进程是：先操作，再探究算法。我们是否可作这样的调整：先让学生交流各自的算法，再组织学生进行直观操作，借助直观，理解算理算法，实现有效交流。对于低年级学生来说，语言表达能力和理解能力都有待提高。直观操作，正可弥补学生对话交流中表达不清、理解不深的缺陷，为学生充分阐述算法、理解算法提供有效的支撑。同时，借助直观，验证先前学生交流的算法是否正确。学生在交流各自的算法之后，急切地想知道算得对不对，这时组织操作，检验算法，是应自己之所需，而非教师所强求。这个摆小棒、拨算珠的过程，也是对计算的重点难点进行正强化的过程。通俗地说，学生会算了，但他们还有"东西"要学。这样的计算教学，不是蜻蜓点水、浮光掠影，因为通过操作，借助直观，引发学生的思维，学生的算法掌握水平超越了原先的机械模仿层面，在理解中得到了提升。

算法的掌握与算理的理解，不是"两张皮"！

三、"老师，要写竖式吗？"

（一）场景描述

三年级学习"两位数除以一位数"，教师让学生完成下面一题：

3. 红岗小学三年级某小队3个组收集废电池情况如下表。

	第一组	第二组	第三组
人　数	3	4	3
收集的总节数	69	84	66
平均每人收集的节数			

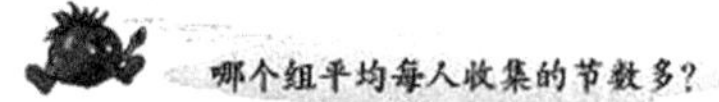

学生开始做题，有学生举手向老师发问："老师，要写竖式吗？"教师的回答干

脆利落:“要!”

（二）我的思考

要不要写竖式,也就是说,是否笔算,是教师规定吗?这又让我联想起考试之前常见的一幕:教师对学生千叮万嘱:计算,要在草稿纸上认真算;口算题,也要用竖式计算,不能出错,不能在计算方面丢分。由此引发的思考是,算法的选择由谁决定?进一步追问:为什么要选择算法?

面对具体的问题情境,首先应确定是否需要计算,然后再根据“答案”的性质,确定运用什么样的计算方法。这对我们的启示是:在解决实际问题时,如果需要计算,就应根据解决问题对答案的精确度要求以及问题本身数目的大小,来选择合适的算法。

我们还要认识的是,算法的选择,除了考虑问题本身这一因素,还要考虑学生的水平这一因素。不同阶段的学生,对算法的选择有着不同的要求。如两位数加(减)两位数,一年级的学习要求是笔算,三年级的学习要求是口算。还有,不同个体的学生,有着不同的计算水平。如上面这道题,面对学生的发问,教师可这样回答:“你能口算,就口算;口算有困难,列竖式计算。”这样,把算法的选择权还给学生,选择哪种算法,由学生决定。

因此,我们在关注学生计算正确率的同时,还要注意培养学生选择计算方法的意识。我们要澄清对计算能力的理解。计算能力,不仅表现为会用笔算、口算等进行计算,以及计算正确、达到一定的速度要求,还包括对口算、笔算、估算等多种计算形式的理解和掌握,以及根据具体情境采用适合的计算形式。

算法选择,不是由教师说了算!

四、“哎!又是计算!”

（一）场景描述

教师布置作业,话未说完,学生感叹:“哎!又是计算!”

（二）我的思考

计算教学的练习设计,往往比较单调乏味。曾有人如此批评计算教学:从口算、笔算到速算,从计算速度到准确性,从抓数学符号的书写到不放过一个小数点,可以说抓得牢而又牢。看看我们的教师花了多少力气、发了多少脾气,所谓“良好习惯的养成”差不多全被教师用在计算教学中了。

计算练习,必须走出机械训练的“阴影”!我们首先要建立的认识是:计算教学，需要适度的练习。因为技能的形成需要一定量的练习。《美国学校数学教育的原则和标准(2000年)》也指出："提供充足和适合的练习。这样做，学生的计算能力才能变得熟练和灵活。"其次，要提高练习设计的艺术。计算练习要注意"四性"：(1) 针对性。即针对学生计算过程中的重点、难点、疑点进行练习，攻其一点，逐步突破。(2) 层次性。即练习设计遵循由易到难、由简到繁、由基本到变式、由低级到高级的顺序编排。(3) 思考性。即让学生不仅要"算"，而且要"想"，避免将计算练习单纯作为"程序性训练"。(4) 综合性。即把计算与解决实际问题结合起来，凸显计算是解决问题的工具。通过解决问题，使学生体会到数学计算的实际价值。

计算练习，不是简单地一"练"了之！

简算：不是要求而是意识

——关于简算及简算教学的思考

福建省莆田市城厢区筱塘小学蔡淑娥老师在《直面简算的教与学》一文中介绍了她做过的一项关于“简算”的调查（调查测试卷与调查结果附后）。从她的调查中可知：当简便计算成为要求时，即学生面对要求为“计算时能简算的要简算”的计算题，基本都能选择简便方法进行计算；而与之相对应的实际问题，学生的简算应用水平却大都处于“一般”甚至于“较弱”的水平。这反映了学生将简算视作一种要求而未将简算形成一种意识。简算，何以异化成仅仅成为一种要求？学生简算的意识，缘何缺失？下面从简算与简算教学两个角度试作分析。

一、简算，其实不简单

（一）简算，是对计算过程的一种转化

简便计算，即运用运算定律或性质，使计算变得简单方便，使一个很复杂的式子变得很容易计算。

简便计算，在计算领域中的位置何在？《美国学校数学课程与评价标准》一书的第7页，有一幅图（如图1－2），从图中可以看出：面对具体的问题情境，首先确定是否需要计算，然后再根据“答案”的性质，来选择适合的计算方法。例如，需要的是近似的答案，则通过估算解决问题；需要的是精确答案，则通过心算、笔算、计算器或计算机算出答案。在这幅图中，我们没有发现“简便计算”的位置。再进一步想一想，简便计算通常表现为把“利用笔算”的式子转化成“利用心算”的式子。若对上面的图作修改的话，即在“利用笔算”与“利用心算”之间连上线，这条连线标注的是“简便计算”。简便计算，并不能算一种独立算法，只是对某些式子的计算过程进行了优化。

简便计算，简便在哪儿？简便计算，通常是把不能口算或者说心算，也就是一般需要笔算的式子，运用运算定律或性质进行转化，使之能够利用口算算出结果。

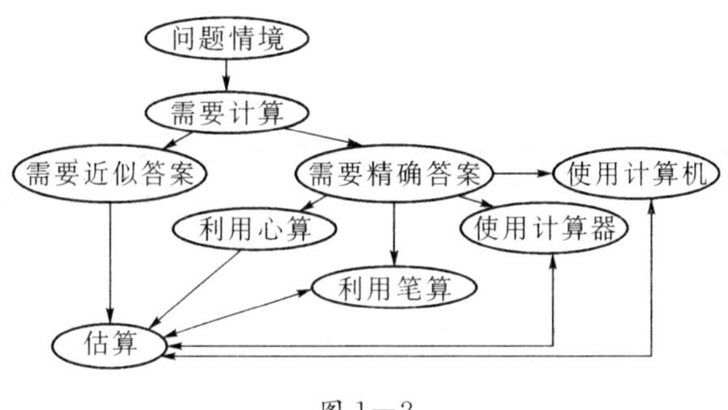

图 1—2

这样的计算一般视作简便计算。也就是说，原先要笔算写竖式的，现在直接在脑子中算，就能算出得数了。这看起来的确是比原来简便了。

如果把简便计算与竖式计算即笔算进行比较，你认为哪种算法更简单呢？事实上，不少学生往往不喜欢简便算法而乐意用竖式计算。难道这是“舍简求繁”？和用竖式计算相比，用简便方法进行计算的过程，涉及对一道式子的观察、判断、分析、思考等，这一系列关于是否能简算、如何简算的从决策到行动的过程，富有思维含量。而用竖式计算，其程序是固定的，几乎没有什么变化，计算过程中只要“按序操作”；并且，用竖式计算这种算法具有更普适的意义，几乎对所有的式子都适用。

说简便计算比较简单，往往是从教师的角度作出的判断；如果从学生的角度来审视，反而觉得用竖式计算更简单一些。由此来看，学生要形成简算意识，倒有了些许“明知山有虎，偏向虎山行”的意味。

（二）简算，是学生思维发展一个阶段的表现

以学生如何计算 9＋4 为例。第一阶段，“合起来数”。他们往往会数出 9 个实物，然后数出 4 个实物，接着将 9 个实物和 4 个实物合起来，从“头”开始数出 13 个。第二阶段，“接着数”。他们会数出 9 个实物，然后不再从“头”数起，而是从 9 开始，继续数出 4 个。第三阶段，“利用事实计算结果”。即在算 9＋4 时，先算 9 加 1，继而再加上 3，其过程为 9＋4＝9＋1＋3＝13。这一过程用到了“9＋1＝10”“10＋3＝13”这些“事实”。那学生为何不调用“9＋2＝11”“11＋2＝13”这些事实呢？学生运用“凑整”的方法进行计算，这是思维发展的高级阶段。这里所说的高级阶段，不仅表现为用“凑整”的方法进行计算，而且体现出学生对计算方法的优化意识。第四阶段，逐步达到“自动化”水平。即面对“9＋4”，会提取记忆直接回答，脱口而出，几乎未现思考过程。这是一个动态的发展过程，尽

管这个过程中的几个阶段有时难以绝对地划分，而且对不同的学生来说，各个发展阶段所需时间的长短也可能是不同的。不过，需要教师建立的认识是，也许在教师看来，计算 9+4 几乎应该是一种自动化的行为，对学生来说，却是一个较为漫长的发展结果。

由此来看"简算"。在教师的视野中，能简算的要简算，应该成为一种接近自动化的行为，对学生来说，是需要发展之后才能达到的。教师看来是一个"平面的"发展要求，却是学生"立体的"发展结果。教师不能以自己的思维发展水平替代学生的发展水平。简算意识的形成，是人们自觉求简意识的体现，在某种意义上有一定本来性，但其形成又具有过程性、阶段性，不可能一蹴而就。

二、简算教学，有时太简单

（一）简算教学，应当更全面深入地认识其教学价值

日常简算的教学，一般未能从学生发展的角度认识其价值，往往就简算教简算，把简算教学定位于对运算定律与性质的巩固与应用，过于重视技能训练，甚至异化成技巧的传授。

美国国家研究委员会致国民的一份报告《人人关心数学教育的未来》中明确提出："今天一个其数学本领仅限于计算的人，几乎没有什么可贡献于当今的社会，因为有廉价的计算器就能够把事情办得更好。"不难发现，计算过程中简便算法的判断、选择与实施，无论是对学生的判断能力、选择能力还是优化意识、应用意识以及数感发展，都具有重要意义，因此我们要重新认识简算的价值与意义。

如，我们从"解决问题策略"的角度重新审视简算的过程，即在掌握运算的同时，形成解决问题的一些基本策略，体验解决问题策略的多样性，发展实践能力和创新精神。整体上看，如前所述，简算的过程，就是将"不能口算"的过程转化成"能口算"的过程。再以具体算题为例。234+199，如果用简便方法计算，那先用234 加上 200，这即作出的一个"假设"；接下来要进行"调整"，原本是加上 199，现在加上的是 200，多加了 1，要减去 1，234+199=234+200−1。4.5×9.9，我们可以先假设 4.5×10，然后要调整的是，多算了 4.5×0.1，所以要减去，4.5×9.9=4.5×10−4.5×0.1。以上两例，在简算过程中都是应用了假设、调整的策略。事实上，从策略的角度认识简算的过程与方法，也提升了学生理解、解释与应用的水平，避免学生出现诸如 234+199=234+200+1，4.5×9.9=4.5×10+4.5×0.1 这样的错误。

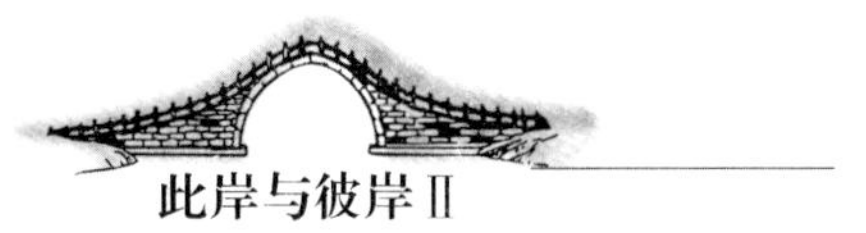

(二)简算教学,应当由学生自主完成算法的优化

关于能简算的题目的呈现,其要求不能都是明确指令性的,如类似"用简便方法计算下面各题""下面各题怎样简便就怎样算""用递等式计算(能简算的要简算)"这样的陈述。算题是否简算,首先要让学生有自觉甄别的机会。不可否认,接受指令进行简算是学生在学习简算过程中不可逾越的一个阶段,在简算学习的初期,指令是必要的,但简算教学的进程,不能停滞于这个阶段。学生被指令得太多了,也就逐渐消解了自主的意识。简算,不应当成为一种条件反射,而应当是学生思维达到一定的抽象、概括和反省水平之后对算法自然进行优化的表现。

在教学过程中,教师不要仅仅停留于指导学生如何简算,更要给予学生较为充分的独立思考、探索算法、交流互动的机会。教师要鼓励学生"用自己喜欢的方法计算",但不应当让学生一直停留于他们原有的水平层面。在实际教学中,不同的学生呈现不同的算法,即呈现出算法多样化的场景,之后教师应组织交流,引导学生比较,实现对算法的优化。算法优化的过程不是由教师强制学生完成的。学生是优化算法的主体,教师要让学生在交流和比较的过程中真切地感受到"原来还可以这样算""这样算真是巧妙",从而愿意并主动地去应用简便算法,调整并优化自己的想法。教师要精心设计引导学生优化算法的教学,选择适当的时机,使用适宜的方法,让多种算法在交流中发生碰撞,在碰撞中呈现联系,在联系中进行比较,在比较中实现优化。也就是说,教师把优化算法变成学生又一次主动建构的学习活动,成为学生又一次自我发展的自觉追求,这一过程,也正是学生简算意识形成的过程。

教师不仅要关注学生理解简算的必要性,还要关注简算的合理性即对简算算理的理解。再说蔡淑娥的调查卷,其中解决问题能力测试卷中第2、7题所列出的算式,学生简算应用水平表现为"较强",而其他6道题目,却是"一般"与"较弱",为何如此?是学生不会对列出的算式进行简算吗?不是!教师也不能将学生不简算直接归因于学生简算意识不强。我以为,在解决问题的过程中,学生列出算式的难度远远高于列出算式后计算的难度。学生在列式时,考虑的是每一步算式表示的含义是什么,即为何这样列式。如第2题,学生可以列出算式273－82－18,也可以列出算式273－(82＋18),这两种算法的算理都是学生容易理解的。又如第7题,算式98＋265＋202和98＋202＋265的道理学生也都容易讲得通。在完成算式计算的过程中,学生同样关注每一步算出的是什么,他们都希望自己能讲得清楚、说得明白。反之,以第一题为例,应当列式88×125,如果计算时写成8×125×11,那对于8×125计算的含义,学生往往因为觉得自己难以解释,而排斥了这样算起来简便但结合具体问题却说不清楚的计算过程。同样的道理，对于简便计算，其计算过程中的道理，也是要学生“知其然，知其所以然”。学生在简算时，要增“识”，要有“法”，还要有“理”。因为有“理”，学生对算法的优化才能成为有意义的建构过程。

（三）简算教学，应当以评价促进学生简算意识的形成

唐少雄老师在《从定律应用到意识形成》一文中举了这样一个例子：每千克白菜1.8元，1.5千克付多少钱？文中谈到将1.8×1.5转化成1.5×2×0.9，然后用乘法结合律算出结果2.7。

和唐少雄老师想法不同的是，对于1.8×1.5，我的简算方法选择倾向于用乘法分配律而不是乘法结合律。具体地说，也就是先算1千克白菜的钱，再算0.5千克白菜的钱，这种“简算”的思路更符合解决问题思考的过程。而把1.8×1.5转化成1.5×2×0.9的算法，是对算式1.8×1.5算法的简算，是剥离实际问题情境后对裸数据进行简算，更接近于纸上谈兵。在解决这样的实际问题时，学生的计算过程往往是离不开具体问题情境的，也就是如前所作出的分析，学生会关注计算过程中每一步算式表示的含义是什么。

就这个问题，我想说的是，如果学生文本呈现：1.8+0.9=2.7，你批阅这样的作业乃至于试卷的答题，你会如何处理？相关的，在作业或试卷上要求学生用简便方法计算87×101，如果学生直接写出得数，即这样答题：87×101=8787，你又如何评判？

讨论后一个问题。评价，关注过程与关注结果并重。学生是否一定要写出简算的过程？不写出来，那如何能看到学生是怎样简算的呢？都要写出来，似乎太教条。当学生已经发展到能压缩简算的思维过程了，你再一味让学生展开思维过程，那是促进了学生的发展，还是拘囿了学生的发展？简算过程的写与不写，这的确是一个两难的问题，这需要教师在正确理念指导下的实践智慧。解决问题的出路也许在于教师要把握因时制宜、因事制宜、因人制宜的策略。

再说，在关于简算的日常测查中，要多一些对简算意识的关注，如在题目中去掉明确指令性要求，而在评价标准上则对是否自觉应用简算有一个区分等。

综上所述，无论是对简算的审视，还是对简算教学的思考，我们要认识到，简算不是一种要求，不是一种负担，而是一种意识，是计算过程中算法优化的自然选择。简算意识的培养和简算能力的培养都是重要的。简算意识，不应当表现为“为了简算而简算”，而是“能简算自然简算”。

【附】

调查卷一：计算能力测试卷(25 分钟)

计算下面各题，怎样简便就怎样计算。

① 88×125　　② 273－82－18

③ 250×13×4　　④ 17×23－23×7

⑤ 16×40＋16×160　　⑥ 3200÷25÷4

⑦ 98＋265＋202　　⑧ 265＋202－165

调查卷二：解决问题能力测试卷(40 分钟)

友情提示：在解题过程中，尽可能详细写出计算过程。

1. 学校合唱队买了 125 套演出服装，每套服装 88 元，一共用去多少元？

2. 根据下面的线段图，算出还剩多少千米？

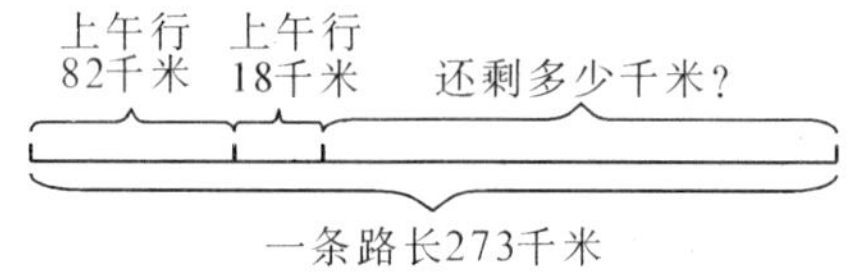

3. 小博士文具店运来 13 箱笔记本，每箱笔记本有 250 本，每本零售价 4 元。这些笔记本可以卖多少钱？

4. 水果店运来苹果、香蕉各 23 箱，苹果每箱 17 千克，香蕉每箱 7 千克，运来的苹果比香蕉多多少千克？

5. 青蛙爸爸与青蛙儿子 16 天一共捉多少条害虫？

6. 这些杯子可以装几箱？

7. 下面是才子专卖店 2011 年第一季度销售衬衫情况的统计。

月份	一月份	二月份	三月份
件数	98	265	202

(1) 第一季度一共销售多少件衬衫?

(2) 预计四月份比二、三月份的总和少 165 件,四月份计划销售多少件衣服?

卷一的 8 道题基本上来自小学数学教科书的原题,每一道题都可以简便计算,基本覆盖教科书中关于运算定律的简便计算题型,旨在考查学生应用运算定律的简算技能。卷二的 8 道实际问题是根据卷一算式而编写的与生活有着比较紧密联系的问题,不但考查学生的简算技能,还考查学生在实际问题情境中的简算意识和综合运用能力。

为便于分析,把学生简算技能的整体情况分为“较少用简算”“一般能简算”“基本能简算”,把在实际应用中的简算应用意识分为“较强”“一般”“较弱”。为了便于比较,这里仅统计“解决问题能力测试卷”中用综合算式的简算情况。

以下是对 234 位学生的调查测试情况统计(“204/216”表示用综合算式的有 216 人,其中简算的有 204 人)。

算式	题型	简算人数	百分比	应用水平	典型行为
88×125	计算	206	88.03%	一般能简算	88×125=(80+8)×125=80×(8×125);88×125=8×11×125=(8×125)×(11×125)
	应用	34/134	25.37%	较弱	
273−82−18	计算	223	95.30%	基本能简算	
	应用	204/216	94.44%	较强	
250×13×4	计算	220	94.02%	基本能简算	分步,先算 250×13
	应用	126/199	63.32%	一般	
17×23−23×7	计算	202	86.32%	一般能简算	分步,先算乘法
	应用	138/191	72.25%	一般	
16×40+16×160	计算	220	94.02%	基本能简算	分步,先算 16×40 和 6×160,再算它们的和
	应用	119/167	71.26%	一般	
3200÷25÷4	计算	230	98.30%	基本能简算	按顺序算
	应用	176/227	77.53%	一般	

续表

算式	题型	简算人数	百分比	应用水平	典型行为
98＋265＋202	计算	230	98.30％	基本能简算	按顺序算
	应用	200/230	86.96％	较强	
265＋202－165	计算	181	77.35％	一般能简算	按顺序算
	应用	65/191	34.03％	较弱	

统计结果表明：第一，学生对简便算法的掌握情况较好，已经具备一定的简算技能，其中有5道题达到基本能简算的水平（90％以上学生能掌握），另两道题接近基本简算水平。第二，同样的算式在具体计算和基本应用时，学生的简算水平有明显差异，在应用问题中，简算的百分比比一般单纯计算低20个百分点左右。在实际应用中，计算17×23－23×7、16×40＋16×160、3200÷25÷4时，有些学生按运算顺序计算，计算250×13×4和265＋202－165时，多数学生按从左往右的顺序计算。第三，在计算88×125时，大部分学生用竖式进行计算，用简算方法的只有25.37％。第四，学生容易将乘法分配律和乘法结合律混淆，如在计算中出现88×125＝(80＋8)×125＝80×(8×125)、88×125＝8×11×125＝(8×125)×(11×125)等错误。

对口算算理、算法的辩证认识

什么叫算理？什么叫算法？我们梳理一下有关算理、算法的认识。算理就是计算过程中的道理，解决“为什么这样算”的问题。算法就是计算的方法，是解决“怎样算”的问题。如何认识口算中算理与算法的关系，下面从三个方面来分析。

一、“有”与“无”

对于小学生的口算来说，核心的内容是基本口算。所谓基本口算，主要指20以内的加减法，表内乘除法，简单的两位数加、减法及百以内的乘加、乘减、除加、除减等。除了这些基本口算，在小数、分数四则计算中，也有相当数量的口算内容。那么，学生在学习这些口算时，是否都是理解算理、掌握算法，并在理解算理的基础上掌握算法的呢？

先从最简单的加法说起。3＋2，怎样算？为什么这样算？就这两个问题，我先后访谈了大学教授、小学数学教研员和小学数学教师，但他们没有一人能作出解释。其实，我们往往脱口而出“3加2等于5”，使用的是“直接提取”策略。也就是说，3加2等于5，我们成人已经形成了“计算自动化”，在头脑中已经有了现成的答案，可以迅速地从长期记忆中提取有关数学事实。

那我们在一年级教学时，又是如何处理3＋2的呢？一种常见的教法是借用数的组成想得数，即想：5可以分成3和2，3加2等于5。我们知道，在学习3＋2＝5之前，已有相当一部分学生知晓3＋2＝5；我们也知道，有学生最初就是用“数手指”的方法数出来的，之后，又由数手指发展为数数，即接着3之后数两个数：4、5，所以，3＋2＝5。这样的算法，我们也许觉得很幼稚，但这样的算法，恰恰最接近加法的定义。在递归算术中，自然数的加法可以用求继数的运算来定义。如，求3＋2的和，就是求3的继数的继数，即在自然数中，从3往后数2个数所得出的5。

毋庸置疑，一段时间之后，学生在算3＋2时也都形成了计算自动化，3＋2等于5，都储存于记忆中。这时，算法已经脱胎于算理。学生学习基本口算就是在头脑中构建一个“数学事实库”的过程，继而完成从构建事实到提取事实的转化。

我们是否可以这样理解，最初，学生在口算时，可能有算法而不知算理；后来，知算法知算理；再后来，又是有算法无算理。也就是说，在学生学习口算探索与掌握算法的不同时段，他们计算时是否具有算理，经历了“无—有—无”这样一个过程。

那不同的口算内容，算法与算理是否也表现出像这样脱离、融合、脱胎的不同阶段之分呢？

在口算教学时，学生不理解算理，教师需要引导，否则学生的计算只是停留于形式化的计算，他们只是机械地掌握计算程序，知其然而不知其所以然；但理解算理之后，教师却不要太多地纠缠于算理。

二、“一”与“多”

在学习口算两位数减两位数 44－25 时，学生独立思考之后交流了各自算法——

算法 1：44－5＝39，39－20＝19——把减数分成 5 和 20，从被减数中依次减去。

算法 2：40－25＝15，15＋4＝19——把被减数分成 40 和 4，先从 40 里减去 25，再把所得的差与 4 合并。

算法 3：40－20＝20，5－4＝1，20－1＝19——个位上 4 减 5 不够减，还差 1，就从十位上减得的差 20 里去掉 1。

算法 4：44－24＝20，20－1＝19——把减数分成 24 和 1，再从被减数中依次减去。

算法 5：30－25＝5，14＋5＝19——把被减数分成 30 和 14，从 30 里减去 25 得 5，再把 14 和 5 合并。

算法 6：14－5＝9，30－20＝10，10＋9＝19——竖式计算的方法。

算法 7：十位上，30－20＝10；个位上，14－5＝9；得数是 19——先算十位，再算个位。

算法多样化是学生独立思考后自然生成的。细细分析各种算法，可以发现：算法 1 和算法 4 的算理是一样的，都是把减数分成两部分，从被减数中分别减去；算法 2 和算法 5 的算理是一样的，都是把被减数分成两部分，其中一部分减去减数后再与被减数的另一部分合起来；算法 6 和算法 7 都是在头脑中构建竖式，算法 6

从个位减起，算法 7 从十位减起。由此可见，就算题本身来说，算法是多样的，但算理可能相同。

再说一例。学习小数乘法，一组口算练习之后，反馈时发现，有几位学生在口算 20×0.4 这一题时出错了。教师指名一位学生口述算法："先算 20 乘 4 等于 80，再点小数点：8.0，化简得 8。"

学生采用的是"类似笔算的口算"，即在头脑中想 20×0.4 的竖式并算出得数。教师在学生口述算法的过程中板书：

$$20\times0.4=$$

$$\downarrow\times10\quad\uparrow\div10$$

$$20\times4=80$$

教师如上板书，是让学生理解其算法的算理，也就是应用了乘法中因数变化引起积变化的规律进行口算。

一位学生举手："我是这样算的，20×0.4＝2×4＝8。"教师追问："你为什么这样算呢?"学生回答："20×0.4＝2×10×0.4＝2×4＝8。"不难发现，这位学生交流的是"分解因数、运用乘法结合律"的方法进行口算。

又一位学生举手："我也是这样算的，20×0.4＝2×4＝8。我想的是，一个因数除以 10，另一个因数乘 10，积不变。"如果完整写出这位学生的算法，就是：20×0.4＝(20÷10)×(0.4×10)＝2×4＝8。

后两种算法，如果不去追问思维过程，我们也许会作出"算法相同、算理相同"的判断，然而，看似相同的算法，其实并不同，但算理却是相同的。当我们看到的是"一"，也许仅仅是表面形式的相同，其内部蕴含的可能是"多"。学生的思维过程是丰富多彩的。口算教学中，存在着一种现象就是，教师重结果、轻过程，只满足于口算正确，不愿花时间去分析学生的思维过程。我们要注意克服这种不良倾向，在口算时，鼓励学生"用你的脑子去算"，而不仅仅是"在你的脑子里算"。

三、"有用"与"无用"

对于算理与算法，在实际口算时往往更注重算法，因为按其操作即可算出结果。教师关注的焦点是学生要算得对、算得快，至于"为什么这样算"，往往不够重视。那算理究竟是"有用"还是"无用"呢?

这是一次意外事件。由于制作试卷的疏忽，在五年级学习小数加、减法之后

的单元测试卷上出现了这样一道口算题:3.6×0.5,这道题原本应是3.6+0.5。这样的算题如何计算,学生此时还未学习。我想了想,决定不改题,看看学生能否独立探索解决未学过的问题。为了了解学生具体的思维过程,我让学生在试卷上写下口算3.6×0.5是怎样想的。结果发现:全班47位学生参加测试,有25位学生正确算出了结果。其中有10位学生的算法是写出竖式,用笔算的方法得出结果(对这样的算法,我又找几位学生进行交流:为什么积是1.8? 学生的回答是:3.6的一半,应当是一点几;36乘5得180,结果是两位小数,化简后是1.8);有14位学生根据3.6×0.5的意义算出结果,他们的算法是:一个数乘0.5,得数是这个数的一半,3.6÷2=1.8;还有1位学生运用乘法分配律的方法算出结果,他的算法是:先用3×0.5=1.5,再用0.6×0.5=0.3,再用1.5+0.3,就等于1.8。

在未学的情况下学生为什么能算出来? 尽管正确算出得数的25位学生未必都理解算理,但可以发现,如果他们理解了算理,那么他们基本上就能正确算出算题。算理有助于学生探索算法。有算法时,不一定能说清算理;但有算理,可以转化成算法。

又一则例子。口算整百数乘一位数400×2,学生一般的算法是:先算4×2=8,再在8的后面添两个0。为什么在8后面添两个0,学生解释不清楚。教学时,教师要让学生给自己的算法找一个合理的解释,在学生解释的过程中引导学生理解:4个百乘2,得8个百,也就是800。由此,学生可进一步在理解算理的基础上计算像4000×2、40000×2这样的算题,而不停留于“照葫芦画瓢”式的模仿计算。

算理,不是没有用,而是教师在教学中是否发挥其作用。不要把算理、算法作为“两张皮”。算理为计算提供了正确的思维方式,保证了计算的合理性和正确性;算法为计算提供了快捷的操作方法,提高了计算的速度。算理往往是隐性的,算法往往是显性的,它们相辅相成,算理的探讨有助于学生探索算法、掌握算法。当然,在口算学习过程中,也要注意避免程式化地叙述算理,对算理的一味推崇容易让学生陷入空洞说教的泥潭;不过,对算法的过度操练也容易让学生走向机械重复练习的窠臼。

借鉴与发展

——解决问题教学从"题型"走向"模型"的思考

小学数学教学中，我们常常将解答应用题分为以下几步：弄清题意；分析题中的数量关系；列式计算；检验，写出答案。华东师范大学张奠宙教授认为，"数学应用题教学的本质是数学建模"，并将数学建模的工作流程图和解答应用题的步骤作了对比，描述了两者的相似性（如图 1—3）。

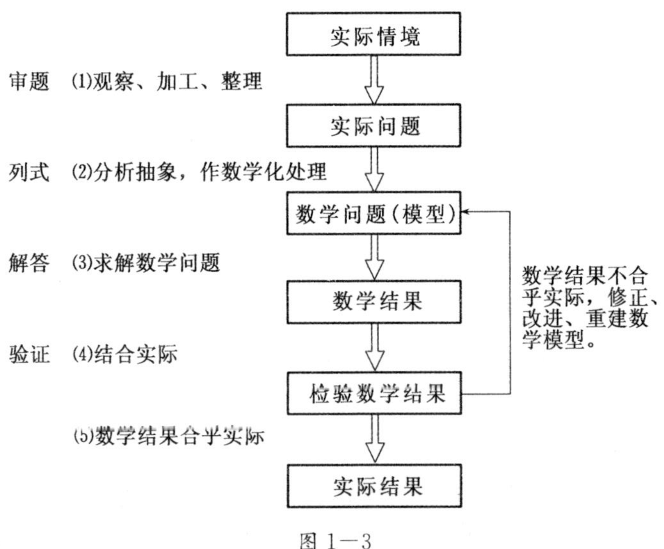

图 1—3

有这样的概括：以往应用题的教学，属于"题型"教学；如今解决问题的教学，是"模型"教学。如何认识"题型"教学与"模型"教学的关系？张奠宙教授所作的对比启发了我的思考。联系小学数学教学中"解决问题"的教学，我想表达两点想法：一，"模型"的教学与基于"题型"的教学两者并不是不相关的，而是传承与发展的关系，我们可以认为后者脱胎于前者，从前者走向后者，是基于学生发展的教学需要。二，小学阶段的数学建模应属于启蒙阶段的学习。我们不要把"建模"神秘化，但也不要简单化。小学里解决实际问题的教学，可以借鉴数学建模的思路，但

不能照搬数学建模的思路。本文试图结合解决实际问题教学中的几个环节，并从实践层面探讨如何实现从传统的应用题教学向基于模型的教学的转变。

一、审题：从重信息获取转向重信息加工

我们不妨从建模的角度重新认识审题。建模，首先要从实际情境中提炼出数学问题。由此看来，我们呈现问题不能程式化、标准化，应采用图画、对话等多种形式，增加问题的真实感，使问题尽可能贴近生活，让学生在信息加工的过程中完成对数学问题的提炼。

以往教学中，教师引导学生审题的方式通常是让学生读题后说一说题目讲了一件什么事、条件是什么、问题是什么。像这样几乎可以程序化操作的原因是，以往教材中的应用题绝大部分以纯文字形式呈现，且题目中的条件不多也不少，与问题完全匹配，可以直接获取信息，并不需要学生自己去搜集信息、发现问题和提出问题。

现在教材在低、中年级呈现的实际问题大多不再以纯文字形式呈现，而用图画、文字、表格等多种形式呈现。因此，学生在解决问题时首先要合理选择信息，并对信息进行适当加工。为此，我们在组织学生提炼数学问题时，可以借鉴以往“说”的方式，但要把说的过程“拉长”，让学生边说边加工信息。如面对用图画、对话等形式呈现的问题时，可以组织学生分两轮说。第一轮，说说从题目中获得了哪些信息。学生说图、说对话、说表格、说文字，也许表达是零乱的、啰唆的、不全面的、不流畅的，但这是他们获取信息的初级阶段，有利于让他们意识到：当自己面临问题时，要先综合各种信息，弄清是怎么回事。第二轮，重新梳理所说的内容，即明确问题是什么，已有信息中哪些是相关信息、哪些是无关信息，有效信息该以何种顺序或方式表达。这两轮说的过程，是学生实现对信息提取、加工的过程。

我们还要认识到，不是所有的实际问题都要以图画、对话等形式呈现。在中、高年级教材中以纯文字形式呈现的问题渐渐多了起来，这是因为，这时所教的实际问题比较复杂，经常要两三步计算才能解决，这些实际问题较难用一幅图清楚地呈现出来，而且这个阶段学生的阅读能力增强了，对抽象文字的领悟能力提高了。尽管这时的问题多是用纯文字的形式呈现的，但教材编写注意了问题的挑战性，经常给学生选择条件和提出问题的机会。在实际教学中，教师要注意引导学生对文字信息进行筛选，排除干扰信息，选择与解决问题有关的信息，并通过图

形、表格等形式摘要整理，完成信息加工。

二、分析：从重表层信息转向重关系结构

数学模型舍去了原来客观事物的许多特性，但保留或模拟了原型所具有的数量关系，并且用数学符号构成的数学语言加以表示，使之成为一种数学结构。解决实际问题，就是把用自然语言描述的实际情境转换为用可以进行运算的数字和符号表示的数学模型。由此思之，小学阶段解决实际问题的过程就是分析数量关系、确定解题思路的过程。

以往基于题型的教学，将一步计算的实际问题分成11种类型。教材中分类型安排，按类型一种一种地教。教一个类型，往往出一条结语，如“求比一个数多几的数，用加法计算”，分析的过程往往成了类型识别、算法套用的过程。有的教师甚至教学生掌握“诀窍”——根据个别字词分析数量关系、套用解法，如“看到‘比多’就用加法算”“看到‘剩下’就用减法算”，从而导致一些学生只从表层信息分析问题，而不会根据数量之间的关系等深层信息分析问题。

将简单的实际问题分类，是教材编写设计的需要，是人们认识问题的需要，但不是必须。教师应引导学生根据加法、减法、乘法、除法的意义解决问题，将问题呈现的信息转换成数学关系式。如解决原来“求比一个数多(少)几的数”类型的问题时，不再根据“A比B多，求A，用加法；A比B少，求A，用减法”，而应分析A、B之间的数量关系，即如果A是由两部分(即A、B比较的结果和B)合起来就用加法算，是从一部分中去掉一部分就用减法。

学生需要在学习过程中逐步理解、完善认识结构，教师应遵循学生的这一认知特点。以用加法解决的实际问题为例。苏教版教材安排了三个例题分三次教学。在一年级上册呈现问题：“3个小朋友在浇花，又来了2个小朋友，现在一共有几个小朋友?”在一年级下册呈现问题：“小猴已经从树上采了23个桃，树上还剩5个。树上原来有多少个桃?”在二年级上册呈现问题：“小英做了11朵花，小华比小英多做3朵，小华做了多少朵?”如果按照基于题型的教学来分析问题，这三题分别属于求和、求被减数、求比一个数多几的数这三种情况，学生一般先辨认题型，再选择算法。而基于建模的教学，就把这三题都概括成一种数量关系——把两个数合并。由此可见，分析过程关注的是表层信息还是数量关系，是基于题型的教学与基于模型的教学的区别。

以往教学应用题时，教师很重视学生的解题思路，重视数量关系的分析。如

今，有些教师把改进解题思路误解为否定解题思路，因此在解决实际问题的教学中很少讲解题思路，更不敢提分析法与综合法。其实，掌握分析法与综合法，有利于学生理解问题的结构，发现数量间关系，确定解决问题的路径。教师对学生分析方法的必要指导是不可少的，我们应该改变的是教师讲、学生听，教师问、学生答，教师示范、学生模仿的方式，并让学生自主分析解题思路，个性化地表达自己的分析过程，发挥学生在分析问题时的主动性和能动性。

三、练习：从重题型模仿转向重策略迁移

解决实际问题部分，苏教版教材采用的是样例教学的编写方式。在使用过程中，有的教师对教材中的练习题编写方式很有“意见”，认为习题中新东西多，常常要把习题当作例题进行教学处理。

我们来对问题做一个剖析。一个问题，至少包括两层结构：一是问题的表层结构，如问题的细节、表现问题所用的故事、问题中的事物等；二是问题的深层结构，如问题所包含的数量关系、所体现的基本原理等。据此，我们可将学生练习中的问题分成常规题与非常规题两种。所谓常规题，是与例题相似相仿，表层结构不同，但深层结构相同的题目；所谓非常规题，是与例题表层结构不同，深层结构也有所差异的题目。练习的目的之一是巩固所学内容。作为巩固，常规题是学生练习过程中不可或缺的。根据小学生数学学习的特点，培养他们解决具有挑战性的、综合的、开放的实际问题的能力，需要从解决简单的、基本的常规问题着手，这就像盖一座综合功能的高楼大厦必须先一砖一瓦垒砌一样。但如果仅有常规题，很容易导致“学一例、练一类”的单纯模仿行为。

回顾以往的教学，教一例，练一类，学生只需套用例题的方法甚至算式就能解决练习题。换而言之，以前的习题多是常规题，只要套用例题的模式就行了。现在，教材以少量例题带出一大片习题，题材宽广，变化较大，除了常规题，还有不少非常规题，即前面提到的新问题。从前面的分析，我们不难发现，解常规题可以“套”，可以“照搬”例题的思路，但是解非常规题的解题思路却需要重新探索，这就是大家认为这些题“新”的原因。但实际上，教材例题后的非常规题仍和例题有着内在的联系——可以借助例题学习过程中习得的策略解决。如苏教版教材在三年级下册教学解决实际问题时呈现的例题是：“裤子 48 元，上衣的价格是裤子的 3 倍。买一套衣服要用多少元？”为了表述的方便，我们不妨将这道例题称为“几倍求和”问题。其后练习中，除了呈现类似的“几倍求和”问题，还有“几倍求相差”的

问题、“比多(少)求和”的问题,并且安排了如下的题目:“小芳比妈妈小 27 岁,妈妈今年的岁数正好是小芳的 4 倍。妈妈和小芳今年各多少岁?”不难发现,样例之后的练习题,有常规题,也有非常规题,但在样例中所运用的从问题出发分析以及画线段图分析数量关系确定解题思路等解决问题的策略是一脉相通的。

教师应用联系的观点重新组织学生练习。在练习的过程中,教师要让学生对解题的过程与方法进行反思,如多思考怎样提炼问题,怎样分析、转换、提炼数量关系等,注重解决问题的一般性策略的巩固和特殊策略的迁移。

四、检验:从重结果正误转向重能力提升

以往的应用题教学很重视检验环节。在当时使用的教材中总结并以文字的形式明确指出:“解答应用题,要进行检验。”“检验时,可以依次检查列式和计算是不是正确;也可以把得数当成已知数,按照题意倒着一步一步地计算,看结果是不是符合题中的已知条件;有时还可以用另一种解法进行检验。”当时检验的目的主要是减少错误、提高正确率,关注的是结果是否正确。

基于数学建模的教学,“答案分析、模型改进”是不可或缺的一个环节。这一环节需要检验解答是否正确,是否符合实际,还要考察解题过程中使用的数学思想方法是否正确。反思检验的内容,既有针对解决问题结果的,如思考“得到的结果是否符合实际情况”“计算的过程是否合理”“除了这种方法,是否还有更好的方法”“这样的问题具有怎样的特点”;也有针对解决问题过程的,如思考:“我是如何解决问题,怎样收集信息、处理信息的? 为什么这样加工信息? 分析时从哪里入手? 解决问题的思路为什么是这样? 为什么这样算?”由此可见,问题解决之后的检验,不仅仅判断“我这样做,对吗”,还要关注“我为什么这样做”“还可以怎样做”。也就是说,在解决问题之后,教师要组织学生回顾、反思解决问题的过程,不仅要对答案的正确性进行确认,还要对答案的合理性进行评判,对解决问题的过程与方法进行省察。从智能培养的角度来看,此时的检验可以培养学生思维的批判性,增强学生自我反馈和自我调控的能力。

最后,我们需要进一步厘清认识:在数学解决问题的学习中,学生的主要任务并不是解决问题,而是学习解决问题,因此教师教的重点和学生学的重点不在于“解”,而在于“学解”。以“解”为出发点,注重的是解决问题的结果;以“学解”为出发点,注重的则是解决问题的过程。从建模的角度教学解决问题,体现的正是让学生“学解”。

结果与过程

——关于“解决问题的策略”的思考

“解决问题”的教学，一直是小学数学教学研讨的重要话题，“解决问题的策略”则是研讨的热点之一。我认为，首先要思考这样两个问题：第一，如何对“解决问题的策略”作出清楚的界定，特别是，对于义务教育阶段的小学生来说，他们应该形成哪些解决问题的策略？第二，如何能够帮助学生很好地形成解决问题的一些基本策略，并让他们体验解决问题的多样性？

一、关于解决问题的策略

对于解决问题的策略，人们已经有很多研究。比如，G. 波利亚在《怎样解题》一书中谈及解决问题的策略有：普遍化、特殊化、类比、猜想和检验、画一张图、建立方程、倒着干等。又如，浙江省特级教师朱德江在一篇论文中列举了解决问题的11种策略：尝试和检验、画图、实际操作、找规律、制表、从简单的情况入手、整理数据、从相反的方向去思考、列方程、逻辑推理、改变观点。再如，在加拿大的一套数学教科书中将解决问题的策略分为10种，用图文结合的方式形象地呈现（如图1—4）。

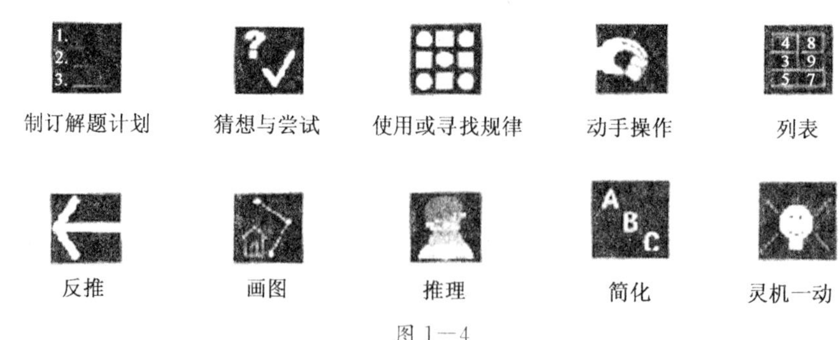

图1—4

在我国小学数学教材中，解决问题内容的设计，不再以传统的算术应用题内容为线索，而是以学生的生活经验为线索，以所学运算体现的数量关系为线索，以体现解决问题的策略为线索。其中，人教版教科书以分散编排的方式安排了图示、列举、列表、找规律、从简单情况入手等解决问题策略的学习。北师大版教科书所安排的解决问题的策略有：画图、列表、猜想与尝试、从特例开始寻找规律等。苏教版教科书采用分散与集中相结合的原则，从三年级起，编写解决问题的策略这一单元。教科书中集中安排学习的解决问题的策略有：综合法分析和解决问题、分析法分析和解决问题、摘录与列表、画图、列举、转化、假设。

从以上的分析，我们大致可以明晰教材中关于解决问题的策略所编写的内容。我们需要进一步分析的是，以上所列举的各种解决问题的策略，并不是一个层面的内容，这些策略又可以分为三种：基本策略，如用综合法、分析法等分析问题的策略；常用策略，如用摘录、列表、画图等形式整理条件的策略，化归的策略等；特殊策略，如枚举、假设等策略。

二、关于解决问题策略学习的三个阶段

我们所思考的问题，还不能仅仅停留于解决问题的策略有哪些，还需要思考的是，在教学中，怎么帮助学生形成这些策略？

解决问题策略的学习，和解决问题的学习是统一的。解决问题策略的学习，不可能脱离解决问题的过程，它是和解决问题紧密结合在一起的。在例题学习过程中，问题是策略学习的载体；在应用练习中，策略是解决问题的工具。也就是说，解决问题策略的学习，是基于解决问题，为了解决问题。解决问题，首先是作为学生感受、体会、反思解决问题策略的手段，在学生对解决问题的策略有所认识之后，再让学生应用策略去解决新的问题。

对学生来说，解决问题活动的价值，不应仅仅停留于能够解决某一类问题，获得某一类问题的结论，更多的是在解决问题的过程中获得发展。也就是，基于解题的经历形成相应的经验、技巧、方法，进而反思和提炼，从而把握一定的解决问题的策略。学生认识、理解、掌握解决问题的策略一般要经历潜意识阶段、明朗化阶段、深刻化阶段。在教学中，我们要顺应学生的学习心理，展开解决问题策略的教学。

（一）走出“潜意识阶段”

对学生来说，学习解决问题的策略，并不是搭建“空中楼阁”。他们在日常生活中已经积累了一些关于策略的认识，在以往解决问题的过程中也已经初步积累

了解决问题的经验。不过，学生的思考还处于经验阶段，并不明晰解决问题时隐藏在背后但又支撑着问题解决所应用的策略，即学生对策略的认识处于潜意识阶段——在这个阶段，学生只注意解决一个个具体的问题，关注具体的问题是否得以解决，而对隐藏在背后的解决问题的策略未能引起注意，或者说只是处于一种“朦朦胧胧”“似有所悟”的状况。也就是说，学生对策略的认识要经历一个从模糊到清晰的过程。

教学时，呈现问题，学生根据已有的知识经验尝试解决问题，在问题得到解决之后，教师应引导学生回顾解决问题的过程：“你能说说解决这个问题的策略吗？”通过回顾性陈述交流，让解决问题的策略实现“化隐为显”。解决问题的策略，并不是由教师简单、直接告诉学生，而是先让学生回想刚才解决问题的过程，组织学生在交流时表述各自的见解。也许，学生在表述时会出现各种不同的说法，教师都应加以肯定，因为这些是学生建构的各自个性化的理解。在此基础上，教师联系学生解题的思考过程指出策略名称，也就帮助学生完成了理解基础上的接受。

（二）步入“明朗化阶段”

通过前面的学习，学生对某一种解决问题的策略有了初步的感受，那么，接下来的教学要让学生进一步明朗化——问题呈现之后，教师组织学生思考：你准备应用什么策略来解决这个问题？在教师的引导下，学生具有明确的应用策略的意识。解决问题之后，再组织学生交流解决问题的过程，从而随着解决问题策略的初步应用以及对解决问题过程的回顾与反思，学生产生进一步的领悟，解决问题的策略方法逐渐“浮出水面”并凸显出来。

这里要指出的是，我们在学习新的解决问题策略的过程中，并不排斥以往学习的解决问题策略的应用。学生学习解决问题策略的过程，是在不断整合应用不同策略的过程中，丰富自己解决问题的经验，并在新的问题中能主动、综合、灵活应用各种策略解决问题。

（三）走向“深刻化阶段”

学生已经比较充分地感知了解决问题的策略，但这个认识是刚刚形成的，虽已明朗化，但又是稚嫩的、不稳定的。其后的解决问题的练习，是对刚刚认识的策略进行集中强化，使之得到巩固，即进入“深刻化阶段”。学生能正确地应用策略解决问题，而问题解决的实践过程中又进一步加深了学生对策略的理解与掌握——经过多次应用，逐步达到对策略自如运用的境界。

在解决问题的过程中，教师要放手让学生自主探索解决问题，开展以学生为主体的尝试、交流等数学活动。交流,应当成为解决问题教学的一个很自然的组成部分。解决问题,依然不能仅仅满足于让学生找到答案一“解”了之,而应继续引导学生反思自己所使用的策略,从而促进学生形成稳定的解决问题的策略。解决同一问题,学生可能应用不同的策略,学生可能经历着失败。在教师的眼中,学生所采用的策略可能有优劣之分,但在学生的思考过程中并没有好坏之别,都反映了学生对问题的理解和所作的努力。教师不要急于对学生的想法作出评价,而是给学生充分的组织、阐明和讨论他们想法的机会,让学生交流、倾听,比较着不同的策略,自主优化原先的想法,体验到解决问题策略的多样性。此时,教师可进一步引导学生思考:解决问题的不同策略各具有什么特点,又各有着怎样的适用性?在解决问题的过程中所使用的策略能否作为解决一类问题的重要方法?

当然,我们也要认识到,某一种解决问题策略的学习,不是仅靠一节课或书上某一个练习就能完成,而是有一个不断认识的过程,策略要在后续的学习过程中加深理解。更有价值与意义的是,在后续的学习过程中,学生能根据具体的问题,左右逢源、得心应手地应用策略解决问题。

总之,策略,有助于学生在解决问题时走出无从下手的“沼泽地”;解决问题,又有助于加深学生对策略的认识、理解与掌握。一位教育家说过,教育的真正旨趣在于:即使学生把所学的所有知识都忘了,但还能有使他获得受用终身的东西,那种东西才是最高最好的教育。解决问题的策略,正是让学生在数学学习之后留下来的,是他们未来学习及生活所需要的数学素养。因而,我们要充分认识策略学习的意义,并在实践中进一步探索学生形成策略的机制,将解决问题策略的教学目标落在实处。

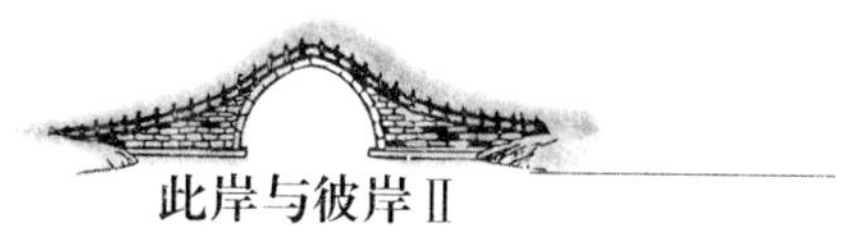

概念教学：基于对概念的认识

概念教学是小学数学教学的重要内容。小学数学概念有什么特点？小学生怎样学习概念？小学生学习怎样的概念？下面从对“描述性概念与定义性概念”“自发性概念与科学概念”“概念定义与概念意象”这三组概念关系的认识过程，谈谈对小学教学概念教学的思考。

一、“描述性概念”与“定义性概念”

从概念表达的方式来看，小学数学中的概念有定义性概念与描述性概念两种形式。

定义性概念，即用下定义的方式来表述概念的本质属性，解释概念的内涵，一般采用“属＋种差”的方式进行定义。例如，给直径下定义，首先指出直径的属概念是“线段”，再指出是通过圆心并且两端都在圆上的线段。因此，可给直径下这样的定义：通过圆心并且两端都在圆上的线段叫作圆的直径。

在小学里，有相当一部分数学概念不能定义或不宜定义，所以教材中常常采用描述的方法来说明概念。比如，什么是一个圆？教师可能会这样说，如果我们沿着圆形物体的周边把它们的形状画下来，就会得到大小不同的圆；或者说，用一个圆规，把其中一只脚固定，另一只脚画一圈就会得到一个圆。这，就是应用了描述的方法向学生说明圆的概念。

哪些概念采用定义的方式，哪些概念采用描述的方式呢？有的是由概念本身决定的，如像直线这样的原始概念，往往用“拉直的线”这样描述的方式来说明。有的是由学生的学习水平决定的。如小学数学教材中往往两次安排“小数”的认识。第一次，以描述的方式认识小数，一般呈现购物场景中以“小数”出示的商品价格，进而指出：像5.98、0.85和2.60这样的数叫作小数。第二次，认识小数的含义，通过具体问题引导学生认识把“1”平均分成10份、100份、1000份……这样的一份或几份可以用分母是10、100、1000……的分数表示，分母是10、100、1000……

的分数可以用小数表示。一位小数表示十分之几，两位小数表示百分之几，三位小数表示千分之几……第一次认识小数，侧重从形式上认识；第二次认识小数，侧重走向对内涵、本质的理解。

把握了定义性概念与描述性概念的不同后，我们在教学定义性概念时，要注意抓住概念的内涵；在教学描述性概念时，要注意教学到位但不越位，既有整体观念，又注意阶段性。

比如，方程是刻画现实世界数量关系的数学模型，如何让学生建立“方程”概念？在教学时，不是仅仅让学生在形式上认识，而要从“数学建模”的角度展开方程的教学：

依次出示天平图（如图1—5），教师引导学生用语言描述天平两边物体的质量关系，并思考怎样用式子表示。

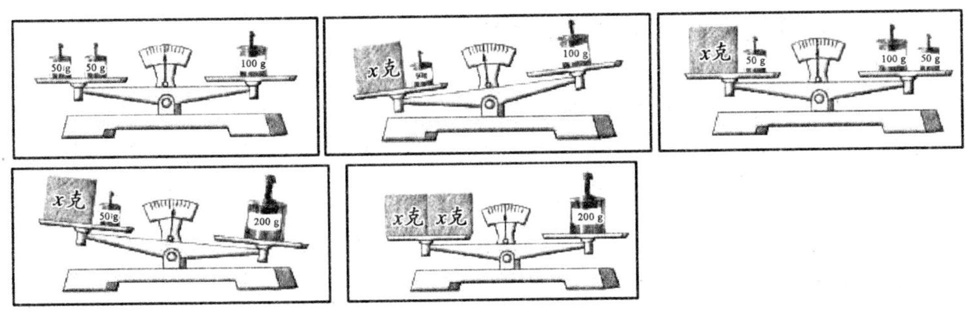

图1—5

根据学生回答，教师在黑板上集中呈现5个式子的卡片：$50+50=100$；$x+50>100$；$x+50=150$；$x+50<200$；$2x=200$。

教师组织学生把这些式子按照一定的标准进行分类，全班交流。

学生可能将式子按照是用大于号、小于号、等号连接分成三类，教师引导学生按是否是等式进行分类；学生可能将等式按照是否含有字母x分成两类。教师指出：这里用字母x表示未知数。

在学生交流了两种分类方法之后，教师引导学生把两种分类方法综合起来对这些式子进行分类。学生对黑板上的卡片式子进行调整，共分为四类（如图1—6）。

组织学生观察这几类式子，并说一说每一组式子有什么特征。学生描述后，教师指出：正如我们同学所描述的，像第③类式子这样，含有未知数的等式是方程。

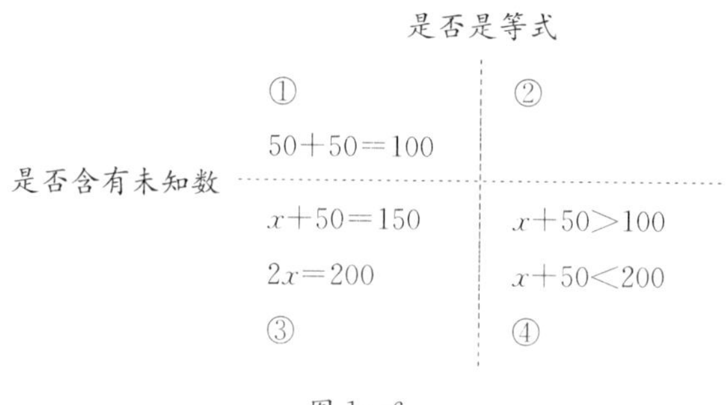

图 1—6

这里，以天平为形象支撑，结合具体的问题情境，用式子表示天平两边物体的质量关系，让学生通过观察、分析，写出式子；再通过分类，比较式子的异同，在讨论和交流活动中，由具体到抽象，感受、理解方程的含义。

二、“自发性概念”与“科学概念”

学生不是一张白纸，他们不是一无所知地走进数学课堂。在日常生活中，他们建立了自己对客观世界的理解，形成了许多日常概念。这些日常概念是学生的日常生活经验在感性层次上的概括，并成为他们今后学习科学概念的出发点。这些在学习科学概念之前就已持有的日常概念，也就相当于心理学家维果斯基所认为的自发性概念。维果斯基从认知性质、认知水平的角度把概念分为自发性概念和科学概念。

对于同一概念对象，学生一般都会有一种不知不觉形成的认识。这种认识产生于他们的日常生活或其他无意识的活动中。“自发”就是指没有人刻意教，有时学生自己还解释不清楚。而科学概念则是定义明确的、精细的、有一定逻辑意义和体系属性的概念。相对于科学概念来说，自发性概念一般是低水平的，有明显的缺漏。

在教学时，我们不应对学生已有的自发性概念采取否定的态度。我们应当正视自发性概念的存在。一方面，我们要积极利用它，发挥它的实践性、浅显性、通俗性等特长，为科学概念的建构做好铺垫；另一方面，我们也应当谨慎地分析它的缺点和错误，设法避免、抑制或纠正。实际上，我们可以将自发性概念和科学概念看成是学生的概念形成的两极，即起点和终点。科学概念的抽象性、概括性、精确性的特点需要以自发性概念的具体性、特殊性的成分为依托，以便能分化自发性概念的有用成分，使科学概念能借助经验事实，变得容易理解。

比如,学习“角”的概念时,学生可能把立体事物中的“角(角落)”与平面图形的“角”混淆,而这恰是学生在日常生活中形成的对“角”的认识。教师应注意学生认识上的局限性,纠正原有理解上的错误,帮助学生建立正确的“角”的概念:

教师课件出示“三角尺”图。提问:认识吗?

学生回答出“三角尺”后,教师追问:你知道为什么叫它三角尺吗?学生回答:“它有三个角。”教师让学生指出三角尺的三个角,指出:看来,它是以角的个数来命名的。课件同时演示:闪烁三角尺的三个角。

揭示课题:今天,我们一起来认识角。

教师课件出示剪刀、练习本、钟面图,提问:图上画了些什么?你能指出这些物体面上的角吗?

学生指出图中一些物体表面上的角之后,教师组织学生闭上眼睛想一想:角是什么样?再让学生用手比划角的模样,然后看课件演示:剪刀、练习本、钟面三幅图渐渐淡去,留下三个“角”。教师指出这三个图形都是角。然后,引导学生观察:它们有什么相同的地方?

学生同桌互相说一说,再在全班交流。结合学生的发言,教师指出:尖尖,叫作这个角的“顶点”;直直的线,叫作这个角的“边”。课件相应闪烁出示角的各部分名称:顶点、边。

指名学生分别指一指屏幕上三个角的“顶点”“边”,并数一数角有几个顶点,有几条边。

板书:角有一个顶点,两条边。

在此课之前,学生对角的认识是在日常生活中积累的,是模糊的、肤浅的、非数学意义的。如何立足于学生认知结构中原有的关于“角”的观念,再重新组织和改造为数学层面的认识?教师借助学生非常熟悉的三角尺,激活了学生积淀的知识经验,然后通过看图找、闭眼想、用手比划,继而观看课件动态演示等活动,帮助学生建立“角”的正确表象。“它们有什么相同的地方?”低年级学生运用形象思维,调用自己的语言描述,通过比较,实现对角的认识的提炼和组织。

三、“概念定义”与“概念意象”

心理学研究表明,数学概念的心理表征在大多数情况下并非相应的形式定义,而是一种由多种成分组成的复合物;而且,与形式定义的各个明显特征,如明确性、一义性、不变性、抽象性等相比,人们关于数学概念的心理表征又具有一些

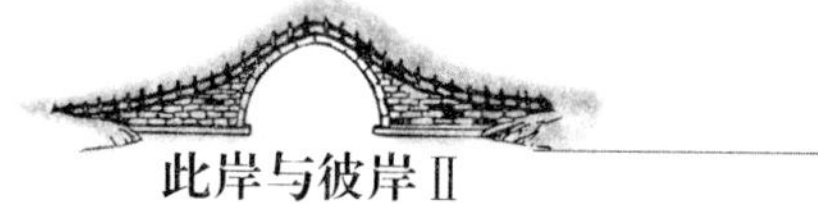

不同的特征。正因为此,人们提出要明确区分"概念定义"与"概念意象"。

关于"概念定义",有学者指出:概念定义是用来特别说明概念的一种词语形式。在概念学习中,小学生获得的并不是那几句条文式的数学定义,而是丰富的、鲜活的数学概念意象。学生仅凭单纯、机械地记忆概念的形式定义是不行的。

所谓"概念意象",是指与所说的概念直接相联系的各种心理成分的总和,包括相应的心智图像、对其性质及相关过程的记忆等。概念意象具有丰富性、个体性、可变性等一些主要特征。

丰富性。概念意象不仅是指个体关于某一概念的心理表征,往往包含有多种不同的成分,如心智图像、对有关性质和过程的记忆等,而且也是指这可能以多种不同的形式得到表现。概念意象的各个成分具有一定的相互联系,而不是互不相关的孤立部分。概念意象的这种丰富性与概念定义的贫乏性(概念定义仅仅是由若干词语所构成的)构成了鲜明的对照。

个体性。概念意象从属于各个具体个人,并在很大程度上是因人而异的。概念意象的这种个体性与概念定义的客观性和一义性直接对立。

可变性。概念意象并非某种先验的、绝对不变的东西,而必然地会随着后天经验的积累特别是学习活动发生一定的变化。因为概念意象具有可变性,教学工作才有可能取得成效。

数学教学,就是对概念的认识不断完善的过程,教师和学生通过不断地沟通,寻求达成一致,而这种一致又是建立在丰富的概念意象的基础之上,即实现概念意象与概念定义的整合。要指出的是:整合,不是用概念意象替代概念定义。概念意象与概念的形式定义之间形成一种相互依赖、相互促进的密切联系。概念意象建立在对于概念本质的正确理解之上,是"精致化了的",由于相应的概念定义而变得更为精确、更为深刻。概念定义由于概念意象的补充而变得丰富和生动起来,从而就不再是一种空洞的定义。学生对概念定义的理解要以概念意象作支撑,概念意象的建立要把握概念定义中的本质属性,所获得的概念定义要做到严密性与描述性的统一,表现为学生能用自己的数学理解表述概念。

比如,教学圆的半径、直径,我们首先梳理一下"半径""直径"这些概念在我们头脑中的存在方式。当我们提及"半径""直径"的概念时,我们所唤醒的并不是那几句条文式的形式化的定义,条文式的表述早已被我们遗忘。其实,这样的遗忘更准确地说,应被视作内化,形象地说,是"融化"到我们的血液中去了,留下的或可外显的是心智图像。在有关圆的图中,我们能够辨识半径、直径,能在圆中画出直径、半径，能用我们自己的语言“解释”半径与直径。由此推及教学，我们帮助学生在头脑中建立“半径、直径”的概念是怎样的图式呢？

《圆的认识》一课中，学生把圆规两脚的距离对照直尺拉至3厘米，画出一个圆。在找出圆心之后——

师：如果问你，这是一个多大的圆？那怎么说？

生：量它的直径就知道了。

师：他刚才说了一个词，是什么？

生：直径。

（板书：直径。）

师：那什么叫直径呢？

生：从一个点向中心引一条直线。

生：从一个边缘画到它的对面。

生：把圆对折形成的一条线。

师：看来，现在让我们用语言来表述什么是直径，不容易说清楚。如果用笔画，大家能画出来吗？大家试一试，在圆里画一条直径。

（学生试画直径。）

师：谁愿意到前面来展示一下你画的直径？

生：（边展示画的直径，边作介绍）从圆的一端到另一端，而且通过圆心。

师：直径是一条——

生：直线？……线段！

师：为什么不说是直线呢？

生：直线是无限长的，而线段的长度是有限的。

师：直径是线段。我们来找一找它的两个端点在哪儿？一个端点在——圆上，另一个端点——也在圆上，而且——通过圆心。

师：你知道这条直径长多少吗？

（学生回答“6厘米”之后，教师组织学生用直尺量一量。）

师：这是一个直径为——6厘米的圆。这个圆多大呀？还可以怎么说呢？

生：这是一个半径为3厘米的圆。

师：他的发言中说了一个词——半径。大家能画一条半径吗？

（学生操作画半径，并展示、介绍所画的半径：半径是一条——线段，它的一端在——圆心，另一端在圆上。）

从上面的教学片段中可见，学生在已有的经验中建立的关于“半径”“直径”的心智图像，与我们成人的有许多相似之处，只是他们表现得更为不清晰、模糊些。也就是说，对于“半径”“直径”这两个概念的语词，班级中有一些学生已经知晓；对“半径”“直径”这两个概念意义的理解，多数学生处于“口欲言而不能”的朦胧状态。我们的教学在此基础上展开。在教师的组织、引导下，学生先用画的方式外化各自“内在的想法”，然后在交流的过程中用“自己的理解”建构对半径、直径的认识。

总之，在小学数学概念教学中，要把握教材中呈现的概念特点，充分认识学生已有的“自发性概念”的现实与作用，促进学生建立概念定义与概念意象的融合。

关于小学数学核心知识的三点思考

我们知道,数学知识之间有着紧密的联系。无疑,作为数学教师,需要在梳理数学知识发展脉络的过程中把握其联系。进一步思考,当提出"核心知识"这一命题时,我们也就意识到需要梳理知识发展路径中的"主干",在教学中抓住"牵一发而动全身"中的"一发"。这里的"一发",即指核心知识。我们期待学生在学习过程中形成"举一反三"的意识与能力,当我们聚焦学生能否"反三"的时候,我们要意识到"反三"的前提是"举一",在教与学的过程中,是否抓住了"一"。这里的"一",我以为,也可以理解为核心知识。对于小学数学中的核心知识,下面探讨三个问题。

一、小学数学核心知识是否具有境域性特征?

任何知识的意义不仅是由其本身的陈述来表达的,更是由其所位于的整个意义系统来表达的,即知识存在于一定的时间、空间、理论范式、价值体系、语言符号等文化因素之中,知识具有境域性特征。那么,小学数学某一领域、某一单元、某一内容的某一个学习阶段以及某一课时中,核心知识是否具有境域性特征?

广义地说,小学里的数学知识,对学生的未来学习与生活来说,都是必须的、基础的,都属于核心知识。有学者如是指出:我们在基础教育阶段所学的数学,是300年前的数学。这也从另一个侧面说明小学数学内容的基础性。这里的"基础",也就奠定了其"核心"位置。不过,这是对小学数学知识在整个教育数学的知识系统中作出的整体分析。

如果将小学数学内容"打开"后具体分析,不难发现,包括自然数、小数、分数在内的数的运算是小学数学学习的主要内容,其中,自然数的计算又是基础。在自然数的加、减、乘、除四则计算中,又是以两位数加、减两位数,两位数乘一位数、两位数除以一位数为基础。再追溯,20以内的自然数的加减法、表内乘除法具有

特别的重要性，是数的计算这一板块最为核心的内容。以至于对小学高年级学生在学习小数或分数计算的过程中出现的一些错误沿波讨源，往往还是最基本的口算出了“问题”。再缩小小学阶段所学的计算内容的境域进行考察，20 以内的进位加法，其核心内容是“9 加几”的计算。

以上是从内容层面对数的计算中的核心知识作出的分析。如果从计算过程中的算理层面进行分析，以加、减法为例，无论是整数加、减法还是小数加、减法，分数加、减法，其相同的“理”是，计数单位相同才能相加、减。显然，这是核心知识。而如果考察小数乘法这一部分计算内容，其核心知识又是计算过程中的转化、调整策略。

由此可见，在不同的学习阶段，面对不同的学习内容背景，核心知识是不同的。小学数学中的核心知识，需要根据不同的境域梳理、厘定。

二、小学数学核心知识是否包含缄默知识？

英国思想家波兰尼在对知识进行研究后指出，人类有两种知识，通常所说的知识是使用书面文字或地图、数学公式来表达的，即能够明确反思和陈述的知识，一般称之为“显性知识”；还有一类，不能清晰地反思和陈述的知识，一般称为“隐性知识”或“缄默知识”。作为教师，必须意识到教学生活中大量缄默知识的存在。一方面，教学过程是传递、掌握和批判显性知识的过程；另一方面，教学过程就是一个使缄默知识显性化并得到检验、修正和应用的过程。也就是说，小学数学学习的过程，是学生的显性知识与缄默知识丰富、转换、提升的过程。核心知识，包含了缄默知识，或者说，在小学数学学习的某一阶段，核心知识以缄默知识的状态被学生拥有。

与物理学家等科学家相比，数学家们在求解问题时，其思维方法是否有其特殊性？对此有一种回答是，数学家们特别善于使用化归的方法来解决问题。也就是说，善于使用化归是数学思维的一个重要特点。“化归”这种思想方法也是小学数学的核心知识。在小学数学学习内容中，有大量化归的应用实例。计算两位数加、减两位数，将其转化成已学过的计算；解决两步计算的实际问题，将其转化成一步计算的实际问题；计算小数乘法，将其转化成整数乘法；计算除数是小数的除法，将其转化成除数是整数的除法；计算异分母分数加、减法，将其转化成同分母分数加、减法；求平行四边形的面积，将其转化成长方形；求三角形、梯形的面积，将其转化成平行四边形……像这样的例子，不一而足。在教学时，我们要把握的是，在以上这些具体内容的学习过程中，化归的思想方法，更多地是以缄默的状态支撑着数学内容的学习。学生随着学习内容的推进不断增加对化归思想方法认识的积累。而在五年级第二学期，苏教版教材以“解决问题的策略”将“化归”敞亮，使学生对之有了更明晰的认识：化归，实现的是由未知到已知，由难到易，由繁到简。进而，思考化归思想方法的学习价值，使学生学会数学思维，再走向通过数学学会思维。

由此思之，核心知识，有时是缄默知识形态，其获得是与一定特殊的问题或任务情景联系在一起的。核心知识的学习，有时是一个长期的过程。

三、小学数学核心知识是否需要结构性?

数学对象，不应被看成孤立的，而是整体性的数学结构的一部分。小学数学中的核心知识，也不应当是散点形态，而应当镶嵌在彼此连接的关系中。关系，是一种动态性的、联系性的存在。对核心知识之间关系的关注，有助于学生从整体上建构对所学数学内容的认识，有效地克服肢解数学知识和方法的现象。

数概念是小学数学中重要的学习内容，十进制计数系统是小学数学的核心知识之一。教师要从数学知识体系高度“结构化”的特点和学生认知结构的形成、发展规律出发，站在整体、系统和结构的高度把握和处理数学学习内容，在各种数学活动中，帮助学生逐步理解计数系统的构造。比如，在认识 0～9 的过程中，认识十个计数符号；在认识 20 以内数的过程中，初步感受位值原则。所谓“位值原则”，就是把数字排成横列来表示一个自然数时，每一个数字除了表示本身的值以外，还有一个所在的位置赋予的值，即位置值。被马克思称赞为“最美妙的数学发明”的位值原则，看起来很平常，却是重要的数学思想。学生对此认识也是伴随着 20 以内的数、100 以内的数、1000 以内的数、10000 以内的数、亿以内和含有亿级的多位数的认识，以及由整数扩展至小数认识的过程中逐步加深的。各个计数单位位置的顺序，也是在这一过程中逐步添加的。“满十进一”是十进制的一个特点，即每相邻两个数位之间，10 个低级单位便可组成一个相邻的高级单位。而这，又是在计数、读数、写数以及有关计算中帮助学生完善认识的。由此可见，学生完成对十进制结构化的认识经历了一个逐步深入、逐步丰富的过程。

又如，在低年级认数的过程中，学生感受了用数对客观世界进行刻画的作用和价值。而在中高年级，这样的教学思想一以贯之。以 24 时记时法的学习为例，其核心知识是什么？也许我们会如此认为：认识 24 时记时法，会把 24 时记时法表

示的时间和普通记时法表示的时间进行转换。我以为，这样的核心知识太“泛”了，与其他数学核心知识也缺少关联。24时记时法与普通记时法在表示时间时所不同的是，用不同的数表示不同的整时，因而不宜混淆。这是应当让学生认识与理解的，也即核心知识。关于24时记时法的其他问题，建立在此认识基础上也就容易解决了。而以上这一核心知识的学习过程，恰恰是让学生体会用数刻画客观世界的过程。

由此想到，作为教师，需要有意识地、结构化地组织、加工学习材料，帮助学生形成结构性的观点，促进学生从整体上把握数学，让学生在“见树木，更见森林；见森林，才见树木”的情境中学习数学核心知识。

对小学数学中核心知识的思考，也就是对“教什么”的探讨；而对“教什么”的探讨，又影响了“怎样教”的设计与实施。我们需要用联系、辩证、发展的眼光来看待小学数学核心知识，充分发挥核心知识对学生数学学习的重要价值，提高数学教学的效益。

关于获得数学活动经验的三点思考

数学活动经验是人们在数学活动过程中形成的，并在遇到某种相似情景时可以忆起的某种体验、方法性知识或某种观念。数学教学应致力于学生数学活动经验的获得。下面就学生获得数学活动经验谈三点思考。

一、经验在经历中获得

《现代汉语词典》对“经验”是这样解释的：“经验”有两种词性，作为名词，指由实践得来的知识或技能；作为动词，指经历，体验。杜威指出：“教育就是经验的改造或改组。这种改造或改组，既能增加经验的意义，又能提高指导后来经验进程的能力。”这里的经验，包括了经验事物和经验的过程两重意义。由此来看，经验以静态与动态两种状态存在着。

《义务教育数学课程标准(2011 年版)》指出：“教师要发挥主导作用，处理好讲授与学生自主学习的关系，引导学生独立思考、主动探索、合作交流，使学生理解和掌握基本的数学知识与技能，体会和运用数学思想与方法，获得基本的数学活动经验。”活动经验当然离不开活动，也就是说，学生的数学活动经验是在参与数学活动的过程中获得的。没有经历数学活动，就谈不上获得数学活动经验。数学活动经验是数学活动的过程和结果——有经历，不一定有经验；没有经历，一定没有经验。

比如，分子相同的分数进行大小比较，分母大的分数反而小。在教学中，学生不是要将这样的结论熟记于胸，而是需要建立在自己经验基础上的理解。学生可能选择画图思考并说明比较大小的活动，而这样的活动选择也是源于以往画图解决问题的经验。如果以往没有经历用图、数轴等表示分数大小的活动，那这里也就缺乏了画图的经验。

再说对具体内容的理解经验的积累过程。在尚未入学的时候，不少孩子就有分东西的经历，他们在分东西的过程中，积累“分”的经验，知道分的份数越多，每一份就越少。当然，这样的经验是一种日常生活经验，还不是数学经验。数学教学，需要把这样的生活经验进行数学改造。在学习除法时，学生一定会经历类似如下的操作活动：12 根小棒，平均分成 2 份、3 份、4 份、6 份。在这样的操作过程中，学生对“分”的经验再积累，对分的结果也积累了经验。在认识分数时，学生有画图表示分数的经验，待到解决上述问题时，学生也就有了可供提升的经验积淀了。综上所述，学生的活动经验也正是在一次又一次经历的活动中积淀、丰富。

常常听到长辈对晚辈的告诫：我吃的盐比你吃的米多，走的桥比你走的路长。我们是否可以从经历的角度理解：因为长辈的经历比晚辈多，所以经验也就比晚辈丰富。所谓“吃一堑，长一智”，这里的“智”包含了经验，因为有了“吃一堑”的经历，也就增长了一份“智”的经验。

二、经历了≠获得了

学生经历或参与了数学活动，并不是就能获得充足的数学活动经验。也就是说，经历了数学活动，不是就获得了数学活动经验。

就不同的个体而言，经历数学活动过程所获得的数学活动经验是有差异的。学生的数学活动经验是建立在学生参与数学活动的过程和个体的感觉基础之上的，而学生个体之间感悟数学的水平差异较大，因而，学生之间的数学活动经验有较大的差异。就某一数学活动而言，同一个班级的学生都参与其中，有的学生获得的数学活动经验比较清晰，有的则比较模糊；有的学生获得的数学活动经验比较丰富，有的则比较薄弱。教学现实中，存在着这样的现象：教师因教学进度、教学容量的考虑，当部分动手能力较强、思维较为敏捷的学生比较快地完成了活动内容时，教师也就组织全班学生从该活动“转场”到另一个活动。显然，其中有相当一部分学生只经历了前一个活动的某些片段，也就不能获得较为充分的数学活动经验。所以，在活动过程中，教师要关注每一位学生是否真正参与了数学活动的全过程。这里还要指出的是，数学活动经验虽然是个性化的，但从学生群体的角度来看，数学活动经验是很多学生在经历了同一个数学活动之后形成的，具有一定的共性和普适性。

就经历的过程而言，活动经验的发展具有一定的层级性、规律性。第一次数学活动中获得的是原初经验；第二次遇到相同情境时，经验再现，一般称为再生经验；再次遇到类似情境时，迁移运用先前经验，产生再认性经验；在形式不同、本质一样的新情况下，按照“模式”重复运用这种经验时，这种经验成为概括性经验；概括性经验在多次调用、反思后，被内化为经验图式。学生获得数学活动经验的过程，至少需要经历这样几个阶段：原初经验阶段、再生经验阶段、再认经验阶段、概括性经验阶段；再次参与多样化的数学活动，逐渐内化为概括性经验图式阶段。由此来看，经验有时需要在多次类似的数学活动的反复经历中获得。经历了，不等于获得了——这里所获得的，是指概括性的经验图式。

比如，学习平行四边形面积计算时，学生通过操作将平行四边形剪、移、拼成长方形，这一过程使学生获得剪、移、拼的经验，感受将陌生的问题转化为熟悉的、将未知的问题转化成已知的过程。不过，这样的经验是非常粗糙的，难以适应新情境中的数学对象，也就是说，在新的数学问题中不能被调用。学习三角形面积计算时，学生往往不能凭借自己的经验将求三角形的面积问题化归成已学图形面积的问题，因而教师组织学生通过旋转、平移或剪、拼的操作活动将三角形转化成平行四边形，在此基础上，对活动过程进行反思、总结和交流，概括所获得的经验。学习梯形面积计算时，学生经历的情境与三角形面积计算的情境几乎相同，因而学生会把先前在三角形学习的数学活动中获得的经验运用于当下活动中，在“还原”前一活动经验的过程中，学生关于图形转化的方向与方式的经验得到了巩固。在学习圆的面积时，学生的数学活动经验外显，他们有明确的将圆转化成已学图形的倾向。不过，在实际教学中可以发现，很多学生的操作都是将圆沿着 4 条弦剪去 4 个弓形，再把 4 个弓形和剪出的长方形相拼。这恰恰说明了学生的经验还比较单薄，其原因也正是数学活动不够多样化。从数学活动经验的角度看，学生数学活动的过程就是数学活动经验不断上升、不断转化的过程。事实上，学生经历了数学本质一样的、多样化的数学活动，在交流、讨论与反思等活动的作用下，他们的原初经验得以改造和提炼，实现了数学活动经验从低层次到高层次的生长。

三、经验，并非总是亲历所得

对数学活动经验的获得，有的教师存在着一个认识误区，认为活动经验一定是学生亲历所得。亲历，是获得数学活动经验的重要方式，但不是唯一方式。正如史宁中教授所说：“基本活动经验是指学生亲自或间接经历了活动过程而获得的经验。”

20 世纪上半叶，戴尔(Edgar Dale)等提出“经验之塔”理论。该理论认为，经验就是学习的途径，一切学习应“从经验中学习”，最好是从直接参与的动作性经

验学习开始，以获得直接经验；当直接经验无法获得时，应该寻求观察的经验作为“替代性经验”，以弥补和替代直接经验的不足，促使具体学习对象的意义得到丰富和扩展。“替代性经验”的存在，弥补和拓展了个人通过直接参与数学活动获得的数学活动经验的不足。

“经验之塔”理论对教学中组织数学活动的启示是：一些抽象程度较高、难以想象或者由于现实操作条件的限制而难以进行实物操作的数学活动，可以通过替代性的、可观察的演示活动，给学生提供足够的“替代性经验”，以弥补直接经验的不足，增强学生在数学活动中的感受和体会，保障学生获得足够的数学活动经验。

以笔者 20 多年前在一所农村小学的一段教学经历为例。当时使用的五年级数学教科书中有这样一道题目：“有一台播种机，作业宽度 1.8 米。用拖拉机牵引，按每小时 6 千米计算，每小时可以播种多少平方千米？”20 多年前的农村小学生，没有见过播种机，他们不理解题目中的“作业宽度”，他们觉得“作业”就是指他们平时做的语文作文、数学作业，怎么“作业”还有宽度？这又说明了学生在日常生活中获得的经验也许还是欠准确与精致的。经验是一把“双刃剑”，对学生的学习既有积极的正面作用，也有消极的负面作用。如果今天的数学教学中遇到这个问题，我们可以组织学生去实际观察播种机播种的场景，也可以播放一段视频或制作多媒体课件进行演示，从而使问题得以解决。而我，基于当时农村小学的条件，给学生做了这样一个演示：先在黑板上用粉笔涂上一大片，然后手拿黑板擦：“这好比是播种机。黑板上涂的这一大片就是待播种的地。”随即将黑板擦按在黑板上：“开始播种！”黑板擦慢慢地前进，黑板上渐渐地出现了长方形空白。手指空白：“黑板擦的长相当于空白部分的宽度，也就是播种机的‘作业宽度’。”如此，教师在学生的笑声中完成了演示，学生在笑声中理解了“作业宽度”。

由此可见，在教学中，教师要充分整合动手操作、板书演示等各种教学手段，适时运用现代教育技术，给学生提供和创造像“观察性经验”一类的“替代性经验”，让学生在观察、模仿、想象这些“替代性经验”中，获得类似于亲临其境的实实在在的经历和体验，获得广泛的、丰富的数学活动经验。

第二辑

和学生一起慢慢成长

和学生一起慢慢成长

在“时间就是金钱”“效率就是生命”的渲染下，我们能慢下来么？无论如何，先慢下来，我们共同分享两则故事。

一、两则故事

故事1：茶艺师与浪人

这是日本禅宗学者铃木大拙写过的一个茶艺师的故事。

日本江户时期有一个贵族，家里养了一位茶艺师。这位茶艺师泡茶技艺精湛，贵族一天都离不开他泡的茶。

有一天，主人要去京都办事，想带茶艺师一起去。

茶艺师说：“京都那么多浪人，乱糟糟的，我又没有武功，遇到危险怎么办？”

主人说：“那没关系啦，你找一套武士的服装穿上，就没人敢招惹你了。”

于是，茶艺师就穿上武士的服装，还挎了一把长长的佩剑，跟着主人去京都了。到了京都，主人去办事、会晤，茶艺师无事可干，便独自一人在池塘边散步。刚走了一会儿，迎面就撞见一个浪人。

这个浪人很嚣张，一见茶艺师穿着武士服，就立刻抽出剑，说：“我们俩来比武吧！”

茶艺师没有办法，就实话实说：“我可不会武功，不过是个泡茶的人。”

浪人越发猖狂起来，说：“你既然不会武功，为什么还穿着武士服呢？岂不是辱没武士的名节吗？那我更有理由杀你了！”

茶艺师想了想说：“这样吧，你能不能给我一点时间，让我先将主人的事情料理好？四个小时后，我一定回到这里跟你比武。”

浪人见他如此忠心耿耿，就放了他。茶艺师直奔京都最大的武馆，见到大武师，纳头便拜，恳切地说：“求你教我一种武士最体面的死法吧。”

大武师很惊讶：“来我这里学武的人都是求生的，还是第一次看到求死的。为

什么?”

茶艺师便把刚才的遭遇如实讲述了一遍。

大武师说:“原来你是一个茶艺师啊! 能不能先给我泡一杯茶呢?”

说到泡茶,茶艺师有些感伤,心想,这也许是自己这辈子最后一次泡茶了。如此一想,反倒变得从容了,心也就静下来了。他让人取来最好的山泉水,用文火一点点煮开,取茶、洗茶、篦茶、滤茶,一丝不苟。茶泡好后,他恭敬地双手捧给大武师。

大武师喝了一口说:“这是我一生中喝到的最好的茶了。我可以告诉你,你不必死了。”

“你要教给我什么绝招吗?”

“我什么都不教你,只送你一句话:用你刚才泡茶的心,去面对你的对手。”

茶艺师不明就里,一边琢磨一边往回走。走到池塘边,见那个浪人正在等他。

浪人再次拔出剑来,说:“既然你已经回来了,我们就开始比武吧。”

茶艺师回想了一遍自己泡茶的过程,然后笑着看定对方说:“不着急。”他双手取下帽子,端端正正放在池塘边;又脱下外套,拎起领口袖口,一折一折叠好,压在帽子下面;然后从容不迫地拿出绑带,将袖口裤脚一一扎好;最后紧了紧腰带,整束停当。

整个过程,茶艺师一丝不苟、有条不紊,心中想着自己泡茶时的那份从容,而且还一直带着微笑看着对方。一个早早拔剑的人,被对方这样看着,自然越来越毛,心里越来越没底。

茶艺师最后一个动作,就是拔出剑来,双手举过头顶,棒喝一声,停在半空中。就在此时,浪人“扑通”一声跪下了,说:“求你饶命,你是我这辈子见过的武艺最高强的武士。”

故事2:风与太阳

北风与太阳都说自己的能量大,一直都在争吵。最后他们说:“谁能让行人脱下衣服,谁就胜利!”北风一开始就猛烈地刮,路上的行人却紧紧裹住自己的衣服。北风急了,刮得更猛,行人冷得发抖,又多添了几件衣服。北风刮累了,便对太阳说:“你来试试吧!”太阳先把温和的阳光洒向行人,行人脱掉了添加的衣服。太阳接着把强烈阳光射向大地,行人们都喊着:“好热!”最后,他们脱光了衣服,跳到河里去洗澡了。就这样,聪明的太阳赢得了比赛。

两则故事,可以从不同角度去解读。我以为,茶艺师为何让浪人不战而败,因为茶艺师拥有缓缓的、从容的泡茶心境；太阳为何赢得比赛，因为太阳比北风更温和。从茶艺师身上，我们看见，从容的内心才有真正的勇敢。从太阳的表现，我们体会到温柔浸润的过程和慢的魅力。

正如于丹说："在一个躁气过重的时代里，泡茶、喝茶也许是最好的医心良方，因为泡茶、喝茶都急不得。体会着水与茶相逢的过程，心智如同茶香，舒舒展展开启，弥漫开来。就像那位日本茶艺师，以泡茶、品茶之心去面对世事，能获得一份比匹夫之勇更悠远博大的力量。"

慢一些！

而我们，往往太急了。

二、和学生一起慢慢成长

记得一首歌的歌词有这样两句："最浪漫的事，就是和你一起慢慢变老。"我以为，对教师来说，最浪漫又是最现实的事，是和学生一起慢慢成长。

成长，对学生来说是应有之意，对教师来说也是应有之意。我们熟悉这样一个比方，教师像蜡烛，燃烧自己，照亮别人——这对于教师来说，也许是一场悲剧，一种不幸。教师更应像太阳，照亮别人，光亮自己。教学相长的思想，是我国历史上流传下来的宝贵的教育遗产之一。时代的发展，为这一思想赋予了新的内涵。信息技术的发展，学生获取知识的渠道更广泛，获取知识的手段更便捷。在视听环境中长大的学生，他们的起跑线已不完全落后于教师，他们常常可能就和教师站在同一起跑线，甚至比教师跑得还快。的确，在某些方面我们教师知道的没有学生多。第斯多惠说："谁要是自己还没有发展、培养和教育好，他就不能发展、培养和教育别人。"教学相长，不仅仅是教师教、学生学，更应是教师和学生一起学，教师和学生一起成长、共同发展。对教师而言，以促进学生的学为落脚点，教师自身的教与学在教学中同步发展。成长，意味着教师给自己的专业留下了发展的空间，意味着教师对自己的专业发展有着持续不断的追求。

和学生一起成长，这是教师成长路径的必然选择。学生是学习的主人，在教师的眼中，永远都应是学生第一，教师应当为学生的成长服务。苏霍姆林斯基指出，上课，这是教师和儿童的共同劳动。我们的课堂，不应是教师独霸的唱独角戏的舞台，不应是一个个学生张开口袋等待知识灌注的知识回收站，而应成为生机勃勃、气象万千的生命活动的广阔天地，是精神焕发和创意生成的智慧沃土。教学，师生共舞。教师，不仅帮助学生学习知识，而且是在师生互动、互助的过程中

使学生获得多方面的和谐发展;教师,也构建着有自己个人特点的专业知识结构。正如陶行知先生所言:“你立刻觉得是和小孩子一般儿大,一块儿玩,一处儿做工,谁也不觉得您是先生,您便成了真正的先生。”和学生一起成长,我们了解每一位学生,相信每一位学生,尊重每一位学生,友爱每一位学生,依靠每一位学生,欣赏每一位学生,对学生有了新的认识,对教学也就有了新的思路,有了新的感悟。

慢慢成长,是一种状态,也是一种境界。一次,一位大家听我女儿拉二胡曲《洪湖主题畅想曲》。他听完后点评,乐曲中强音处理得较好,要注意几个地方的弱音处理。他还指出,高水平的演奏,就是看弱音处谁控制得好,要慢得下来,又要控制得好,这就是功夫!我豁然开朗,隔行如隔山,但隔行不隔“理”。平时教学中,我们常说教学是慢的艺术,其道理是相通的。我想起了“更快、更高、更强”的奥林匹克精神,但生命如果一直如此这般绷紧了弦,那也就容易失去弹性。有时,我们真的需要慢一些,再慢一些,尤其是面对成长之中的学生。“慢”,意味着把持一定的节奏,给学生留出独立思考的时间与空间;“慢”,意味着教师要减缓一下自己的脚步,给学生解释自己想法的空间,倾听学生成长的声音。慢,是循序渐进;慢,是从容不迫。“慢慢走,欣赏啊!”走得快的人,容易错过好风景。风景,往往在路上。当我们和学生相互感叹“一路有你”时,那是最好的风景!

我们向往并应实践着让数学教学充满成长的气息,教师与学生牵手互携前行,如萧伯纳所说:“我不是你的老师,只是你的一个旅伴而已,你向我问路,我指向我们俩的前方!”

在解读学生的过程中重建学生观

作为教师，天天和学生在一起，我们认识学生吗？我们又是如何认识学生的？这样的问题，不是多余的。

一、追问：我们能读懂学生吗？

先说一个我女儿的案例。

女儿上一年级时，我口述了这样一道题给她听：两个爸爸和两个儿子一起去看电影，至少要买几张电影票？

女儿很快说出了答案：3。

我心中一喜，女儿说出的答案是对的。随即又追问女儿是怎么想的。

女儿回答，两个爸爸要买两张票，儿子买半价票，两个儿子合起来是一张成人票，这样一共买 3 张票。

女儿的回答出乎我的意料。因为我们通常都是这样想的：两个爸爸和两个儿子，至少是三人：爷爷、爸爸、儿子。爷爷是爸爸的爸爸，爸爸是儿子的爸爸——两个爸爸；爸爸是爷爷的儿子，儿子是爸爸的儿子——两个儿子。

孩子和我们呈现出同样的思维结果，却是不同的思维过程。孩子的思维有其独到之处，我们能够解读出来吗？

再说一个学生的案例。

二年级数学教科书中有这样一道题目：20 箱货物，每次运 8 箱，要运多少次？学生丁宸在练习纸上的解答，列式、计算都是对的，只是表述问题答案的答句写成：多运走要 3 次。我在批改时，帮他改成：要运 3 次（如图 2—1）。

丁宸订正。不过，他把答句写成：最多运 3 次才能多运远（完）。我再次帮他将答句改成：要运 3 次（如图 2—2）。

丁宸再订正。这一次，他将答句又写成了：多运走要 3 次。

盯着丁宸写的答句，我有些纳闷，又有些生气：怎么丁宸写答句一而再、再而

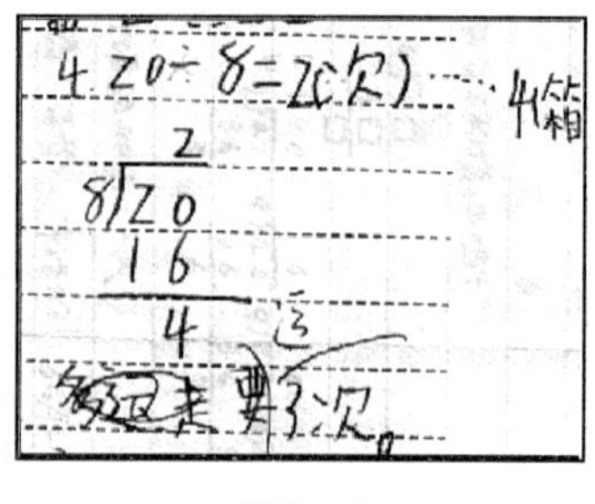

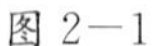
图 2—1

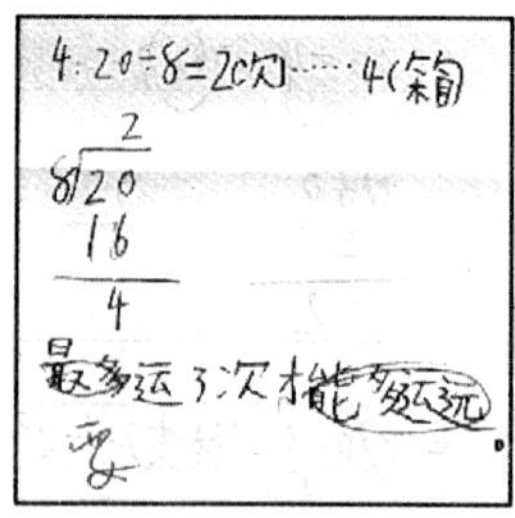

图 2—2

三不能“订正确”呢？再盯着丁宸写的答句，我突然发现，丁宸在答句中要写的是“都”这个字。“多”与“都”，用我们家乡话读，读音是一样的。二年级的丁宸，在这儿只是写了一个别字而已。再看丁宸所要表述的“都运走要 3 次”，那是多么准确、简洁的回答，比我的表述“要运 3 次”要严谨。这一次，我让丁宸将第三次写的答句中的“多”改成了“都”(如图 2—3)。

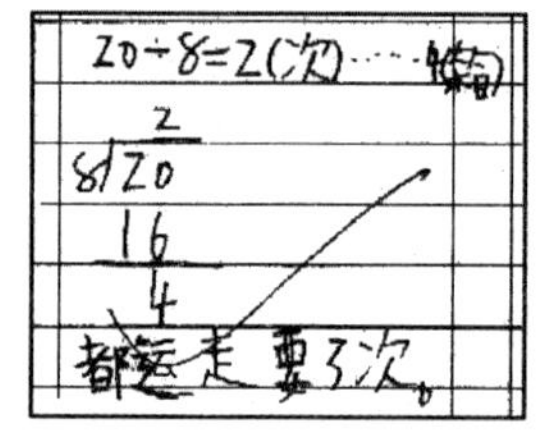

图 2—3

唉，我在前两次批改时没有读懂丁宸心中的想法。丁宸在订正时一定也纳闷，或许也生气：我没有错啊，怎么贲老师要我一而再、再而三地订正呢？

学生的想法，我们能正确解读吗？“人人都说小孩小，谁知人小心不小；你若小看小孩小，便比小孩还要小。”陶行知先生的这首诗我们多数人耳熟能详。但我们眼中的小学生，往往都被视作“小小孩”。有位教育评论家曾这样描述中国传统教育：“在教室里，坐着的是学生，站着的是先生，而在精神上，恰恰被颠了个儿，站着的先生始终占据着至尊地位，而学生坐着的躯体掩藏着的却是一个个战战兢兢地站着乃至于跪着的灵魂。”教师端居圣坛之上，学生匍匐于讲台之下；教师，既是学生道德和知识的源泉，又是标准、规范和秩序的化身——一些教师常常把自己看成“救世主”，认为学生是一群“迷途的羔羊”。在这种心理因素支配下，他们居高临下地审视学生，忽略了学生世界，懈怠了研究学生。更为可怕的是，我们还常常自以为是。如同蒙台梭利所言：“我们成人习惯于用自以为是的方法来解释孩子的行为，用自以为正确的方式来对待孩子，这不仅造成学校教育的偏差和整个教育体制的误导，更导致社会采取了一连串完全错误的行动。”而卢梭告诫我们：儿童是有其独特的看法、想法和感情的，如果想用我们的看法、想法和感情去代替他们的看法、想法和感情，那简直是最愚蠢的事情。

我想起了我手机收到的一则短信：大锁锁在门上，铁杆无论如何也撬不开，小小的一把钥匙却能轻易地将它打开。铁杆不服气地质问钥匙，钥匙笑着回答：因为我最了解他的心。短信好玩，更意味深长。在教学中，我们深谙：一把钥匙开一把锁，但是，在日常实践中，却常常见到，我们试图用一把钥匙开遍全班几十把锁。

教学，需要我们走近学生、走进学生，我们需要“弯下腰”“蹲下身”，以解读的态度与方法重新认识学生。学生是什么？我们正是在解读学生的过程中完成学生观的重建。

二、逆思：学生，不是什么？

当我在思考学生是什么的时候，逆向行之，我先想：学生，不是什么？我以为，学生，不是一张白纸，不是一只容器，不是一个标准件。

（一）学生，不是“白纸”

小学数学不同于中学数学、大学数学以及数学家研究的数学，它是与学生的生活背景有着广泛联系的数学。学生并不是上学才接触数学，也不仅仅是在学校中才接触数学。他们经常接触到生活中的一些与数学有关的现象，在对这些现象作出解释的过程中，积累了丰富的感性经验。尽管这些经验有的是来自成人的帮助，有的来自课外书籍等传媒，有的来自自己的感悟，但它们是客观存在着的事实。他们玩过各种形状的积木，折过纸工，比过物体长短、大小、轻重、厚薄、宽窄，他们知道几点起床几点睡觉、几点到校几点放学，他们随着父母一起外出购物，等等。所有的活动，都使他们获得了数量和几何形体的最初步的观念，虽然这些概念或观念往往是非正规的、不系统的，甚至是模糊的、错误的，但这些都为他们上学后学习数学奠定了基础。原有的知识储备、现实活动中的经验积淀乃至儿童时期在社会生活中所形成的许多关于数学的朴素认识，都构成学生进行数学学习的“特定视界”，影响并制约着数学学习。

1988 年 12 月，美国国家科学理事会发表了《人如何学习》的报告，报告中指出：“学生在来教室时，也带来了他们对世界的已有看法。如果没有最初的看法，他们可能就无法领会在教室中所授的新概念和信息。”我们应充分关注学生原有的知识储备和经验背景，打破“零起点”教学的惯性思维，在尊重儿童经验事实的

基础上，引导学生从“数学”的角度提升已有认识，帮助他们将生活中的数学经验进行总结与升华，促使他们完成对知识的理性概括，从粗浅的经验到深入的理解。

比如，三年级《万以内数的认识》一课，苏教版实验教材编排的内容顺序是：先认数，再学习数的组成，接着学习数的大小比较（注：依据 2011 年版数学课程标准修订的苏教版教材将这部分内容调整安排到了二年级下册）。在学生学完数的组成之后，批改家庭作业时，我发现有两位学生已经把《练习与测试》后一页的内容（即《比较数的大小》一课的作业，如图 2—4）全做了，一人全对，另一人也只错了一题。我突然冒出来一种想法：在教学这一课之前，何不让全班都来做一做，了解一下学生“不学就做”的情况。

比较数的大小

1.

万 千 百 十 个　　万 千 百 十 个　　万 千 百 十 个　　万 千 百 十 个

（　　）◯（　　）　　（　　）◯（　　）

2. 哪架钢琴贵，就在它下面的□里画“√”。

9870 元　　9780 元

□　　□

3. 在◯里填上“>”或“<”。

1073 ◯ 978　　3490 ◯ 3500

6753 ◯ 6573　　5684 ◯ 6608

9740 ◯ 974　　2107 ◯ 2071

4. 下面哪些数接近 6000？请圈出来。

6897　5998　5123　6002

5.

3764　4950　809　5721　9973　489　1002

（1）上面的七个数中，在 3000 和 5000 之间的数有____________；

（2）比 5000 大的数有____________；

（3）与 10000 比较接近的数是____________；

（4）把这些数按从小到大的顺序排列：

________________________。

6. 近三天便民超市营业收入如下表。

星期五	星期六	星期日
5080 元	7925 元	8013 元

（1）这三天营业收入最低的是星期（　　），大约是（　　）千元。

（2）营业收入差不多的是星期（　　）和星期（　　），大约都是（　　）千元。

图 2—4

下面是对全班 69 位学生做题情况的统计：

做题人数	全对人数	第 1 题正确人数	第 2 题正确人数	第 3 题正确人数	第 4 题正确人数	第 5 题正确人数	第 6 题正确人数
69	34	57	65	59	64	52	45

接下来，我思考的问题是：学生已经“会”了，他们还应该得到哪些发展？这一课的教学目标，该如何拟定？在这一课的学习过程中，我为学生的发展还要做什么？

数学教学活动必须建立在学生的认知发展水平和已有的知识经验基础之上。正如美国教育心理学家奥苏伯尔在《教育心理学》一书中指出的：“如果我不得不将教育心理学还原为一条原理的话，我将会说，影响学习的最重要因素是学生已经知道了什么，我们应当根据学生原有的知识状况进行教学。”深入了解学生的情况，把握学生的学习起点，这应是一切教学工作的实际出发点。

关于学生的学习起点，有逻辑起点和现实起点之分。所谓“逻辑起点”，指学生按照教材的学习进度，应该具有的知识基础。所谓“现实起点”，指学生在多种学习资源的共同作用下，已具有的知识基础。在实际教学时，大多数学生学习数学的现实起点高于逻辑起点。但对于班级“中后进生”来说，他们数学学习的现实起点往往低于逻辑起点。我们要打破“零起点”教学的惯性思维，还要走出“同起点”思维模式。即在教学中不能只关注学生群体的学习起点，而忽视个体学生的特殊性和差异性。总之，需要在把握好学生现实起点之后，找准每一课教学的生长点。

（二）学生，不是“容器”

我们非常熟悉这样一句话：“要倒给学生一杯水，教师要有一桶水。”细析这句话，半对半错。半对，指教师要有渊博的知识；半错，指“倒”这种方式有问题，忽视了学生的需求。教育，不是往学生的脑袋中倒装东西，而是让知识真正在学生的脑海里生根，慢慢生长出来。学习，不是为了占有别人的知识，而是为了生长自己的知识。

一次，陶行知先生在武汉大学演讲，他在讲台上撒了些碎米，然后从箱子里捉出一只公鸡，先用手按住公鸡的头，让它吃米，公鸡不从；再扒开公鸡的嘴，把米硬往鸡嘴里灌，公鸡拼命挣扎，就是不吃。陶先生松开手，公鸡自由地活动了一会儿，便悠然自得地吃起米来。公鸡吃米与学生学习，虽风马牛不相及，但蕴含的道理相通。正如陶先生所言：“我认为，教育就跟喂鸡一样！先生强迫学生去学习，把知识硬灌给他，他是不情愿学的，即使学，也是食而不化，过不了多久，他还会把知识还给先生的。”

传统的教学观认为，教学就是教师教、学生学，教师讲、学生听，教师传授、学生接收；教学过程，就是教师引导学生进行认识的过程。而在实际上往往已经被简化为知识的授受过程及师生间告诉和被告诉的关系。教育部前几年曾在全国作了一项调查，结果显示：目前我国中小学学生的学习方式，以被动接受式为主要

特征，40%的小学生“从不使用查阅资料或者集体讨论为主的学习方式”。英国著名哲学家罗素说：“被动地接受教师的智慧，对于大多数男女学生来说都是容易做到的。因为这样无需他们去努力独立思考，然而被动接受的习惯对于一个人的未来却是灾难性的。”日本学者佐藤正夫指出：“学生在教学中采用什么样的方法进行学习，将会深深地左右他们的态度与性格。”

数学课，需要猜想、验证，操作、发现、尝试、交流。如小数乘法竖式的书写，与小数加、减法不同，不是相同数位对齐，通常是末位对齐。这一点，在课堂上教师可以一“告”了之。但我在教学《小数和整数相乘》一课时，学生列出算式2.35×3之后，没有直接这样告诉学生，而是先让学生试用竖式计算。学生出现了两种写法（如图2—5）。我用视频展示学生不同的写法。写法1的学生说：“写小数加、减法的竖式要相同数位对齐，小数乘法的竖式也要相同数位对齐。”写法2的学生说：“课前预习时，看到书上的竖式是末尾对齐。”双方争执不下，我不作评判，而是让学生一起对照竖式，口述回顾刚才的计算过程。学生说至“三五十五，写五进一，三三得九，加一得十，写零进一，二三得六，加一得七”，我示意学生“暂停”：“这一段计算过程，我们特别熟悉——”我并不再说下去，课堂短暂安静之后，部分学生情不自禁发出“噢”声，一位学生发言：“在计算小数乘整数时，先把它看作整数和整数相乘，所以写竖式时像整数乘法的竖式那样，是末尾对齐。”其他学生纷纷点头。这里，由“告诉后的接受”改为“思考后的发现”，学生对“末位对齐”的书写不再停留于形式的记忆，而是在尝试、思考、交流的过程中获得理解。这一过程，又让学生体会了计算小数乘法是应用了转化成整数乘法的策略。

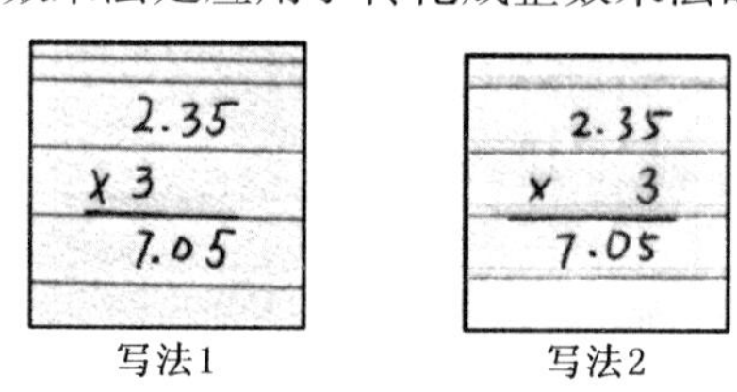

图2—5

当然，我们不排斥“告诉”，而应追求“告诉”的艺术。比如，在引导学生认识三角形时，我让学生用三根小棒“做”三角形。一位学生到视频展示台上展示“做”的三角形。我将学生所“做”的三角形作了一点破坏，即让三根小棒没有首尾相连。学生随即小心翼翼地调整。我追问：“为何要调整？”学生认为摆三角形，要“靠”“连”“接”“并拢”。在此基础上，我告诉学生：“要‘围’起来。”尽管还是告诉，但此时的告诉已不再是简单意义上的告诉，而是学生在观察、思考、交流的活动过程中，建构了对“围”的鲜活理解之后的水到渠成的呈现。

古希腊生物学家、散文家普罗塔戈说：“头脑不是一个要被填满的容器，而是一把需被点燃的火把。”数学知识不能简单地由教师的头脑灌输到学生的头脑，而只能由每个学生依据自身已有的知识和经验主动地加以建构。正如荷兰数学教育家弗赖登塔尔所说，数学学习主要是进行“再创造”，这个过程必须是由学生自己主动去完成，而不是外界所强加的。学生通过这些活动，实现对学习内容的“理解”与“消化”。所谓“理解”，就是指“被纳入到适当的图式之中”，这在很大程度上是一个意义赋予的过程，即学生必须依据自身已有的知识和经验对所学内容作出“解释”，也即必须在新的学习材料与主体已有的知识和经验之间建立起实质性的、非任意的联系，从而获得确定的意义。

（三）学生，不是“标准件”

在我国历史上，从孔夫子时代起，就提出因材施教理论，然而也同样是从孔夫子时代起，中国教育无不企图把受教育者从一个个的“个人”变成“某一种人”或“某一类人”。我国近代著名文学家、漫画家丰子恺曾画过这样一幅漫画（如图 2—6）。他说：“课堂是个手工作坊，教师犹如‘泥人匠’，日复一日地使用固定文法为泥塑模子，挤捏出一个又一个已被标准化的泥娃娃。”如果说，上个世纪初还是手工作坊式操作，那么发展到上世纪末、新世纪初，则演变为工业化流水线生产。

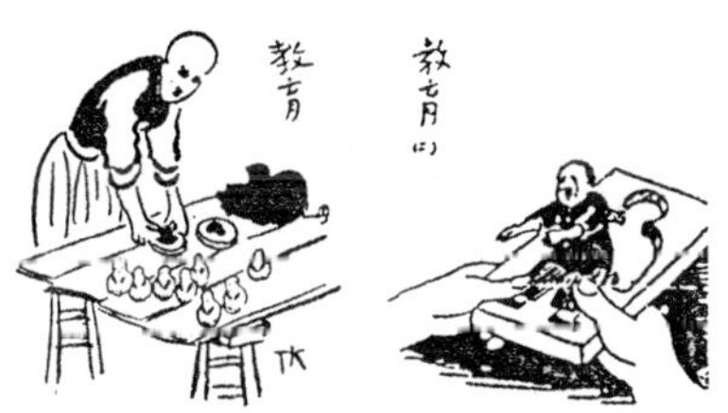

图 2—6

我们的教育，强调统一性和规范性，每一个受过教育的大脑都是教育生产流水线产出的思维标准件，整齐划一，循规蹈矩。凡是标新立异、独辟蹊径、异想天开、与众不同，就是次品、等外品，乃至废品。长期以来，在我们的课堂里，总是反反复复地强调统一、规范、按部就班。由此，我们培养的学生则很可能是亦步亦趋、人云亦云、唯命是听、安分守己的“顺民”。有两个比方，意味深长。一个说，教师像一位尽责尽力的园丁，时刻思索着、实践着按照自己心中理想的模式“修剪”学生。另一个说，教师像一位老谋深算的猎手，在讲台上和教室中闲庭信步，耐心地等待着满教室的“猎物”落网就范。

学生的数学学习活动应当是一个生动活泼、丰富多彩、富有个性的过程。就同一数学内容的学习而言，不同的个体也完全可能由于所处的文化环境、家庭背景、知识背景和思维方式等方面的差异而具有不同的思维过程，表现出一定的差异性和个体特殊性。学习过程中，当自己的思路与课本或教师的想法不一致时，学生经常逼迫自己改变观点。这样的学习，是让学生真正感到压抑、枯燥、乏味、负担沉重的主要原因。在教学中，我们不应过分地去追求统一性，而应看到合理的教学方法在很大程度上是“个体化了的”。也就是说，每个学生都可有自己的“节奏”；而且，在肯定教学活动规范性质的同时，我们还应提倡思想的开放性和创造性。陶行知说：“教育是农业，而不是工业。”即教育要培养的是一株株姿态各异的麦苗，而不是工业化流水线上千篇一律的产品。教师要做“肥料”，催苗助长，既让全体学生都有进步，又允许快慢不一、先后有别。我们培养的学生不应像他、像你或像我，而应像他们自己。

有这样一题：“3个大筐可以装90千克苹果，2个小筐可以装50千克苹果。果园里采了400千克苹果，用哪一种筐装比较合适？为什么？（口答）”大部分学生都是先分别算出每个大筐、小筐各装多少千克，即“大筐：90÷3＝30（千克），小筐：50÷2＝25（千克）”，再通过试除发现“400÷25＝16（个），用16个小筐装，正好装完，因此用小筐装比较合适”。这种方案是教学用书中说明的方案，也是我们成人视野中的合适方案。然而，有学生发表了不同的观点：“我觉得用大筐装也合适，400÷30＝13（个）……10（千克），这样只要14个大筐，用的筐数比小筐少。”他说得有板有眼、有理有据，我不禁一愣——这是一种我始料未及的方案。有几位学生举手附和：“对！用大筐装，可以少用两个筐。如果要搬运的话，搬的筐数少。”又有学生反对：“用大筐装，有一个大筐装不满。”我点了点头：“对，如果从正好装完的角度考虑，用小筐比较合适；如果从用筐少的角度考虑，用大筐比较合适。”我的话音刚落，又一个学生站起来了：“也可以用13个大筐，1个小筐。”我表扬这种组合方案有新意，同时提醒：“问题是怎么问的？‘用哪一种筐装比较合适’，这样的问题，答案只能选用一种筐装。”学生沉默了，教室里平静下来。突然，她又站起来说：“贲老师，这道题的问题改成‘怎样装比较合适’更好。”她的发言鼓励与启发了其他学生，学生继而提出了用“12个大筐、2个小筐”“11个大筐、3个小筐”“10个大筐、4个小筐”等不同的方案，而且认为“10个大筐、4个小筐”是一种两全齐美的方案：正好装完，用的筐数又少。对照教学用书，学生的想法可以说是标新立异。如果不让学生独立思考，不尊重学生的个性，不接受多元共存，只是一味地用所谓的“标准答案”武装头脑、统一思想，那么学生的头脑将逐渐变成各种“标准答案”的“屠宰场”。如果教育忽视学生个性的发展，用一种模式套所有的人，固守统一的观念指导、统一的口径讲授、统一的要求限制、统一的标准考试、统一的尺度评估，那么我们将不得不接受“长大后，我就成了你”的结局。这对教育来说，是一种悲哀！

我们应“蹲”下身来看学生，千万不能让他们新颖、奇特的想法与行为因教师的轻视、蔑视而被否定。我们之所以认为伟人伟大，是因为我们总是仰望他们；我们之所以认为学生幼稚，是因为我们总是俯视他们。因此，当我们蹲下身、弯下腰，平视学生时，我们就会发现学生也有“伟大”之处。

教育，面对的是活生生的人，它的宗旨是发现，是引导，是保护，是激励。面对学生个性化的思考，我们应当给予合适的评价，我们应为学生提供充分交流的机会，而不是将统一的模式塞给学生。数学课堂不应被简单地当作接受知识的地方，而应当成为学生探索与交流、自主建构的场所，成为学生自由表达自己的思想、放飞心灵的舞台。让我们深刻体味俄罗斯著名思想家、教育家洛扎诺夫在《自己的角落》一书中的一段话：“理想的教育应当尽可能地保持个性，因为这是人及其创造中最可珍贵的东西、最美好的东西，哪里的个性没有保存，受到压抑或被忽视，哪里的教育就不能完全实施。”

三、慎思：学生，是什么？

学生是什么？我想到了这样几句话——

学生是人。

学生是成长之中的人。

学生是成长之中需要我们帮助的人。

学生是具有巨大潜力可以塑造的人。

学生是帮助教师提高教学能力与教学水平的人。

学生是必定超过教师并推进社会发展的人。

其实，这是一个开放的答案，我们每位教师都在日常教育生活中用自己的行动阐释着自己的理解。我想起了我在《此岸与彼岸》一书中所写的这样一句话：“对学生视而不见的人，对自己也是盲目的。”

解读学生，重建学生观，需要我们不懈地努力。解读学生，我们需要什么？这里，借用意大利哲学家、心理学家皮耶罗·费鲁奇所著的《孩子是个哲学家》一书中的几个关键词：关心、智慧、信任、耐心、纯真、意志与爱。

教学目标:基于学,为了学

教学目标是教学实践的方向标,是课堂教学的出发点和归宿,是课堂教学的灵魂和关键要求。无论是在教学设计中,还是在教学过程、教学评价中,教学目标始终作为核心存在,始终引导着教与学的展开。毋庸置疑,我们大部分教师都认识到了教学目标的重要性。不过,我们需要回到原点思考:拟定教学目标的依据是什么?我们需要与时俱进地反思:当下拟定教学目标的考虑与之前是否有新的进展与变化?

"以学定教",如今已成为我们耳熟能详的教学理念。不过,对"以学定教"的理解通常局限于教学过程中,即教师要依据学生的学予以施教。我以为,拟定教学目标,同样要遵循"以学定教"的理念。对"以学定教"中的"学",应当从两个方面理解,即,"学"应当包含两个方面:一是学生的学情,二是教学的内容。教学目标,基于学,即基于教学的内容,基于学生的学情。拟定教学目标的目的,是为了促进学生在完成学习内容的过程中实现自身全面、和谐的发展。我们要注意的是,单纯地将"学"定义在学生的学情上是很难正确实施"以学定教"的。教学活动始终是师生围绕教学内容展开的,教师、学生、教学内容是教学活动的基本要素。教师既要对学生的学情深入了解,也需要对教学内容作出准确把握。

一、基于学习内容拟定教学目标

教学目标的表述,看似简单的几句话,但教师往往较难把握目标表述所涉及的宽度和深度。所谓宽度,是指授课内容在有限的一节课时间里需要涉及哪些方面,即通过考虑内容的容量来把握横向的宽度问题。所谓深度,是指与授课内容密切相关的内容中学生曾经学习了什么、今后将要学习什么,这节课学到怎样的层次与程度,即通过对整个内容体系的把握来确定一节课内容纵向上的深度。

按照教学内容的范围,教学目标可分为课程总目标、学段目标、学期教学目标、单元教学目标和课时教学目标等不同层级。课程总目标和学段目标是由教育行政部门和课程编制者制订的，学期教学目标和单元教学目标通常由教材编写者设计，教师在此基础上作适度加工调整，而课时教学目标，则由任课教师制订。

我们可以将教学目标分为长期目标和短期目标。所谓“长期目标”，是学生在较长的一个阶段内所要达到的目标。短期目标，也就是较短的一段时间内所要达到的目标。长期目标与短期目标，是相对的。如，相对于课程总目标、学段目标来说，单元目标是短期目标；相对于课时目标来说，单元目标又算是长期目标。

制订短期目标，要在长期目标的统领与关照之下。长期目标一般比较概括，对绝大多数学生来说，总的长期目标是基本相同的，要做到“保底不封顶”（保底，即学生要达到课程标准所规定的要求）。短期目标，是实现长期目标的基础，要将长期目标具体化、系统化、细步化。

下面以《圆的面积》一课为例，说明如何以宏观视角、全局意识，基于学习内容拟定课堂教学目标。

首先，我们从宏观上了解它属于“图形与几何”第二学段的内容，学段目标中，与圆相关的“知识技能”“数学思考”“问题解决”几个方面的目标是：(1) 探索图形的形状、大小和位置关系，了解一些平面图形的基本特征；掌握测量、视图和画图的基本方法。(2) 初步形成空间观念，感受几何直观的作用。(3) 经历与他人合作交流解决问题的过程，尝试解释自己的思考过程（限于篇幅，“问题解决”目标未全部摘抄，“情感态度”目标暂未摘抄）。由此可以看出，学段目标比较笼统、上位。

单元教学目标对学段教学目标进行了具体化。“圆的面积”是“圆”这个单元中的学习内容。学习“圆”，是在学生已经初步掌握长方形、正方形、平行四边形、三角形和梯形的基本特征及其周长、面积公式，并在已经直观认识圆的基础上进行的。从认识直线图形到认识圆这样的曲线图形，不仅能拓宽学生的知识面，丰富学生对“图形与几何”领域内容的学习经验，而且促进学生的空间观念得到进一步的发展。这部分内容，又是后继学习圆柱、圆锥等内容的重要基础。“圆”这个单元的学习内容可以分为三段：第一段，认识圆的基本特征以及圆的圆心、半径、直径，学会用圆规画圆；第二段，探索并掌握圆的周长公式，理解圆周率的含义，应用圆的周长公式解决一些简单的实际问题；第三段，探索并掌握圆的面积公式，应用圆的面积公式解决一些简单的实际问题。由此，“上呼”学段目标，“下应”单元学习内容，“圆”这个单元的教学目标是：(1) 在观察、画图、测量和实验等活动中感受并发现圆的有关特征，知道什么是圆的圆心、半径和直径；能用圆规画指定大小的圆；会应用圆的知识解释一些日常生活现象或解决一些简单的实际问题。(2)

经历操作、猜想、测量、计算、验证、讨论和归纳等数学活动的过程，理解圆周率的含义，熟记圆周率的近似值，掌握圆的周长和面积公式，能应用公式解决相关的实际问题。(3) 在活动中进一步积累认识图形的学习经验，体会等积变形、转化等数学思想方法，增强空间观念，感受数学文化，发展数学思考。(4) 进一步体会图形与生活的联系，感受平面图形的学习价值，提高数学学习的兴趣和学好数学的信心。

"圆的面积"教学通常安排两至三课时，第一课时的教学内容是探索圆的面积计算公式，应用公式解决简单的实际问题。据此，从单元教学目标中细化出第一课时的教学目标：(1) 经历探索圆的面积计算方法的过程，理解圆的面积含义，掌握圆的面积计算方法，能正确计算圆的面积，能应用公式解决相关的简单实际问题。(2) 体会转化思想方法，发展初步空间观念和操作能力，获得数学探究的经验和成功体验。

任何课时教学目标都不是孤立的，它的制订必须从整体上着眼，牢牢把握住学科教学课程总目标，以单元目标为依据，把课时教学目标置于前后连贯一致的内容体系中加以认识。要指出的是，短期目标并不是对长期目标的简单分解：学段目标、单元目标的达成，并不是每一课时目标的简单相加，而是每一课时目标的有机结合，以螺旋上升的方式，经过长期积累，最终实现学科的长期目标。

我们知道，知识范畴的教学目标，可以具体到每一课时，而情感态度方面的发展目标，能否具体到哪一个课时完成到怎样的程度呢？前者可称之为显性目标，具有直接性、可观测的特点；后者则为隐性目标，看不见、摸不着，隐藏在知识体系之中。数学教学要促进学生情感态度的发展，情感态度的发展内容不是外在于数学，而是和学生所进行的数学知识与技能的学习具有内在的联系，是数学学习内容自身所固有的，浸润于数学教学过程之中，也不可能一蹴而就，通过某一课时就能落实到位的。即便未能细化，与其纠缠于如何表述并写在纸上，我们更需要的是切切实实地在教学过程中一以贯之落实。即，数学学科情感态度的发展内容应当有"数学味道"。而在教学目标中拟定"学会细心思考""养成认真听讲的习惯""发展合作精神""形成创新意识"等等，我们要厘清的是，这不仅仅是数学学科所要帮助学生达成的目标，而是各个学科拟定教学目标时都需要考虑的。而作为所有学科教学的常规任务，这些目标是否需要特地以教学目标的形式表达出来呢？

有一份资料，介绍英国律师在大学要学习许多数学知识，并不是律师工作要多少数学知识，而是出于这样一种考虑：经过严格的数学训练，可以使人养成一种独立思考而又客观公正的办事风格和严谨的学术品格。数学教育，给人的影响，不是在数学考试中获取一个高分，或是凭借数学的高分进入一个比较好的高一级学校，而是数学思想的领会，数学精神的熏陶，因为绝大多数人都不会以数学为终身职业，但数学时刻在我们左右，伴随我们一生。苏联数学家辛钦说："数学教学一定会慢慢地培养青年人树立起一系列具有道德色彩的特征，这种特征中包括正直和诚实。"

二、基于学生学情拟定教学目标

无疑，仅仅根据学习内容拟定教学目标，那是片面的。拟定教学目标，既要考虑教学内容的要求，还要考虑学生的学情。

有效的教学活动，是学生学与教师教的统一。对教学，我们有着多元的理解。把"教学"理解为"教是为了学"，这是对教的目标定位；把"教学"理解为"教学生学"，这既是教学内容、教学方法的要求，也是对教学目标的期待。教的目标，更多的来自课标、教材的预设；学的目标，更多的是考虑学生发生的变化。泰勒指出："鉴于教育的真正目标不在于要教师从事某些活动，而是要使学生行为方式发生有重大意义的变化，因此，重要的是要认识到：学校目标的任何陈述，都应该是陈述要学生发生的变化。"

教学目标，是"学的目标"与"教的目标"的有机整合，是对完成教学活动后学习者身心发生的变化或已经达到状态的详细具体的描述，是对学生"将到哪儿"的筹划。正如美国学者克拉克所认为的，教学目标是"目前达不到的事物，是努力争取的、向之前进的、将要产生的事物"。那学生现在在哪儿呢？把握学生的现有发展水平是确定课时教学目标的前提。

苏联心理学家维果茨基认为，儿童有两个发展水平：一是现有发展水平，由已经完成的发展程序的结果而形成，表现为儿童能够独立地解决智力任务；第二个是潜在发展水平，是那些尚处于形成状态，心理机能成熟正在进行的发展水平，是儿童有可能达到的较高发展水平，即在有指导的情况下，借成人的帮助，在集体活动中通过模仿和自己的努力，以解决问题。这两个水平之间的幅度称"最近发展区"。学生现在在哪儿，将到哪儿，这之间的距离与空间也就构成了学生的"最近发展区"。拟定目标，我们不能只照顾学得好、学得快的学生，也不能保护慢者，约束快者。每位学生的目标应处于各自的"最近发展区"内，对每位学生都富有挑战性，促进潜在发展水平向现实发展水平过渡。学生的发展很大程度上在于能否激发、启动那些正在成熟的心理机能。挑战性的目标，有利于调动学生学习的主动性和积极性。因为每位学生的“最近发展区”是不一样的，因此挑战性的目标必然是照顾差异的，反过来说，照顾差异的弹性目标只有对每个学生都构成挑战时才是有意义的。我们要思考的是：教学目标是面向全体学生的，是最低要求？还是最高限度？还是平均水平？

在拟定课时教学目标时，应通过课前调查、分析、观察等确定班级的课时教学目标，对起点比较高的班级目标可以适度提升。反之，教学目标就要作适度的下调。即使在同一班级，由于不同学生的学习水平、能力是有差异的，所以，为所有的学生制订统一目标，势必会造成一部分学生“吃不了”，而另一部分学生却“吃不饱”。因此，教师在制订教学目标时应关注全体学生，充分考虑学生之间的差异客观存在，不能“一刀切”“齐步走”，对于不同学生，应体现差异性的要求，使教学目标具有一定的弹性。差异性与弹性，表现在两个方面：一是对不同个体学生提出不同的要求；二是在不同阶段达到不同层次与水平。如《异分母分数加、减法》一课的教学，应拟定如下教学目标：(1) 探索并掌握异分母分数加、减法的计算方法，能正确计算简单的异分母分数加、减法，并能用来解决一些简单的实际问题。(2) 进一步体会数学知识之间的内在联系，感受转化思想在解决新的计算问题中的价值，发展数学思考。(3) 进一步体会数学学习过程的探索性，获得成功的乐趣。上述对《异分母分数加、减法》第一课时教学目标的预设是比较全面的，既有知识技能方面的要求，又有数学思考、问题解决、情感态度方面的要求。这是对教学目标内容横向宽度的分析。如果对教学目标达成水平作纵向深度的梳理，教学目标还应当有一定的层次性。上述的教学目标应是“保底”的目标。如关于知识技能方面，第一课时，部分学生掌握计算方法，能正确计算；部分学生达到能比较熟练地计算。其后的第二课时，部分学生达到比较熟练计算的水平；部分学生在计算过程中能发现一些规律。再如《公倍数和最小公倍数》，第一课时，全班学生理解公倍数和最小公倍数的含义；部分学生会用一一列举的方法找到两个数的最小公倍数；部分学生则在一一列举的方法的基础上，发现用“大数翻倍”的方法能找出两个数的最小公倍数。总之，基于学情拟定的教学目标，应当在学生的“最近发展区”内，是有弹性与差异的。

教学目标的差异，不仅表现在认识发展水平方面，还表现在情感态度的发展水平方面。在认知发展方面，我们允许差异，在某种意义上，由于“保底不封顶”的落实还造成了学生之间差异的增大。在情感态度发展方面，我们则要注意尽可能缩小学生之间的差异，如让不同的学生，无论是数学学得好的，还是当前学得不够好、不太好的学生，都喜欢数学，都对数学学习充满自信。通俗点说，数学学习的成绩可能有差距，但对数学学科学习的喜爱却要尽可能地缩小差异。

最后，还要指出的，与拟定教学目标同样重要的是，在教学之后对照拟定的目标评估目标的落实、达成情况，以此作为后续教学拟定教学目标的重要参数，从而保证教学目标的连贯性、一致性、递进性与系统性，真正做到“基于学，为了学”。

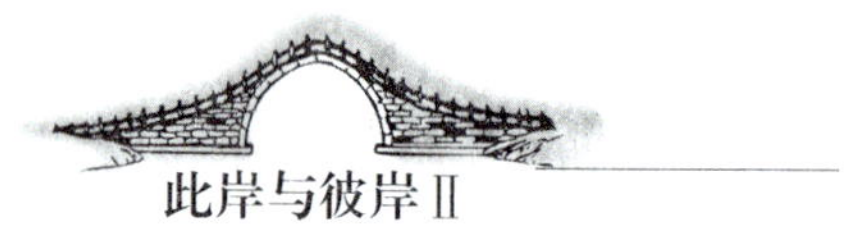

教学智慧:心向着学生

什么是教学智慧?如何判断教学智慧?这是必须要回答的两个问题。当然,如何回答这两个问题,也是需要智慧的。

一、对教学智慧的误读

先看一个案例。

那是一节数学课,上午的第四节课,学生在教师的组织下正在阅读、自学教科书。恰在此时,从学校食堂飘来美美的菜香味,一位学生脱口而出:好香啊!教室里一片哄笑。教师不慌不忙,微笑着点头:是啊!食堂里忙的中午的菜,香,中午能品尝。现在看的数学书中的"书香",你能品尝到吗?那位学生站起来稍显得窘迫,愣了愣,随即读出了书中的一段话,也就是接下来要研讨学习的内容。教师提问:这段话"香"吗?为什么说它"香"呢?又一位学生起立分析……课堂复归平静。

读完这个案例,不少教师都觉得上课教师有教学智慧。教师面对课堂中的"插曲",巧妙地作了化解,这是教学智慧的表现。但如果把教学智慧仅仅理解为对教学中偶发性的"插曲"事件的处理表达,那是对教学智慧的误读。

教学智慧,不仅仅是被"逼"出来的,更主要的在于教师积极主动地在教学过程中展示师生的智慧水平。教学智慧,应当是教师创造性教学的常态展现。课堂教学的创造性需要教学智慧,教学智慧又使教学充满创造性。

苏格拉底说:"一切别的事物都系于灵魂,而灵魂本身的东西,如果它们要成为美,就都系于智慧;所以推论下来,智慧就是使人有益的东西。而美德,我们说,也是有益的。这样,我们就得到了结论:美德是智慧。"苏格拉底还从另一个角度提出:"智慧即德行。"他的门徒色诺芬有过这样的记载:智慧就是最大的善。由此来看,智慧的方向是向善的、向上的。如果教学智慧被解读为"为了教学顺利进行,按教师的预设与意愿进行下去",那这样的教学智慧是虚假的,其行为与思考的原点是教师对学生的控制。马克斯·范梅南指出，真正的机智是指向他者性的实践，"机智与虚伪、欺骗、贪婪、占有和利己主义等都不相容。当我试图为了我自己的目的而操纵别人的行为时，我可能会设法给人以机智的印象，但是，这种行为实际上是真正的虚假机智，因为它破坏了机智固有的目的——为他人着想的目的"。一个机智的人必然会悉心地观察，设身处地地为对方考虑。教学，其出发点与落脚点都是为了促进学生的发展。教学智慧，需要心向着学生。

心向着学生，即从学生发展的角度对教与学的场景进行感知和判断，辨别场景中的教育合理性，灵活机智地采取行动。一句话，以学生为本，以学习为中心。

心向着学生，教学智慧才是向上的、积极的。

二、教学智慧，如何心向着学生

教学智慧作为一种实践智慧，是一种走向"善"的行动倾向。教学智慧，就是要采取行动，如同一位学者所言："首先要确定自己处于何种环境，然后知道采取何种实际行动。"下面以三个具体案例梳理笔者在实践中的行动与感悟。

（一）当学生"会了"时

那一节课的教学内容是"分数除以分数"。在本课之前，学生已经学习了分数除以整数、整数除以分数，毋庸置疑，当本节课再学习分数除以分数时，不少学生都会计算分数除以分数了。课堂教学如下展开：

教师出示例题：量杯甲有$\frac{9}{10}$升果汁，茶杯的容量是$\frac{3}{10}$升。这个量杯里的果汁能倒满几个茶杯？

学生读题后口答算式。他们在口答算式$\frac{9}{10}\div\frac{3}{10}$时，接连说出了得数"3"。教师板书：$\frac{9}{10}\div\frac{3}{10}=3$（个）。然后引导学生观察算式，揭示课题：分数除以分数。接着追问：怎样算的？

学生1回答：$\frac{9}{10}\div\frac{3}{10}=\frac{9}{10}\times\frac{10}{3}=3$。

学生1的想法，在全班有一定的代表性。也就是说，全班有相当一部分学生都已经知道分数除以分数该怎样计算了。不过，学生1是这样算的，其他学生都是这样算的吗？是否还有不同想法呢？学生的不同想法，应当纳入学与教的进程

中;学生的不同想法,为课堂的进一步发展提供更多的话题与资源。

教师接着问:还有不同的想法吗?

学生2回答:我觉得还可以这样算,把被除数、除数同时乘10,也就变成了整数除法,也就容易算了。教师板书:$\frac{9}{10}\div\frac{3}{10}=\left(\frac{9}{10}\times10\right)\div\left(\frac{3}{10}\times10\right)=9\div3=3$。

学生3回答:我觉得还可以这样算,等于$\frac{10}{9}$乘$\frac{3}{10}$,等于3。教师板书:$\frac{9}{10}\div\frac{3}{10}=\frac{10}{9}\times\frac{3}{10}=\frac{1}{3}$。

我当时就听出了这位学生的想法错误,他把被除数变成了倒数。这是一则"有价值"的错例,但我并没有立即指出错误,而是把思考、辨析的时间留给了学生。

学生4回答:我觉得这道题这样算也很简便,分母10除以10,分子9除以3。教师板书:$\frac{9}{10}\div\frac{3}{10}=\frac{9\div3}{10\div10}=3$。

这时,不再有学生举手了。也就是说,全班的想法表现为以上呈现的4种。教师组织全班学生观察板书在黑板上的各种算法,首先确认计算结果是3,并让学生通过画图(如图2—7)验证得数是3。

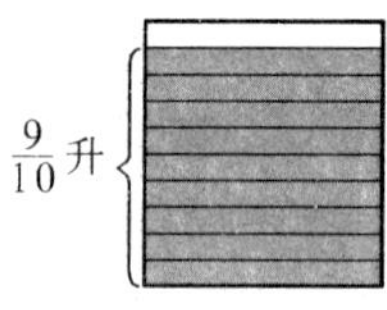

图2—7

接着,对应黑板上的4种算法,教师提出4个问题组织学生探讨:

① 第一位学生是怎样算的?(除法转化成乘法,除数转化成倒数)

② 第三位学生的算法错在哪里?(把被除数变成了倒数)

③ 第二位学生的算法有什么价值吗?(把分数除法转化成整数除法)有局限性吗?(结合学生的回答,教师板书算式$\frac{9}{7}\div\frac{4}{13}$,引导分析,用这样的算法算$\frac{9}{7}\div\frac{4}{13}$,要把被除数、除数都乘7和13的最小公倍数91,这样就转化成整数除法,不过,这样算有些麻烦,这种算法有局限性)由第二位学生把分数除法转化成我们已经学过的整数除法,你有什么启发?(还可以转化成小数除法0.9÷0.3,不过这样

转化也有局限性，如$\frac{9}{7}\div\frac{4}{13}$，$\frac{9}{7}$、$\frac{4}{13}$都不能化成有限小数）

④ 你认为第四位学生的算法如何？（也有局限性，如计算$\frac{9}{7}\div\frac{4}{13}$，要先通分，这样算也比较麻烦）

之后，教师引导学生回顾反思：通过刚才对不同算法的分析，你觉得分数除以分数如何计算？

学生异口同声：采用第一位学生的算法。

教师指出：第一位学生计算分数除以分数，除以一个数等于乘这个数的倒数。那你能用哪些方法解释为什么这样算呢？这个问题留给大家课后思考。

上述案例中，学生通过交流、讨论，掌握了分数除以分数的"常规"算法，而且对这种算法普适性的认识更为深刻。在此基础上，教师提出让学生课后用不同的方法说明分数除以分数的计算方法，从而再加深对计算方法的理解。

我们的学生，不是带着一个空脑袋走进我们的数学课堂，他们在日常生活中积累、积淀的很多关于数学的朴素的认识，构成了他们数学学习的特定视界，影响并制约着他们的数学学习。说实话，类似上述案例，在部分学生已知、部分学生未知，学生之间具有较大差异的状态下学习数学的场景，我们经常遭遇。如何组织学生学习，教师的教学智慧，表现在教师直面学生的数学学习现实，不以部分学生的已知替代另一部分学生的未知，不以少数学生的一种想法掩盖其他学生的不同想法，而是把学生的全部既有知识、经验和学习的内在积极性都为教学所用，都成为动力之源、能量之库。教师给予学生充分交流的机会，让学生有机会把他们的想法和盘托出。而学生的不同想法，是有其价值的——正是在不同想法交流的过程中，学生和教师的思维被激活，视野被拓展。在这样的课堂上，每位学生都在为课堂的展开贡献智慧。学生是智慧的，教师是智慧的。

（二）当意外出现时

教学《除数是小数的除法》一课，在估算了 7.98÷4.2 之后，学生积极举手要求板演讲解怎样用竖式计算这道题。

张惟天获得了机会。他边板演（如图 2—8）边讲解：把 4.2 看成一个整体，就是 7÷4.2……

坦率地说，张惟天这样用竖式算是我没有想到的。但我忍住没有评说。我知道，此刻教师一开口，就有学生放弃自己的想法了。我不"说话"，学生纷纷"说

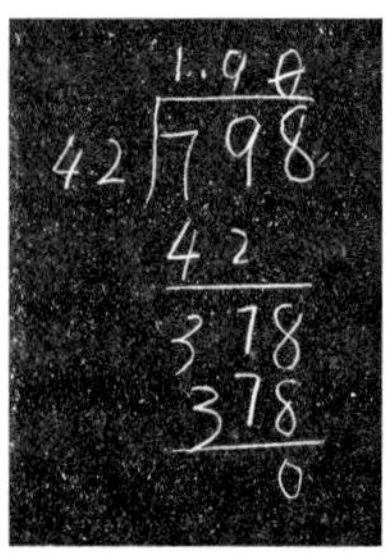

图 2—8

话”了——

李悦文：1 乘 4.2 得到的 4.2 应写在 7 的下面，不是 7.9 的下面。

张惟天：把 7.9 和 4.2 分别看成一个整体。

顾博涵：把 4.2 看成一个整体，是 7÷4.2，乘得的 4.2 的 2 怎么会和 9 对齐呢？

黄橙蔚：把 4.2 写在 7.9 下面，把 4.2 看成 42 个 0.1，7.9 是 79 个 0.1；商 1 应写在 9 上，为什么写在 7 上？

师：黄橙蔚刚才提出的问题是，7.98÷4.2，把 4.2 看成一个整体，1 应写在 9 上，怎么能写在 7 上呢？为什么 1 不写在 9 上，要写在 7 上？张惟天的发言中，有一句话可以解释，他怎么说的呢？

佘永康：他说，把 4.2 看成一个整体，我觉得他是把 4.2 看成 42，小数点往后移一位，被除数的小数点也往后移一位。

（全班掌声。）

胡杨：也就是说，除数小数点往后移一位，被除数的小数点也往后移一位。

李广威：这是应用商不变的规律。

（全班掌声。）

师：你听懂了什么？

陈叶萩：在小数除法中，被除数可以是小数，除数不能是小数，除数的小数点往后移几位，被除数的小数点也要往后移几位。

祁修远：计算小数除法可以利用商不变的规律。

滕沁芫：小数除法和以前学的整数除法很像，把除数变成整数就好算了。

（全班掌声。）

师：的确，滕沁芫的发言，好！她说，小数除法和以前学的整数除法很像。

刘一璇接着解释：以前研究小数除法，除数是整数，现在研究的小数除法，除数是小数。

师:除数是小数,怎么办?

生:转化成除数是整数。

师:怎么转化?

生:根据商不变的规律。

师:是的,把 7.98÷4.2 转化成——79.8÷42。

以上教学过程,由一次又一次的"没想到"串联构成。先是张惟天呈现教师"没想到"的算法,课堂由此开始,走出了教师的预设。接着,其他学生对张惟天想法的质疑以及换角度重新认识张惟天的想法,帮助全班学生对算法的探究、算理的理解从"错误"走向正确,从朦胧走向清晰。教学意外,一般指在教学过程中所出现的出乎教师意料的事件或场景。不过,这里所说的教学意外,是从教师的角度对教学过程中发生的事件作出的判断。而学生的各种想法,都是"他们的",是"正常的",对每位学生自己来说,并不是意外。课堂教学中,当我们发现学生生成与教师预设方案或偏离或冲突的"意外"时,也许正是由于教师还给了学生更充分地表达自己所思所想的机会与舞台。学生的想法,在教师的意料之外,不正确但又有其合理性。与以往课堂相比,这样的课堂多走了些弯路,而这样的弯路,其实正是学生真实地学习的路径。

如果说上述教学过程中教师充满教学智慧的话,那教学智慧表现为教师对"教学意外"的重新审视与认识,继而在教学中让学生有了丰富多样的精彩表现。

(二)当教师出错时

在《数字与信息》一节课中,我组织学生给全校一千多名同学编码。学生独立思考设计,再在小组里交流,之后全班交流——

一位学生到前面板演 0 4 2 □ □ ,边板演边讲解:我们小组的方案是,可以用五个数字。前两个数字表示入学的年份,如我们是 2004 年入学的,前两个数字就用 04;再下一位就是班级,如我们在 2 班,就写 2 ;最后两个数字是各人的学号。

我提出问题:根据这样的编码方案,我校三年级的一位同学,在六班,学号是 3 号,怎样编号?

学生口答"06603",我板书。在板书"066"时,我写成"0606"。当即我就意识

到自己板书出错了。擦了，重写，我可以这么做，但我迟疑了一下，没有擦去重写，而是接着板书。即我板书的是“060603”。

我用手指着板书的编码：请大家看我板书的，和刚才发言同学所说的，一样吗？

有学生说“不一样”，我又追问：刚才发言的同学是怎样编码的呢？

随着学生的发言，我在“060603”的下面板书“06603”：比较两种编码方式，你有什么想法？

有学生说：应该写“066”。表示班级时只要写6，不要用06。

有学生说：我们学校每个年级只有6个班级，表示班级时，一个数字就够了。

有学生说：编码时，使用数字要简洁。

师：是的，我们编号要根据不同范围和不同要求来进行，既要准确、唯一，又要简洁。

教师在教学中出错，难以避免。错了，不可怕！关键是教师要以开放的心态接纳错误，要正确地认识错误，善于用“慧眼”与“机智”辨识、发掘隐藏在错误之中的“真金”，对错误辩证合理地加以利用，即将错误转化为教学资源，让错误也有价值！不识错，是教师的错；不用错，也是教师的错；用不好错，还是教师的错。教学智慧，表现为教学中从学生学习、成长的角度出发，调度各种因素转化成教学资源。

任何行动的背后，是有内在理念支撑的。教学智慧是生成性的，所在的行动具有“一次性”特征，而行动背后的理念，需要教师持续地建构。教师的教学智慧，来源于教师对教学活动客观深刻的认识。心向着学生，对学生方有更大的价值与意义。如何心向着学生，教师在教学中着眼学生发展，基于学生的已知、已有，充分尊重学生真实的认识过程，创设安全而自由的学习氛围，敞亮学生的各种想法，让学生学习的自主性悄然生长。相机穿插于学生自主学习过程中的引导，要把握方向性，要有整体观，做到服务学生的学、促进学生的学，而不是遮蔽学生的学、替代学生的学。

从学生视角改进数学练习课的设计

2011 年 4 月，中国教育学会小学数学教学专业委员会在福建省厦门市举行全国第十届深化小学数学教学改革观摩交流会，一共提供了 32 节观摩课，其中新授课有 31 节，复习课有 1 节，没有练习课。

2013 年 10 月，中国教育学会小学数学教学专业委员会在湖北省武汉市举行全国第十一届深化小学数学教学改革观摩交流会，提供的 32 节观摩课全是新授课，没有复习课，也没有练习课。

再回想我们曾经参与过的数学课堂教学研讨活动，不难发现，我们经常能看到新授课，偶尔能看到复习课，但练习课，也是寥若晨星。

小学数学练习课作为与新授课、复习课并列的三种课型之一，在实际教学中的课时数多于新授课、复习课的课时数，但对它的研究却显得寥若晨星。

翻阅小学数学教材，各种练习占据了教材中过半的篇幅，当然，这里的练习包括了新授课、练习课、复习课中的练习。也就是说，练习是数学教材的重要组成部分，但对练习教学的研究也少于对例题教学的研究。

由此可见，对练习课研究的缺失，是一个不争的事实。而练习课的重要性，又不言而喻。

一、重新思考练习课

再说一个有意思的现象。查阅有关数学练习课研究的资料文献，你会发现，10 年乃至 20 年前关于练习课的阐述，今天看来，“涛声依旧”。

练习课的目的是巩固所学知识，加深理解，提高熟练程度，形成技能技巧。不过，我们是否注意到，学生在练习的过程中，他们熟能生巧了吗？是否存在“熟而生厌”的现象？

同年级不同班级的学生，教学进度大致相同，练习课上练习的题目几乎相同，因为练习课上的题目都来自教材。然而，不同班级学生的数学学习状况却并不雷

同。相对于新授课的百花齐放，练习课怎么有着太多的共性而缺少了该有的个性呢？不同的学生往往出现不同的错误，有着不同的练习需要，作为教师，如何面向全体又关注差异？

练习课中的题目，往往都是由教师提供，学生遵照安排进行练习，学生很无奈地、机械地“被练习”，他们能否参与题目的设计与安排？他们的主动性、创造性是被保护、激发，还是被拘囿、抑制？

像这样的问题，不一而足。由此得到的启发是，数学练习课设计，需要从学生视角思考与改进。

二、作出改进

（一）练习课的教学目标，要让每一位学生在原有基础上得到发展

数学练习课，要让每一位学生都得到发展，即教学要做到面向全体。而每一位学生是在原有的基础上得到发展，即学生是有差异的发展。形象地说，就是每位学生都在往前走，但不是齐步走，而是以不同的速度在向前走，有的走三步，有的走五步，有的走八步。就此，苏霍姆林斯基告诫我们：学习上的成就本身就是一种相对的东西。对一个学生来说，“五分”是成就的标志；而对另一个学生来说，“三分”就是了不起的成就。我以为，这样的发展格局，正体现了和谐之美。和谐是什么？就是对多样的一种宽容，一种融入。

练习课，要让所有的学生都参与练习。如以计算为内容的数学练习课，通常都有口算基本训练。其组织方式，常见的一种就是教师出示口算题，学生“开火车”顺次接力报得数。这样练习时，往往是少数学生在口算，多数学生当看客。如果改进一下方式，先让学生“视算笔答”，从而每位学生都投入到口算练习中，继而由算得快的小组“开火车”顺次接力报得数，其余学生核对，这又激励了学生要算得又快又对。

在练习课中，教师可以设计开放性的问题，让不同的学生都能投入思考，但又允许每位学生的想法与表达有所差别。比如，在长方形、正方形面积教学之后的练习课中，我设计了这样一道题目：在一张边长为 9 厘米的正方形纸上剪去一个长 3 厘米、宽 2 厘米的长方形，剩下部分的面积与周长分别是多少？教师组织每位学生独立思考，然后小组交流个人的想法。

在正方形纸中如何剪长方形，有的学生想到如图 2—9 所示的一种剪法，有的学生想到两种剪法，有的学生想到三种剪法。有的学生发现在正方形的四个顶点

处剪长方形，看起来不同，但与图 2—9 中的第一幅图其实一样，也就是剩下部分的周长与面积是一样的。如何求剩下部分的周长，有的学生是把各段相加，有的是把剩下部分转化成长方形来求周长。求剩下部分的面积，有的学生是分割成几部分再相加，有的学生是用大正方形的面积减去小长方形的面积。有的学生发现剩下部分的周长不同，面积相等。有的学生发现求周长“平移”线段，求面积不“平移”线段。当然，有的学生有错误想法隐藏其中，如有的学生认为图 2—9 所示的第二幅图与第三幅图的剪法是一样的。

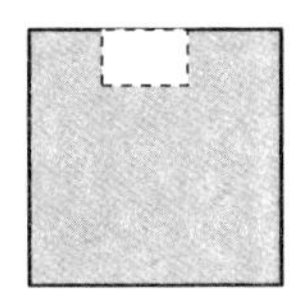
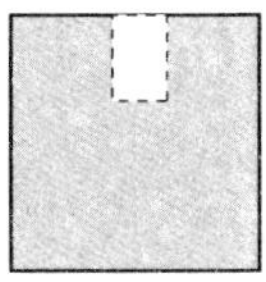

图 2—9

不同的学生，不同的想法，或是想法数量上的差异，或是解决问题方法上的差异，或是想法水平的差异。但每个学生都有想法，他们在小组中都交流了各自的想法，每一位学生都有参与交流的机会与舞台。进而，每个小组再推选代表在全班汇报交流，各组的发言相互补充、修正。交流、汇报的过程，是每一位学生获得新的认识、长进的过程。他们在深度参与的过程中，认识从朦胧走向清晰，从肤浅走向深刻，从片面走向全面。

开放题的设计，要遵循“低入、多思、高出”的原则。所谓“低入”，指题目思考的起点低，所有学生都能投入思考；所谓“多思”，指题目本身具有较大的思维空间，不同的学生会有多样的思考；所谓“高出”，是指不同的学生通过思考都有相对于自己而言的高产出，都有较大的进益与收获。

一言概之，数学练习课上，学生得到良好的发展，需要良好的问题设计，需要良好的练习组织方式。

（二）练习课中的题目设计，要积极吸纳学生的想法

练习课中的题目，主要来源于教材。教材中编写的题目，仅仅是“引子”，或者说是“例子”。在实际教学时，我们更需要改变“见题不见人”的积弊，关注学生在学习过程中出现的形形色色的“问题”，根据学生在学习过程中的实际情况，对教材中的题目进行增、删、换等调整，从而使题目的设计更贴近学生的学习实际，让练习更具有实效。

如“小数除法”的教学，有这样一个改错练习：

先找出错在哪里，再改正过来。

```
     13             25            7.8
7) 9.1        14)35           5)3.9
   7              28             35
   21               70            40
   21               70            40
    0                0             0
```

我在组织学生完成上述找错、改错的过程中，用视频补充展示学生在计算 6÷8 时出现的如下错误：

```
   0.7 5
8)6 0
  5 6
    4 0
    4 0
      0
```

这样的题目呈现，也就是吸纳了学生学习过程中的想法，从而使练习的题目更鲜活，更具有针对性。

练习的过程，往往和议错、明错、纠错的过程结合在一起。针对学生在学习过程中所出现的错误，我在练习课之前让学生用如下的方式对各自出现的错误进行整理：

我的错误例子	我的提醒	我编的题目

在这张表格中，“我的错误例子”，由学生对各自新学内容的练习中出现的错误进行选择并抄录题目；“我的提醒”，是对这道题目易错点的分析，填写对自己也是对他人解答这道题目注意事项的“提醒”；“我编的题目”，是模仿错误例子的题目再编一道类似的题目并解答。练习课上，我组织学生先是小组交流，然后各组推荐典型的、有代表性的错例在全班交流。结合学生交流的题目，我再从学生所编的题目中选择具有全班练习价值的题目，组织全班学生练一练，并引导学生反思：选择这道题目练习的理由是什么？这道题目哪儿容易出错？解答时要注意什么？

由此来看，练习课中的题目，不都是由教师“主宰”，可以让学生参与题目的提供。以学生的学习为中心，需要我们适当改变以往几乎一成不变的基础练习、变式练习、综合练习、拓展练习的课堂结构模式，适当改变以往教师是“布题者”、学生是

"解题者"的一贯做法,教师主动了解学生学习的情况,注意学生的练习过程,积极吸纳学生的想法,增强练习全程的互动性,让学生练习他们真正需要练习的问题。

（三）练习课中的练习过程,要充分激活学生的思考

我们知道,小学数学学习中,概念性学习、技能性知识的学习、解决问题的学习是三种主要的形态。对于不同形态内容的练习,我们要注意不能简单地以"熟练"作为练习的追求。如,关于技能性知识的练习,提高熟练程度是合理的、必需的,但对于解决问题的过程,让学生达到程序化甚至是自动化却是有害的,因为它可能会导致一些定势效应,缩小甚至剥夺学生思考的空间,影响学生解决问题能力的发展。

不同形态内容的练习,需要充实的是思维的含量。也就是说,不要让练习成为一种简单的、机械的、重复性的操练,将练习单纯作为"程序性训练",而应当让学生徜徉于数学思考中。学生不仅要"做",更要"想",教师要把握的是,思考的难度要控制在学生的"最近发展区"内,让学生跳一跳,能摘到果子。

比如,长方形、正方形周长的练习课中,我将一张长方形的纸从一个角的顶点起撕,在撕向和这个顶点相距最远的那个角的顶点的过程中,组织学生猜一猜:像这样撕,撕成不规则的两部分图形,它们的周长相等吗?

学生可能猜测"相等",则教师撕成如图 2—10 所示的周长不相等的两部分;学生可能猜测"不等",则教师撕成如图 2—11 所示的周长相等的两部分。图 2—10 与图 2—11 中的两部分,凹凸啮合,大小不等,周长或相等或不相等。教师为何与学生"作对"? 教师的意图就是制造"冲突",让学生惊讶,继而由惊讶引发思考。学生的思维在一波刚平、一波又起的过程中保持活跃状态,从而深刻地理解周长的含义,充分认识到细致观察的重要性。

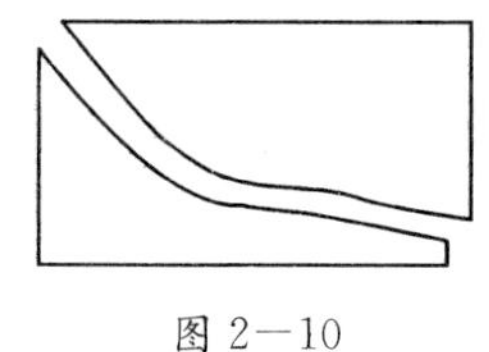

图 2—10

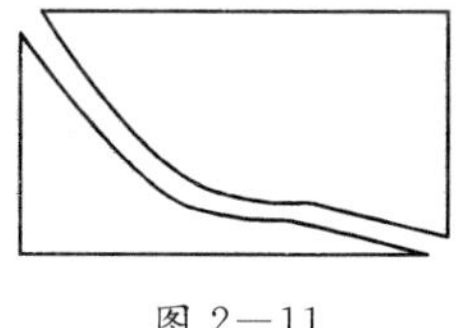

图 2—11

这是一则练习课中教师设计"变式"问题的案例。我们还可以组织学生进行一题多变、一题多问、一题多解以及题组比较,增强练习过程中的探索成分、研究意味,从而让学生的思维活起来、火起来。

数学练习课中,我们常常看到设计形式多样的题目,或者是通过对题目进行包装,激发学生练习的兴趣。固然,这可以改变数学练习传统的"冷冰冰"的面孔,增添数学练习题对学生的"亲和力"。但我以为,更长久的兴趣,是来自问题本身

的吸引力，即用问题的思维含量激活学生，让学生体验数学思考的酸甜苦辣咸，享受智力活动的振奋与愉悦。

综上所述，数学练习课的指向，不只是知识的巩固、能力的提高，更应集中指向学生的发展。我们的数学教学要为学生的发展服务，要为学生的持续发展打下良好的基础。数学练习课中，教师要让学生回归学习主体的地位，从学生视角改进数学练习课的设计，让学生练得有趣、练得有味、练得有劲、练得有效。

走向“为学生的设计”

——一节数学课历经十四年的对比与思考

做教师，我们一直往前走，不过，经常回顾一下自己的教学经历，既有必要也很重要。对过去的回顾，可以更好地认知当下，瞭望未来。我们上过了那么多的数学课，是否可以将历年上过的相同课题的数学课比较一下呢？

一、2008年的一节数学课

2008年6月，我在南京市的一所小学听了一节数学课。教学内容是一年级的“用竖式计算两位数减两位数退位减法”，执教者是一位工作了近5年的年轻女教师。

上课开始，教师出示12道口算题，学生“开火车”报得数。同时，指名一位学生在黑板上板演：用竖式计算58－26。

评析板演后，教师用图文结合的方式出示题目：懒羊羊说，我有50张邮票；美羊羊说，我有26张邮票。

师：谁能提一个用减法算的问题？

学生回答，教师板书：懒羊羊比美羊羊多多少张邮票？

生：还可以提问题：两羊相差多少张邮票？

生：美羊羊比懒羊羊少多少张邮票？

师：很好！这道题怎样列式？

教师指名学生口答。学生说出算式50－26之后又说得数是36，有学生插话：错，34；又有学生插话：错，等于24。

教师没有理会学生说出的得数，只板书了算式，接着提问：这道题（指50－26）与前面学过的这道题（指58－26）有什么不同？

生：（指着58－26）这道题是两位数减两位数；（指着50－26）这道题是整十数减两位数。

生:50减26,0减6,退位。

教师指出:今天我们学习两位数减两位数退位减法。板书课题之后,教师组织学生用摆小棒、拨计数器的方法计算50－26。

学生先是展示怎么摆小棒,教师再用课件演示。接着,学生展示在计数器上如何操作。有学生说:还有方法。教师指出:等一等。然后,教师课件演示在计数器上拨珠子计算50－26。

在课件演示的过程中,学生口述演示计算的过程:50个位上的0不够减6,向十位借1,10减6等于4;5变成4,4减2等于2。有一位学生插话:用竖式算。

教师重复学生的语言:用竖式算。学生口述竖式计算过程,教师板书,并强调书写时注意数位对齐。

生:还有一种算法。

师:还有一种?等一会儿,先把这种方法弄清楚了!

教师组织学生同桌间互相说一说竖式计算过程。然后提问:如果先从十位减,再从个位减,方便不方便?

生:我们要重算。

师:刚才有同学说有不同的方法,是怎样算的呢?

生:0减6不够减,向十位借1,10减6等于4,4减2等于2。

师:听了他的发言,你想说什么?

生:和前面说的不都一样吗?

生:我是这样算的,58减26等于32,50减26的得数比58减26的得数少8。

师:被减数少了8,得数也少了8,聪明!

生:我是先算50减20等于30,再算30减6等于24。

师:这种方法也很好!

接着,教师出示教材中“试一试”算题:用竖式计算43－27。学生试做,教师视频展示一位学生的计算过程。评析时,教师指名学生说计算过程,然后提问:十位上一个十,到个位上是几个一?学生面露不解之色,未能回答,教师指出:十位上一个十,到个位上是10个一。教师再提问:用竖式笔算减法应注意什么?学生回答,教师板书:相同数位对齐;从个位减起;个位不够减,从十位退1在个位上加10再减。

巩固练习,教师将教材中的“想想做做”3组题以“过关”的游戏形式呈现给学生练习。最后,播放“喜羊羊和灰太狼”主题歌。

二、1995 年的教学设计

在回味 2008 年的这节数学课时，我突然生成一个想法：13 年前，即 1995 年，我教一年级时，是如何教两位数减两位数退位减法的呢？我找到了当时的教案本，下面是当时的教学过程设计（当时使用的是义务教育苏教版小学数学教材）：

（一）复习引入

指名学生板演：用竖式计算 43－21。

出示一组口算题，其余学生与笔算板演的学生同时进行口算练习。

评讲板演，提问：笔算减法是怎样算的？出示：个位和个位对齐，十位和十位对齐；从个位减起。

指出：今天这节课，我们继续学习两位数减两位数。板书课题。

（二）教学例题

教师把口算题的最后一题 43－7 改成 43－27，指出：这就是我们要学习的例题。

板书 43－27 的竖式，指出：从个位减起，3 减 7 不够减，怎么办？

教师操作演示：从 4 捆带 3 根小棒中，拿走 27 根。演示过程中提问：7 根，怎么拿？取出 1 捆后，还有几个十？

引导学生回顾操作过程，板演竖式计算，边板演边讲解：个位上 3 减 7 不够减，从十位上退 1，点一个小圆点表示。把退的 1 个十和个位上 3 合起来是 13，13 减 7 等于 6。十位上小圆点表示退掉 1 个十，十位上只剩下 3。十位上 3 减 2 等于 1。

引导学生把例题 43－27 和复习题 43－21 进行比较：这两道竖式都是怎样写的？都从哪一位减起？计算时有什么不同？3 减 7 不够减，怎么办？

指出：这叫退位减。

（三）教学“试一试”

出示算题 50－43，学生试算。评讲交流：个位不够减，你是怎样算的？

（四）总结算法

教师提问：笔算两位数减两位数，竖式怎样写？从哪一位减起？个位不够减，怎么办？

在复习所出示的“两条”的基础上再出示：个位不够减，从十位退 1，在个位上加 10 再减。

（五）巩固练习

完成教材中的“算算填填”和练习中的相关题目。

三、比较与思考

有联系，也就有比较。两节课虽是相隔13年，但课堂结构大同小异。两节课的不同之处也显而易见。

（一）算题呈现与情境创设

13年前的数学课，出示算题的方式大多是开门见山、直截了当。在上述课堂中，可以看出，教师也作了一些处理，即把口算题中的一道题，改换数据成为例题。2008年的数学课，是将计算问题与解决实际问题结合在一起，并用“懒羊羊、美羊羊”进行了包装。为何如此？课后，执教教师与我交流时谈道：课程标准中倡导计算与解决实际问题结合，计算课本身也枯燥，于是设计了“懒羊羊、美羊羊”这个情境，学生喜欢。

我的思考：今天是“羊”，明天是什么？这是否是给计算这只“狼”披上“羊皮”？“懒羊羊”“美羊羊”是一年级学生喜欢的动画形象，但这样的情境创设对计算的学习究竟有什么作用呢？

数学教学中的情境创设，关键是要引发学生数学层面的思考。通过对教学内容的“问题化”组织，引发学生的认知冲突，“生”数学之情，“入”数学之境。教师作为教学过程的设计者，要把握的是，问题的难度应控制在学生的“最近发展区”内。如果问题难度过大，学生跳一跳难以摘到果子，认知的不平衡可能会导致学生学习心理的不安全感。不过，我们在课堂中常常遭遇的现实是，教师呈现的问题往往对学生的挑战性不够，在课堂上表现为学生回答问题几乎如同“对口令”一般。《两位数减两位数退位减》这节课中与计算所结合的实际问题，是求相差数的问题，学生在这节课之前已多次接触，只不过这里的数据是两位数，即便改换问题中的角色，但学生几乎不需要思维上的努力就可以列出算式，因而很难引发数学思考。

情境创设，不是简单地更换一下问题中的“角色”，让学生喜欢而已。“改换数据成为例题”是否联系了学生已有的数学知识，创设了认知冲突的情境呢？创设情境，我们不是机械地按文本要求行事，而应当依据学生的数学学习现实，激发学生的数学思考，还要考虑在这过程中学生是否能保持心理的安全感。

（二）算法探究与动手操作

1995年的数学课，学习算法的方法是教师讲，学生听，教师演示，学生看；13

年后的数学课，学生先操作演示、讲解，教师再“重复”确认，然后学生口述计算过程，教师再板书进行“规范”指导——

让学生直接看操作演示，或让学生动手操作探究，都是基于一年级学生的思维发展还处于具体直观阶段而采用的设计。那么，让学生直接看操作演示与让学生动手操作探究有什么不同呢？

从教师实施教学的角度看，学生看教师演示，课堂的进程由教师控制在手中，学生有样学样，跟在教师的后面，这样的课堂，不会出“乱子”，比较“平稳”。但教师先于学生操作之前的演示，往往容易把学生原本丰富多彩的探究过程“拉成了一条线”，压缩了原有的空间和时间，教师关注的是知识点和按部就班地上课。而放手让学生操作，学生在主动探究的过程中，可以展现真实的思维过程，而且，学生的表现具有差别性和多样性，可能在教师的预设之中，也可能在教师的预设之外。这样的教学，给教师带来较大的挑战，又给教师提供了实际了解学生的契机。当然，教师也可以在学生操作并展示交流之后进行演示，在展现学生共同性的过程中引导学生进一步展开思考。

再从教学效果来看，学生直接看操作演示，在学习过程中往往容易处于被动的观者身份。而让学生动手操作，吸引他们主动参与学习过程，视觉与触觉、运动觉的协调，有助于形成更为突出清晰的表象，不仅发展了形象思维，而且推动了抽象思维的展开。

不过，从学生的发展水平来看，学生原有的经验、经历、水平决定了课堂中采取的手段。学生是否有能力通过操作探究算法，这也是我们需要考虑的。如果学生面对操作一筹莫展，那教师通过演示启发学生打开思维，便不可或缺。

进一步思考：两位数减两位数退位减法的计算，算法是由学生通过操作探究出来的吗？

教材的呈现形式是先用小棒摆一摆、用计数器拨一拨，再用竖式计算。其意图是借助学具的直观操作，理解退位减法中相同数位上的数相减以及相减过程中“退一当十”的算理，探索用竖式计算 50－26 的方法。一言概之，借助直观，理解算理，探索算法。

而实际教学时，学生的学习起点，已经高于教材的逻辑起点，即未学两位数减两位数退位减，已有部分学生会算了。这样的想法，在后来所进行的课堂教学前测中得到验证。那么，动手操作还需要吗？

我的想法是，动手操作依然有其价值与意义。我们可在教学时将探索性操作

调整为理解性操作、验证性操作：先让学生交流各自的算法，再组织学生进行直观操作，借助直观，理解算理算法，同时，验证先前学生交流的算法是否正确。学生在交流各自的算法之后，急切想知道算得对不对，这时组织操作，检验算法，是应学生之所需，而非教师所强求。这个摆小棒、拨算珠的过程，也是对计算的重点与难点加深理解的过程。

不过，在本课的学习过程中，我认为，摆小棒或拨计数器的操作也不是解决了算法探究的所有问题——操作时，可以从个位“减”，也可以从十位“减”。例如，从50根小棒中拿走26根，有两种拿法。拿法1：先拿走两捆；再打开一捆，拿走6根——这是从十位“减”起。拿法2：先打开一捆，拿走6根；再拿走两捆——这是从个位“减”起。同样的，用计数器操作也有类似的两种拨珠方法。这样，与操作所对应的用竖式计算，可以从十位减起，也可以从个位减起。

竖式计算加、减法，“从个位算起”，体现了数学学习过程中对计算程序优化的意识。如何让学生理解“从个位算起”这一计算程序的规则呢？这，看来仅靠摆小棒、拨计数器珠子的操作是解决不了问题的。而这，也不应当由教师简单地一告了之。

（三）课前预设与课堂生成

回顾1995年的课堂，教师演示、讲解，覆盖了学生的想法，学生亦步亦趋回答教师的提问，很难产生自己的想法，只要跟着教师走就行了。2008年的数学课，我们清晰地感受到，学生有不同的想法，且多次有表达的愿望。但课堂中，教师几次让学生“等一等”，“很自我”的处理，让学生难以言说。例如学生列出算式之后，有学生说出了不同的得数，教师未加理会，而是继续按照课前预设“走教案”。

可以发现，1995年的数学课，预设排斥与挤占了生成。2008年的数学课，预设给了生成的空间，却又未能处理好预设与生成两者的关系。我们都知道，课前预设是对教学的整体勾画，要与课堂生成有机统一。我们认识到了这些，但在实践操作过程中，却为什么常常出现行动与认识的背离呢？

不妨从师生互动的角度分析预设与生成。师生互动，是教师与学生之间发生的各种形式、性质和各种程度的相关作用和影响。预设，在相当大的程度上表现为教师是互动的发起者。而生成，则表现为学生是互动的发起者。在课堂中，教师主动发起的师生互动远远多于学生主动发起的师生互动。而学生发起的互动，反映了学生对学习过程中主动参与的意识与能力。学生是否能发起互动，不是依赖于教师施舍，而应当还学生发起互动的本来面目与积极性。面对学生发起的互动，教师需要“与学生在一起”，要对学生的学习与发展保持敏感性：一是对学生的数学学习状态保持敏感性；二是对学生学习过程是否需要教师的帮助、指导与促进保持敏感性，即对学生发起的互动予以积极的反应。教师需要整合教师发起的互动与学生发起的互动，发挥各自优势，形成互补效应。南怀瑾曾说，如果知道“变”，跟着“变”，那还差一点，没有智慧了。认识“变”，同时领导“变”，这才是智慧之学。课堂中，我们期盼的是教师主动地出击，引领学生“变”，而不是被动地等待，应付学生的“变”。从而，课堂保持适度的张力，保持动态的平衡。

课堂生成，是更多地将学生作为教学资源。对预设与生成的处理，反映了教师眼中是否真正看到学生，心中是否实际装有学生。妥善处理好预设与生成，有利于学生在学习过程中更充分地发挥主体作用，同时调动教与学两方面的积极性和创造性，有助于形成更为民主、亲密和互相尊重的课堂教学文化。

以上从课堂实施的三个方面对 2008 年的数学课与 1995 年的数学课进行了比较。2008 年的数学课，情境创设时教师考虑“学生喜欢”，算法探究时先放手让学生操作，课堂教学过程中学生生成了不同的想法，尽管教师的教学处理还值得商榷，但与 13 年前的数学课相比，还是呈现出从“为教师的设计”走向“为学生的设计”的发展态势。

四、2009 年的那节数学课

在对课堂的对比分析的过程中，自然产生了“如果我再来上这节课，如何设计、处理”的想法，点点滴滴的思考，集腋成裘地凝聚成了要就“两位数减两位数退位减”这一内容进行课堂实践的念头。不过，2008 年，由于一年级学生都已经学完了该内容，于是，课堂实践延后至一年后的 2009 年。

（一）前测

学生学习两位数减两位数退位减的现实起点在哪里？“一部分学生会算”是我们作出的主观估测。每一位学生的实际情形到底如何呢？课前，我做了一下前测。为了避免前测的题目与上课时的例题相同而影响学生新课的学习，我从教材的练习题中选择了两题作为前测题目。

我把题目 60－47 与 44－18 写在黑板上，鼓励学生动脑筋用自己的办法计算出来并写在纸上。全班 43 人参与前测，从计算结果来看，39 人正确算出了得数；有 4 人出现错误，出错的题目都是 60－47，其中一人是抄错题目数据，另外三人中有两人算得 27，一人算得 23。就算法来看，用笔算（即用竖式计算）的有 25 人；用口算的有 13 人,其中有一位学生用了两种口算方法;有 5 人既用了口算的方法,又用了笔算的方法。

再看学生具体的计算过程,仅就用竖式计算而言,在正确计算的写法中,有不标注退位点的,有正确标注退位点位置的,有将退位点的位置标注在我们预料之外的位置上的。

学生王正庭,计算 60—47 未标注退位的 1,计算 44—18 把退位的 1 写在减数十位数字的右下角(如图 2—12)。像王正庭这样写竖式的有 5 位学生,显然,他们这样的写法迁移了两位数加两位数进位加的竖式写法。再从王正庭叙述的计算过程来看,他完全理解了计算过程,只是写法和我们的常规写法不同而已。学生蒋博雯,则把退位的 1 写在被减数十位数字和个位数字的中间,这也和我们的常规写法不同。而学生夏雨辰,计算时则是"从十位减起"的(如图 2—13)。

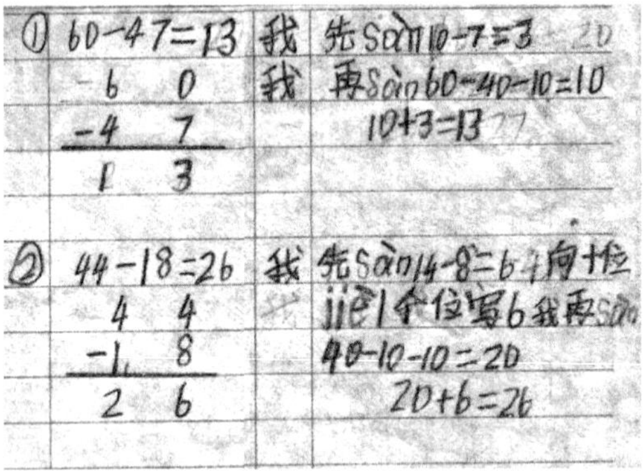

图 2—12

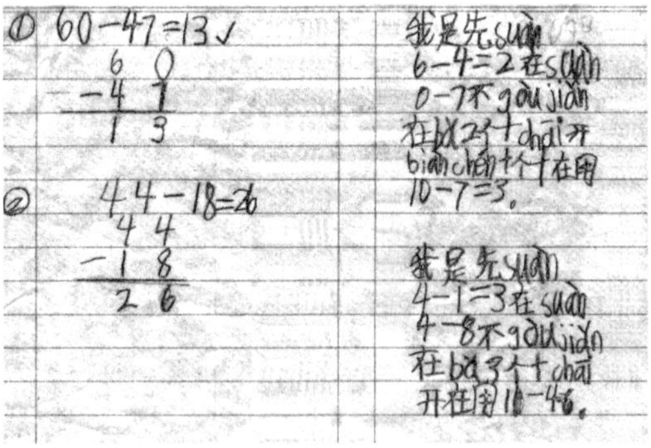

图 2—13

面对学生丰富多样充满个性色彩的想法,我思考:全班学生应得到什么发展?这节课,我们应为学生的发展做些什么?

学生会用竖式计算，但大部分学生还停留于形式化的模仿阶段，他们仅仅是按部就班完成了竖式计算的程序。写竖式时，为什么相同数位对齐？竖式计算，为什么从个位算起？他们算出结果，但为什么这样算？相当一部分学生含含糊糊说不清。还有，这节课学习用竖式计算，那口算是否涉及？在思考中，这节课的教学目标逐步明晰。从教学内容的角度看，学生不仅要会用竖式计算两位数减两位数退位减，还要理解为什么这样算，即做到“知其然”，又“知其所以然”。从教学对象的角度看，不同学生学习本课的起点是不同的，他们之间的差异客观存在。差异，换一个角度看，也就是多样。在教学中，我们不是仅仅觉察到这种多样性，还应当利用这种多样性来丰富整个班级的学习经验和经历。我采用“兵教兵”的教学策略，把学生的“已有”“已知”开发为教学资源，引导学生将自己原有的认识外化出来与全班交流，教师则在关键处追问，无疑处设问，促使学生的思考走向深入，认识得到提升，在这一过程中，让学生体会思考的快乐、交流的快乐。同时，对全班学生的学习“保底但不封顶”。如口算与笔算两种算法如何处理，我的想法是，面对一个需要计算的问题，是口算还是笔算，算法的选择权应在学生手中。但数学学习的阶段性，又让教师不能“不作为”。课堂上，学生用自己的算法尝试计算，然后先组织交流口算方法，但不对全班学生掌握口算方法提出统一要求。通过交流让全班学生对口算方法有初步的了解，这也为以后进一步学习口算作铺垫。数学学习内容前后之间并不是泾渭分明、截然分开的，每一课的学习内容都是承前启后，既是已学内容的发展，又孕伏着后续学习的内容。也就是说，这节课，不反对学生口算、不对学生的口算视而不见，但不强求全班学生都会口算。在这之后，教师指出：笔算方法，是本课重点探讨的内容。教学过程中，让能“走五步”的学生不是机械地和全班其他同学一齐“走三步”。学生，能走多远，我们就应让他们走多远。

（二）课堂

课始，采用“视算笔答”的方式完成八道 20 以内的退位减法口算。“视算笔答”，即学生看教师出示的口算题，直接把得数写在作业本上，然后可以采用“开火车”的方式报得数，全班学生核对。这样的练习方式，可以让全班每一位学生都得到练习机会。

然后，出示主题图：小星说，我有 50 张邮票；小梅说，我有 26 张邮票。

师：你能提出什么问题？

生：小星和小梅一共有多少张？

师：会列式吗？

学生说出算式“50＋26”之后，教师再问：还能提出不同的问题吗？

生：小星比小梅多多少张？

生：小梅比小星少多少张？

生：小星和小梅相差多少张？

生：小梅再增加多少张邮票就和小星同样多？

师：这几个问题有什么联系？

生：都是用减法算。

生：都是列式50－26。

师：50－26，你会算吗？

生：（齐）会！

教师组织学生独立思考完成计算，再组织交流各自的算法。视频展示一位学生如图2－14所示的算法。该学生讲解：我把50分成20和30，用30减26得14，20加14等于34。

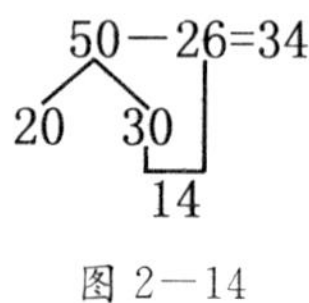

图2－14

生：30－26，我们还没有学过，我知道，30减26等于4，20加4等于24。

生：我是这样算的，先算50减20等于30，再算30减6等于24。

生：先算10减6等于4，再算4减2等于2，（50减26）等于24。

又一位学生举起自己的作业本，教师视频展示该生的算法（是用竖式算的）。

师：不少小朋友会口算50减26，以后还会进一步学习。今天这节课，我们学习用竖式计算。像他这样，用竖式算，你会吗？

学生纷纷表示“会！”一位学生口述，教师板书。

师：在写竖式时，提醒其他小朋友，注意什么？

生：相同数位对齐。

师：想一想，为什么相同数位对齐呢？

生：加法时竖式要对齐，减法也要对齐。

师：我有个建议，咱们摆小棒来帮助理解。不过，今天大家在头脑中摆小棒，然后说出来怎么摆。可以吗？

生：先摆 5 捆，减去 6，就拆开一捆，10 减 6 等于 4；再从 4 捆里去掉 2 捆，一共还有 2 捆 4 根，也就是 24.

学生口述时，教师在黑板上画摆小棒示意图。

生：也可以(用计数器)拨珠。先拨 50，十位上拨 5 个珠子，去掉 26，十位上去掉一个珠子，个位上拨 10 个珠子，在个位上去掉 6 个珠子，十位上再去掉 2 个珠子，还有 24。

根据学生的回答，教师在黑板上画计数器拨珠示意图。

师：联系刚才摆小棒、拨珠子的过程，我们再来看竖式，先算什么？

生：先算 10 减 6。

师：为什么？

生：0 减 6 不够减，需要从十位上借 1，然后 10 减 6 等于 4；4 减 2 等于 2。

师：这里的 4 和 2 都在十位上，4 减 2 表示的是什么？

生：4 减 2 表示的是 4 个十减 2 个十。

教师再组织学生同桌间互相说一说怎样计算 50－26。然后，教师出示：43－27，学生用竖式尝试计算。教师巡视，视频展示一位学生的竖式计算，如图 2－15。

$$\begin{array}{r} 4\ \ 3 \\ -2_{1}\ 7 \\ \hline 1\ \ 6 \end{array}$$

图 2－15

师：他算出的结果是 16，对吗？对于他的竖式书写，你有什么想法吗？

生：他在算个位向十位借 1 的时候，没有点退位的点。

生：他写了，写在下面。不过这样写，容易和加法中进位的 1 混淆。

师：我们再看书上是怎样写的。

学生阅读教科书。

师：通过刚才的交流，我们进一步认识了怎样用竖式计算两位数减两位数退位减。请小朋友回顾一下，计算两位数减两位数退位减，你想提醒小朋友注意什么？

生：从个位减起。

生：退位点不能忘记点在上面。

生：个位不够减，向十位借 1，点退位的点。

师：刚才交流时说，从个位减起，为什么从个位减起呢？

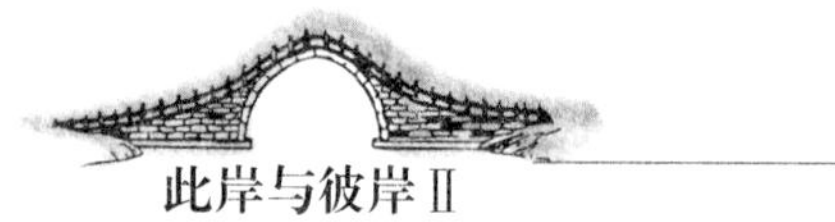

一位学生跑到讲台前，在黑板上边板演“试一试”算题的计算过程边讲解：先算十位，4减2等于2，个位上3减7不够减，向十位借1，十位上的2再改成1，这样麻烦。

师：用竖式计算，从个位减起，比较方便。谢谢你的讲解，全班小朋友更清晰了。

这又是我没有料到的，学生对从个位减起的认识与陈述如此清晰。其后，组织学生完成教材中的4道用竖式计算的题目。由于下课时间已到，原先预设的一道编题练习（从2、4、6、7、9中选4个数字，组成两位数减两位数退位减的题目，并计算），删去不做。

五、透视2009年的数学课

毋庸置疑，从1995年、2008年、2009年这三节相同课题的数学课，分明能感受到课堂在静悄悄地革命。纵观2009年的数学课，就先前所作比较的关于“算题呈现与情境创设”“算法探究与动手操作”“课前预设与课堂生成”三个方面，我真真实实地让思考与实践进行了互动。

关于创设情境。计算与解决实际问题结合在一起，在算题呈现时可以对实际问题作两种方式的加工。一是对问题中的素材进行更换。如2008年的数学课中“懒羊羊”“美羊羊”的出场，而我在设计执教的2009年的数学课中，采用的还是教材中的情境素材。我的想法是，在没有找寻到更好的“替代”时，“返回”教材。二是对问题的结构进行改造。以往大多是呈现结构完整的问题，而在2009年的数学课中，改为呈现结构不良的问题（即提供条件，让学生补充问题）；以往解决相差关系的问题，对问句的不同表述基本是“单个”思考，而在2009年的数学课中，则将不同说法的问句“打包”呈现。即在相关信息出示之后，教师放手让学生提出不同的问题，从情境进入数学思考，再引导学生认识不同说法问题的内在联系，让学生在思维步向深入的过程中呈现算式。在这一过程中，学生感悟算式是这一情境的模型，计算是解决实际问题的需要。

关于动手操作。我的教学意图是让学生在摆小棒操作的过程中，进一步体会计数单位相同直接相加减，认识个位不够减就从十位退1的算法。实际教学时，我改“让学生用实物操作”为“让学生在头脑中摆小棒”。不过，没有料到，有学生在说完摆小棒的操作之后又说出在计数器上如何操作。为何不让学生用实物操作而让学生在头脑中摆小棒呢？美国教育学家布鲁纳将儿童的理解能力发展分为三个阶段:第一,动作阶段,儿童操作实物,了解一些数学概念。第二,表象阶段,儿童可以借助实物表象进行独立思考。第三,符号阶段,儿童能认识符号的抽象观念。对照布鲁纳的学说,我的想法是,当学生已有比较丰富的摆小棒、拨计数器的实践操作经验并形成了较为清晰可调度的表象积累之后,我们是否还要让学生再来实物操作?从课堂中学生的口述来看,他们已经可以跳过实物操作阶段,能够进行表象操作。

关于课堂生成。我努力让学生把他们的想法呈现出来,并让学生在交流过程中捕捉对方的想法展开进一步的思考、交流。比如,展示学生算法时,我没有料到第一位学生呈现的算法出现错误,随即让其他学生交流纠正。又如,学生口述了如何操作小棒之后,又说如何在计数器上操作。再如,学生对计算时从十位算起与从个位算起的辨析,以及原先预设的课末编题练习的删减。这些,都是我面对课堂生成作出的处理。我追问自己:我引领学生主动发起互动了吗?如果说上述还是被动应对的话,那么,课堂中我提供开放性的学习内容、开放性的教育资源、开放性的教学方式,让学生积极探索、思考、交流,给学生的生成提供了可能。面对有教学价值的新情况,我再放手让学生展开进一步的思考,则使生成进一步得以丰富。

2009 年的这节数学课,我为何这样教学?支持行动背后的理念是什么?我得把缄默状态的教学理念敞亮,使之成为反思的对象。也正如贝德纳等人指出的,“只有在开发者对设计所依据的理论有反思性认识时,有效的教学设计才成为可能”。

（一）让学生在各自原有基础上得到尽可能大的发展

以往我们对学生发展的要求往往是片面强调一致和统一,追求趋同与整齐划一,漠视学生的差异、独特与个性。在教学过程中也就不难发现“党同伐异”“填平补齐”“千人一面”的现象。

从 2009 年的这节数学课的教学目标拟定以及在教学展开过程中,可以看出,我努力使教学促进学生在各自原有的基础上得到尽可能大的发展。学生都在“向前走”,但不是“齐步走”,而是各自以自己的“节奏”与“速度”在原有的起点上向前走——在一个班级中,一部分学生往往会走得快一些,一部分学生则会走得慢一些。教师所要做的,是保证全体学生“下保底”——所有学生都达到课程标准所规定的发展目标;“上不封顶”——学生可以并且应该获得各自最大限度的发展,实现“个体的自由充分发展”(马克思语)。

（二）尊重学生的“已知”“已有”

我们知道，学生不是一张“白纸”，每次，他们走进数学课堂，也就带来了他们的认识与想法。但我们需要进一步关注的问题是：学生不是一张“白纸”，为什么在课堂上常常表现为一张“白纸”？我们常常认识到学生的“已知”“已有”，然而在行动中，却将学生的“已知”“已有”撇至一旁，甚至视作“麻烦制造者”。

尊重学生的“已知”“已有”，既让我们对学生有了新的理解，又让我们对教学过程有了新的思路。在探索学习两位数减两位数退位减的过程中，我通过前测，了解学生的学习起点，让学生在独立思考的基础上探索算法再进行交流，将探索性操作调整为理解性操作、验证性操作，将实物操作改作表象操作，这些，都是基于学生已有发展水平的考虑而作出的教学尝试。尊重学生，不是停留于言语层面、认识层面，而是在实践中直面学生的数学现实，由“强制学生适合教学”转为“创造适合学生的教学”。

（三）学生是教学过程中的重要资源

习惯的认识，学生是教学对象，教师、教材、教学设备，是教学资源。因而对丰富生动的学生资源，常常视而不见。

学生的全部既有知识、经验和学习的内在积极性都应当成为教师的教学所用，应当成为动力之源、能量之库。在两位数减两位数退位减的教学前测中，我们发现，学生在“从个位减起”“借1的处理（从书写形式上表现为退位点的书写）”这两个方面有着不同的想法，而这，也就成为课堂中的“话题”，教师应用“兵教兵”教学策略，让学生把各自的想法呈现，继而在交流中各自获得新的理解。学生，是一种活的资源。以学生为资源，在教学过程中，学生自己解决自己的问题，自己“生产”自己。

学生得到怎样的发展？学生在怎样的基础上得到发展？学生如何得到发展？围绕这几个问题的思考，我发掘内隐的教学理念的变化，建构着“尊重学生，欣赏学生，依靠学生，发展学生”的教学理念，努力使自己的教学从“为教师的设计”走向“为学生的设计”。

第三辑 教学，『发现』之旅

教学，“发现”之旅

一

一下课，张睿就急匆匆地跑到讲台前找我：“贲老师，那个斜着的正方形的问题，我还有不同的想法。”

我一下子就明白了，他说的“斜着的正方形”的题目，是教科书中的一道题目，也是上一周的数学课中曾经探讨过的一道题目：

用分数表示图中的涂色部分。

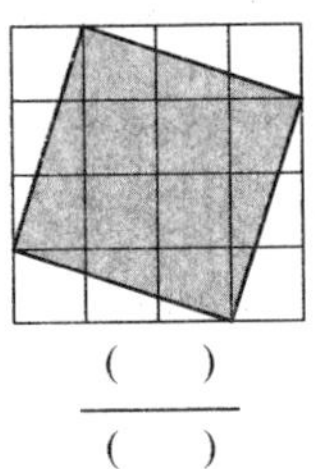

$\frac{(\quad)}{(\quad)}$

这道题，可以这样思考：将图中的空白部分拼成 6 格，空白部分占$\frac{6}{16}$，也就是$\frac{3}{8}$，所以涂色部分占$\frac{5}{8}$。这道题，还可以这样思考：把涂色部分拼成 10 格，涂色部分占$\frac{5}{8}$。

不过，我们班中曾有学生这样思考：把涂色的正方形逆时针旋转使它“正过来”，然后误认为“正过来”的涂色正方形相当于原 16 格正方形中的 9 格，从而得出错误的答案：涂色部分占$\frac{9}{16}$。

张睿想说什么呢？他不容我问，边说边在黑板上比划他的想法，我听出了一些“味道”。不过，由于紧接着的下一节课我要赶到另一个教室听学校内一位教师的试教课，于是，我请他把想法写出来给我。

第二天早上，张睿交给我一张纸，"由勾股定理引发的猜想"赫然在目，俨然是一篇论文——

由勾股定理引发的猜想

星期六，我在家中看数学报，看到了一个有关介绍勾股定理的文章，右面是文中的一幅图(如图3—1)。在文章末尾，我看到了一道题目：试着求正方形 $ABCD$ 的面积是多少。这道题目的图和我们数学书中的一道题目的图很"像"。我想了想，得出了一个结论：4。我想，把这个正方形旋转到 2×2 的正方形处(图3—2的红色部分)。我自信满满地看了后面的答案。但我错了，结果是5。

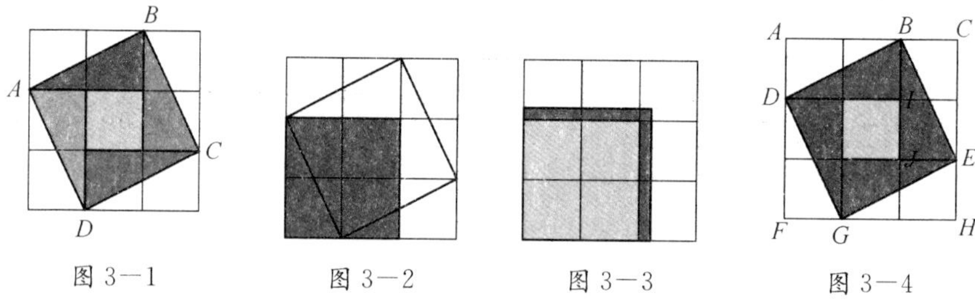

图3—1　图3—2　图3—3　图3—4

我想了想，发现图3—1的正方形旋转后并不能正好得到 2×2 的正方形，而是比这个大，多了红色部分(如图3—3)。因为如果旋转成像图3—2那样，则正方形的边长是2，而从图3—2中很容易看出原来正方形 $ABCD$ 的边长肯定比2长。

我进一步研究这个正方形的面积，我想到把图3—4的 $\triangle BCE$ 和 $\triangle ABD$ 拼成一个面积为2的长方形，$\triangle DFG$ 和 $\triangle EGH$ 也同样可以拼成一个面积为2的长方形。所以空白部分占正方形 $ACHF$ 的 $\frac{4}{9}$，面积也就是4，那么正方形 $DBEG$ 的面积也就是5。

我发现：我一开始的想法算出的错误得数加上1，竟然和正确得数一样！

为了证明这个想法是否具有普遍性，我接着又把 4×4 的正方形画了出来(如图3—5)，它的阴影部分是 $4\times4-3\times2=10$。竟然也是图3—6的红色部分加上1，我有些兴奋，但是我还是继续画了 5×5 的正方形，得到的结论还是一样的。

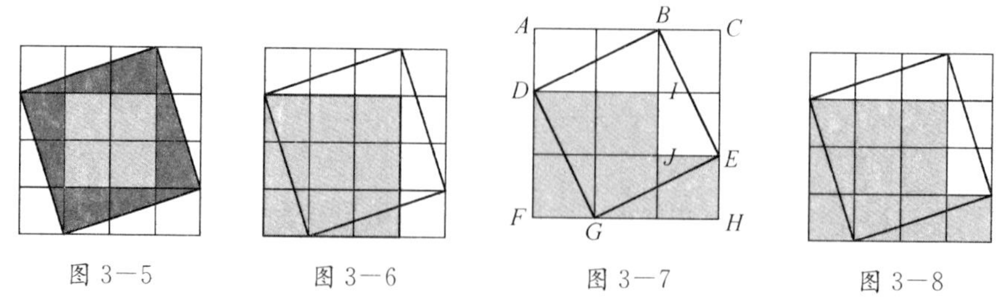

图3—5　图3—6　图3—7　图3—8

我的发现可以这样表述：正方形的边长如果是 n，那么画出的斜着的正方形面积就是$(n-1)^2+1$。

我继续思考：为什么会这样？图3—4是一个3×3的正方形，把$\triangle DBI$向右下移至$\triangle GEH$处，把$\triangle BJE$向左下移至$\triangle DFG$处，这样就移成了图3—7。图3—7中的涂色部分便是2×2的正方形“带”一个1×1的正方形。而在4×4的正方形中，斜着的正方形通过移、拼后就成了图3—8，3×3的正方形“带”一个1×1的正方形。

我又猜想：在长方形里画平行四边形会不会也有这样的规律呢？

我先画了一个长为4宽为3的长方形(如图3—9)，然后通过移、拼后就成了图3—11，其涂色部分正好等于图3—10的红色部分加上1，即等于7。这样，我又发现：如果长方形的长是x，宽是y，那么长方形内平行四边形的面积就是：$(x-1)\times(y-1)+1$。

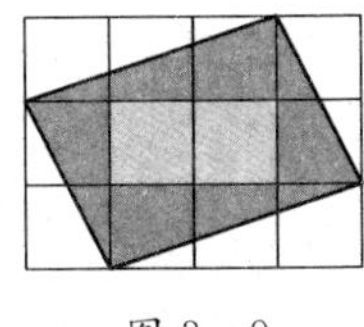
图3—9

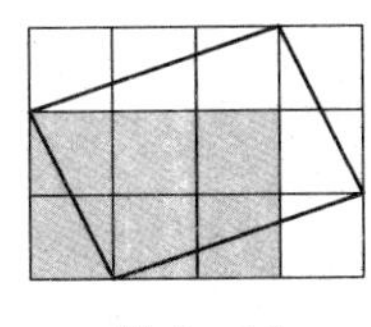
图3—10

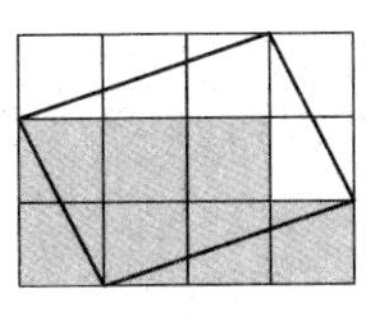
图3—11

哈哈，我猜想，我验证，我发现规律，太好玩了。

中午，张睿用他的可移动磁盘把文章拷给我。他还告诉我，晚上把文章发到我的邮箱。在他身边，我感受到他的“成就感”。

粗略读了张睿的文章，且不说他的猜想与发现，就看他用图文结合的方式并独自制作成电子文稿表述自己的所思所想，就让我由衷赞叹。尽管文章在表述的过程中有一些地方值得商榷，但他关注的问题很有价值。在上一周的数学课上，学生解决问题中出现的一些错误想法，理应由教师分析思考，探明错因。然而，可能教师还没有完全搞明白的时候，学生已经在执着思考了。张睿即如此！

这一天是星期五，下午，我们六(2)班全班学生去东南大学礼堂上英语观摩课。我又赶赴沭阳参加课标教材培训会，因而没有来得及和张睿就他的文章进行交流。

在去沭阳的汽车上，我接到张睿打来的电话：“贲老师，我那篇文章你看了吗？”他那急切的声音，我感受到了。“看了你写的文章，我很激动！写得很好，贲老师很有收获，我正出差，星期一我和你交流。”我毫不掩饰自己的夸赞以及没有来得及与他交流的一丝遗憾。

星期六下午，活动一结束，我迫不及待打开电脑品读张睿的文章，又一次激动不已。我立即用手机给张睿发去短信——张睿：看了你写的猜想那篇文章，十分

精彩！我很激动！谢谢你让我分享你的思考。星期一请你在全班宣讲你的想法，好吗？

期待着，张睿在星期一的精彩，再触发全班更多学生的精彩！

再一次欣赏张睿的文章。张睿的这篇文章，和我们教科书中的一道题目有关，但从文中看出，又与他看到的数学报中的文章有关。“我发现：我一开始的想法算出的错误得数加上 1，竟然和正确得数一样！”这，恰恰又可以用勾股定理来说明。而这，张睿在文章中没有说明，我是否就此再与他探讨呢？

二

星期一翩然而至。张睿走上讲台，宣讲他的发现，他边讲边画图（如图 3－12），胸有成竹。

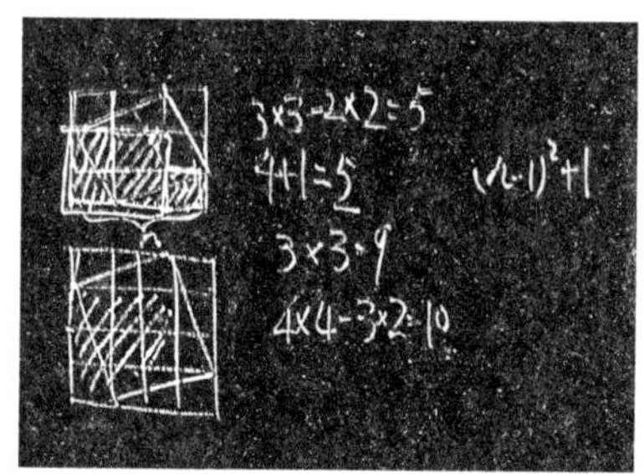

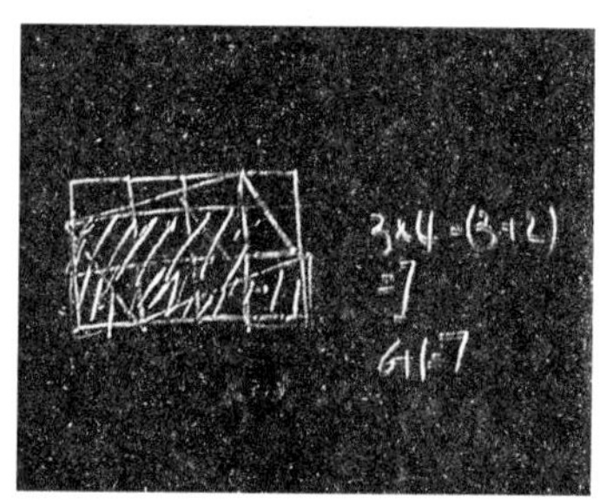

图 3－12

张睿刚讲完，焦芙蓉举手了：我们还可以这样想，把中间的 1 个正方形去掉，剩下的涂色的 4 个三角形和空白部分的面积分别相等。（9＋1）÷2＝5，涂色部分的面积是 5。

焦芙蓉也是一边讲解一边画图（如图 3－13）。不过，焦芙蓉的思维有一定的跳跃性，表述也比较简略。在她讲解的过程中，我作为“助教”，在一旁同时画图（如图 3－14），并分别在图中标注 1、2、3…8，这样，让全班的学生都能听清楚、看明白：1 号三角形面积＝2 号三角形面积，3 号三角形面积＝4 号三角形面积……

图 3－13

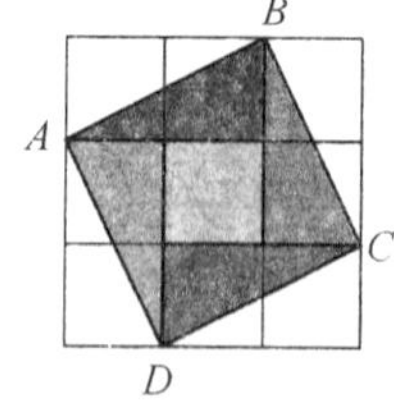

图 3－14

焦芙蓉的讲解获得了全班的掌声，我又被激活产生新的思考。掌声之后，我把我的新想法坦诚给全班：听了焦芙蓉的讲解，我觉得她把这个问题转化成了另一个问题。

孙喻脱口而出：和差问题。

我让孙喻具体说说。

孙喻神采飞扬：涂色部分和空白部分的面积一共是 9，涂色部分的面积比空白部分多 1，涂色部分的面积是多少？

紧接着有学生举手说出算式：空白部分：$(9-1)\div2=4$；涂色部分：$(9+1)\div2=5$。

我再让学生看 4×4 的正方形（如图 3－15）：如果用焦芙蓉的转化思路，转化成怎样的和差问题？

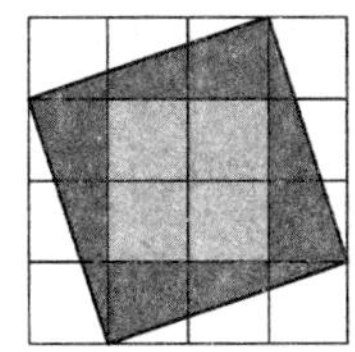

图 3－15

又一位学生回答：涂色部分和空白部分的面积一共是 16，涂色部分面积比空白部分多 4，涂色部分的面积是多少？

全班再次响起了掌声。这掌声，既是给学生的，也是给老师的！因为有了张睿的宣讲，引出了焦芙蓉的新的想法。其实，焦芙蓉最初只是想解释为什么涂色部分比空白部分多 1 的问题，但在讲解的过程中，又拓展了我和孙喻等同学的思考。哈哈，原来还可以转化成和差问题，真妙！这充满生成的教与学的过程，谁能预设呢？这充满对话意味的过程，让我们体会到“发现”的欣喜与愉悦！

我想起了商友敬先生对语文教学理想状态的一段描述：每个班级每个教室每个校园每个寝室都如同一个语言的“磁场”——在这个“磁场”中，每一个分子（师、生）都处在极其活跃的呼吸吐纳状态。他们呼吸吐纳的就是如同清新的空气一般的新鲜活泼的语言。正如曾国藩在《家书》中所说的：“如春雨之润花，如清渠之溉稻。……如鱼之游水，如人之濯足。程子谓鱼跃于渊，活泼泼地。”——我对“活泼泼地”教学状态最感兴趣，也最神往。只有进入到这种“活泼泼地”对话教学状态，人才能成为“活泼泼”的人。

数学教学，何尝不期盼如此“活泼泼地”。

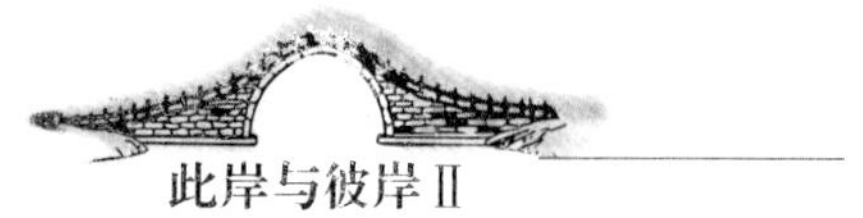

三

又过了一天，张睿找我，他说："贲老师，我写的那篇文章，还要修改一下，文章开始说了勾股定理，但后来没有用勾股定理解释问题。我修改后再发给你。"

我又收到了张睿修改后的文章，文中多了这样一段论述：

那能否用勾股定理来解释斜着的正方形面积是$(n-1)^2+1$呢？如果直角三角形两条直角边分别是a和b，那么斜边的平方就等于a^2+b^2。这样，图3－4中斜着的正方形面积DB^2就等于AD^2+AB^2，也就是1^2+2^2，即比2×2多1；图3－5中，斜着的正方形面积就是1^2+3^2，即比3×3的正方形多1。

我有些后悔，最初我为什么不和张睿交流这一想法呢？转念一想，我高兴起来，原来张睿和我琢磨着相同的问题。这倒是"英雄所见略同"！我自省：作为教师的我，为什么曾急着要把自己的想法与张睿交流呢？莫非是"以爱的名义进行一种强制性的控制"？其实这是"非爱性的掠夺"（于丹语）。我感叹：一位学生，如果像这样主动地、深入地思考数学问题，并积极地表达出来与老师交流，这对于他，对于我，是否都是一种享受呢？

再次想起商友敬先生的一段论述：教书是一件极其愉快的乐事，快乐的根源是师生的心灵在知识中相遇，得到共鸣与和谐，并能在碰撞中产生智慧的火花。

是的，快乐源于师生相遇、共鸣、和谐、碰撞、智慧。而这，是需要"发现"的。

四

这是一段沉甸甸的弥漫着惊喜的教学经历，这是一段充满"发现"意味的教学之旅。

教学，是一个发现的过程。

学生发现：问题原来可以这样想，原来还可以这样想……数学思考，如此丰富；数学，如此好玩……

学生为何会发现？

也许最初就是一丝想法的冲动，但在教学中，教师要种植这样想法的种子，还要培育这样想法的种子。下课铃响，课堂教学戛然而止，但学生的思考并未就此刹车。也许，学生还琢磨着一些想法，那我们应鼓励、支持他们继续思考。也许，学生的一些想法还没有来得及和我们交流，尤其在课堂中因为时间的拘囿，那我们可以鼓励学生用书面的形式再写下来。即，口头交流因为各种原因没有得到保证时,让学生用书面的形式与我们交流。“课内”损失“课外”补,“口头”损失“笔头”补。当学生把这些想法再和老师交流时,教师的态度与方式对学生刚刚点燃的思维火苗具有重要的作用。或许会扑灭,因为教师的不屑一顾、不予理睬而给学生泼上一盆冷水;或许会拨得更亮,因为教师的关注、支持与鼓励,让星星之火成燎原之势。

教师要像对待荷叶上的露珠一般小心翼翼地对待学生的想法,首先要做到的是,敞亮心怀,尊重、顺应学生的各种想法。这样,学生才愿意和教师交流,把想法全盘托出。学生的想法,即是他们的“作品”。教师要怀期待之心、敏感之心、发现之心、欣赏之心、感激之心,相信学生那儿有我们闻所未闻的精彩,相信学生思考问题的深度与积极性可能会超越我们的想象。即便学生的想法不成熟、不成功,但他们一定在成长。

学生的发现或许是一种偶然,那么,能否让这样的偶然成为一种必然?

问题,交给学生思考,教师还学生思考的时空,还学生思考问题的主体地位。甚至于,不要期待在课堂中解决了所有的问题,留点问题,留点“漏洞”,也就留下了空间,也就为学生的发现提供了孕育的土壤。教师在教学中,不要大包大揽、“完美无缺”。“花未全开月未圆,正是意境最佳时。”

教师发现:教学,并没有已经绘制完毕的“地图”,只有师生彼此行动的目标与走向。教学过程是师生之间相互对话、启发,并有着相互发现的过程。“活泼泼”的学生,是帮助教师提高教育教学能力的人。教师,可以也应该继续提升,和学生牵手成长,对自己敞开发展的可能性,“活泼泼地”走向未来……

这发现,真的是发现么?

“道不远人!”也许我的发现都是我们耳熟能详的常识,但在这之前,或许仅仅是言语上知道,实际上是不明其“里”、不明其“理”。只有经历了,思考了,才有了更深刻的切身体悟与理解。——这又是对发现的发现。

进一步思考,“张睿事件”的价值,并不完全在事件本身,而在于之后与教师实践、观念的关联。

视教学是一个发现的过程,让教师和学生都怀有美丽的期待,都用心观察、倾听、思考,彼此的视界更为宽广悠远,相互之间建立心灵的默契。教学,“立”起来了;人,也渐渐“立”起来了。发现之旅,是师生共识、共享、共进,是神奇的、美妙的、怡人的。

学生的“抗议”短信

星期一下午第二课，数学思维方法课，我和学生共同探讨一道“聪明题”的解法。这道聪明题是：

学校田径组原来女生人数占$\frac{1}{3}$，后来又有6名女生参加进来，这样女生人数就占田径组总人数的$\frac{4}{9}$。现在田径组有女生多少人？

学生高俊逸首先到黑板上边板书边讲解他的方程解法：

解：设田径队原有x人。

$\frac{1}{3}x+6=(x+6)\times\frac{4}{9}$，$x=30$。

$(30+6)\times\frac{4}{9}=16$(人)。

答：现在田径组有女生16人。

学生郑嫣然接着介绍另一种解法：

$\frac{4}{5}-\frac{1}{2}=\frac{3}{10}$，$6\div\frac{3}{10}=20$(人)，$20\times\frac{4}{5}=16$(人)。

解决这个问题后，我让全班学生再探讨下面的问题：

果园里去年种桃树和梨树共1800棵，其中桃树占总棵数的$\frac{9}{25}$。今年又种了一批桃树，这时，桃树的棵数占总棵数的$\frac{2}{5}$，现有桃树多少棵？

全班学生在独立试做的时候，学生焦芙蓉跑到我身边：“贲老师，我还有三种方法，你能否让我讲？”

我当即回答：“可以。在这道题目解决之后，安排你讲。”

不过，当我和学生把上述的题目分析结束时，下课铃响了。于是，我让焦芙蓉在下课时间把三种方法写在黑板上，由于她要赶去上提高班的课，黑板上也就没有留下焦芙蓉的想法。

放学后，我收到焦芙蓉发来的手机短信：贲老师，为什么在上课的时候不请我???? 明明郑嫣然没举手，你却请她，而不请我。你深深地伤害了我幼小的心灵。☹☹☹☹

“你深深地伤害了我幼小的心灵”这句话，在我们班是有典故的，是我们班一位学生的口头禅。

我当即短信回复：对不起。你下午第二课后不写你的解法，也伤害了我。

焦芙蓉又发来短信：那么，为什么你一而再再而三这样?！机会是争取来的，为什么我争取了，你也不给我机会?!?！☹☹☹

从焦芙蓉发来短信中的问号、感叹号以及哭脸符号的数量减少，我能感受到焦芙蓉的情绪变化。我回复：明天我和你沟通。可你常常不听我的话。

焦芙蓉：可是，我希望今日事今日毕。

我再回复：接受批评。但交流还得明天。我在开会呢。

当时，我正参加学校读书交流会。过了一会儿，我又发短信给她：谢谢芙蓉！我给你的短信不要删。因为这时，我意识到这是一次我与焦芙蓉之间的“有意味”的沟通。而我当时发给焦芙蓉的手机短信都是“仅发送”，而未选择操作“储存并发送”。我要把当时与她沟通交流的短信原汁原味地记录下来。

面对学生的抗议，我反思：学生为何向我抗议?

焦芙蓉，是我班上一位很优秀、很可爱的女孩。为何向我抗议? 原因不言自明，我伤害了她。

谈到伤害学生，一般都觉得班级中学习比较困难的学生容易受到教师的伤害。优秀学生，一般都是教师的“宠儿”，被教师明星般地呵护着，怎么会被伤害呢? 坦率地说，在教学过程中师生的地位并不平等，例如，学生要等教师点名之后才有发言的机会。而我在课堂中，对学习比较困难学生的“特别关爱”，也让这部分学生获得比优秀学生更多的发言机会，因此，优秀学生往往被冷落，所得到的发言机会要少一些。进一步对学生的发言进行分析，优秀学生的发言，往往由于其所思所想与其余学生尤其是学习困难学生之间的差距过大而难以被他们所理解，所以，我也常常就把优秀学生的举手发言要求搁置一边。差异是一种教学资源，但过大的差异，也许难以作为教学资源加以利用。如对于焦芙蓉，我常常难以让她把想法一一呈现出来，因为我知道，她讲完之后，班上大多数学生都“云里雾里”，只有她自己清清楚楚。于是，我只能一次又一次“粗暴”地剥夺她言说的机会。

也就是说，教学过程中，我们常常因为顾及全班学生尤其是学习比较困难的学生能够“跟上”集体学习的节奏，而让比较优秀的学生一次又一次地“陪读”。这对于优秀学生来说，是一种伤害，也是班级授课制的无奈。曾读俞子夷写于1927年的《一个小学十年努力记》，书中有这样的阐述：“算术这种功课，最不相宜的，是上课时全班用同一的教材。因为各人的能力、努力不同，勉强要叫他做相同的事，结果是一部分人牺牲，一部分人困难。”近百年之前的“问题”，至今仍是“问题”。课堂中，我们伤害了谁？我们首先想到的是学习困难的学生常常受到伤害；那些学习优秀的学生，是否也受到伤害呢？我们意识到了吗？

学生的表达需要，被我压抑了，学生向我抗议也就在情理之中了。我接受学生的抗议，我理解学生的抗议。只是，作为教师的我也有难言的苦衷啊！

面对学生的抗议，我欣慰：学生敢于向我抗议！

学生向我抗议，我转念一想：高兴！欣慰！不是所有学生都会选择把自己的想法告诉老师的，更不要说公开向老师抗议了。有研究人员对北京10所中小学的学生进行调查，发现在青少年眼中，被看作可以说心里话的“朋友”、能够经常说的，依次为母亲(31.9%)、校内同学(23.6%)、父亲(14.4%)、校外朋友(13.7%)，学校老师仅占4%；而在选择从来不会倾诉心里话的对象中，学校老师高达39%。

学生为何坦诚地向我抗议？这恰恰反映了我给学生创设了安全而自由的氛围。师生交往，需要真诚、自由、安全的心理氛围。所谓“真诚”，指教师与学生、学生与学生相互信任、友好、体谅、支持，借用一句歌词，就是：“我们真心面对！”所谓“自由”，指在交往过程中尽量减少对行为与思维的无谓限制，每人有宽容的自由展示机会。所谓“安全”，指每人在集体中的表达与展示没有顾虑，每人都不担心集体的压力和他人的目光。在真诚、自由、安全的氛围中，学生才会像焦芙蓉那样消除顾忌，展示“真我”，教师才能获得来自学生的真实信息。

感谢焦芙蓉，她很有智慧，用手机短信这样的方式与我交流，既委婉又便捷。

感谢焦芙蓉，因为她的抗议，让我思考了一些以往未曾思考的问题，并寻求如何在实践中解决问题。

面对学生的抗议，我思考：我该怎么做？

沟通，按照组织中成员的身份和地位不同，可分为上行沟通、下行沟通和平行沟通。上行沟通，指组织中地位较低的成员主动地向地位较高的成员寻求的沟通；下行沟通，则指组织中地位较高的成员主动向地位较低的成员寻求的沟通；平行沟通，是组织中身份和地位相仿者之间的沟通。有研究表明：在群体中，上行沟通多于下行沟通。由于各种因素，教师向学生的沟通属于下行沟通。作为教师，需要主动与积极。苏霍姆林斯基认为：“常常以教育上的巨大不幸和失误而告终的学校内许许多多冲突，其根源在于教师不善于与学生交往。”

在回复焦芙蓉短信时，我即承诺与她交流。我们的沟通如约进行。她毫不留情地指出：我在课堂中对于她的举手属于熟视无睹型，那些不举手的同学反而常常有发言的机会。听她说完，我再向她解释我为何在课上常常不请她发言，并和她商量：在课堂中，如果有什么想法未能表达出来，下课时，再对我说，也可以用书面的形式写给我。倾听学生的想法，让学生的想法得到教师的尊重，“课内不足课外补”，也是一种应对策略。我还鼓励焦芙蓉将其中几次很有价值的想法进一步整理成小论文，后来推荐发表于《小学生数学报》、《时代学习报》。而更多的焦芙蓉等同学的想法，被我写进了我的数学教学手记（我每天上课后都写数学教学手记，我们班的学生都认为，被写进贲老师的数学教学手记，那是非常荣耀的事）。在分享像焦芙蓉这样的优秀学生的想法的时候，我对优秀学生真实的思维有了进一步的认识。

这一次，我不独享焦芙蓉的想法，而是请她把她的解法都板书在黑板上与全班交流。

哈哈，她一口气写了八种解法（如图3－16）。

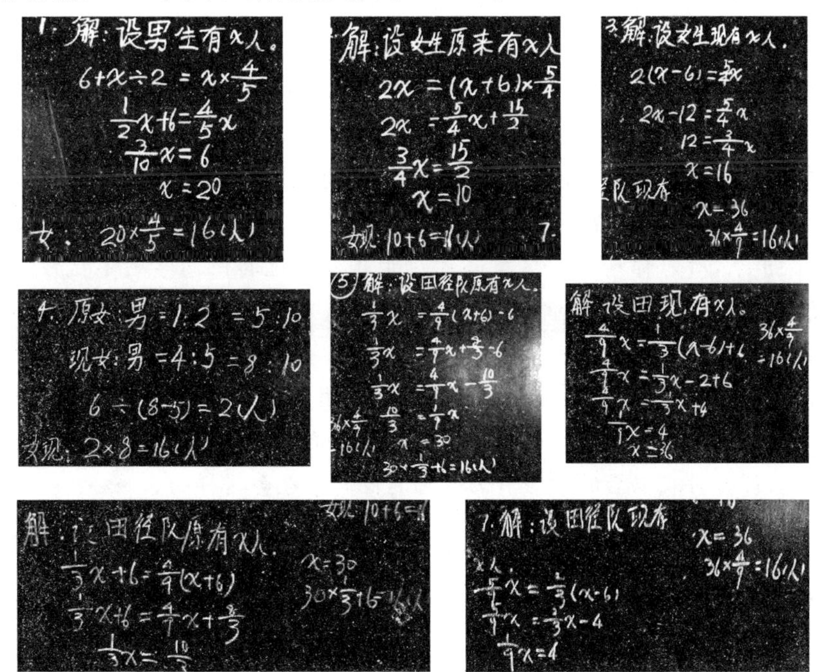

图3－16

不知,焦芙蓉她“过瘾”了没有?这八种解法,也许从某种程度上反映了优秀学生与其余学生尤其是学习困难学生之间的现实差距。班级中的其他学生能理解焦芙蓉的每一种解法吗?我的努力是,分析每一种方程解法的等量关系,即列方程的依据,试图在这一分析过程中让其他学生有所“得”。坦率地说,其他学生得到了什么?得到多少?我只能努力!

不过,我在努力!

又过了半个学期,语文李老师转给我一篇焦芙蓉的书信体作文。

敬爱的贲老师:

您好!

平常我和你说话总是十分随便,之所以今天要用上“敬爱”“您好”这些敬辞,是因为我希望你以认真认真再认真、严肃严肃再严肃的态度来看完这封信。

好了,言归正传。

贲老师,我发现你最近在评讲试卷或家庭作业时,一碰见有点难的问题就请郑嫣然,你的这种行为不是偶一为之,经过我的仔细观察,你至少连续一星期都是这样了。这让我很烦恼。

你也许会说:“不就是不请你发言吗?有多大关系?”

我认为这对我,对全班同学都有很大影响。

第一,一个人的方法再多也不会多过许多人的方法。郑嫣然经常介绍方法,她的解法也会很单一。这不能使全班同学了解更多思想方法。我相信在其他同学身上也能挖到“金子”。我在做聪明题时,经常会有很多很奇妙的想法涌现。而你,却从不让我与大家分享,我的思维火花只好自己碰撞了。

第二,你的做法使我感受到了强烈的不信任感。你似乎以为郑嫣然肯定能把这些题做出来,所以你请她发言。而你对于我或者说其他同学则不信任,就不请我们发言。这使我很伤心。难道在贲老师眼里,班上只有郑嫣然一个人够优秀、够聪明的吗?

第三,你这样不让我说,会让我语言表达能力下降。原本,我和其他同学说话就没有郑嫣然那么流畅。所以,我每次发言时总会精心组织语言。如果你经常不让我发言,那会对我以后的学习有影响。其他同学也会这样的。

贲老师,经过我的陈述,你知道了我的烦恼了吗?请你给我一次机会好吗?

此致

敬礼!

您的学生:焦芙蓉

看完焦芙蓉的作文,我再次反思:我改变了多少呢?

学生开小差了

课间，高俊逸在我办公室门前转来转去，看着他躲躲闪闪、欲言又止的样子，我知道：他一定有事！

我把他叫来交流。从他激动得断断续续的叙述中，我明白了他的意思：他发现我们课间喝的牛奶有“问题”。不过，他一时还没有说清楚，我让他把“发现”写下来给我。

第二天，我即收到他的手稿，如图 3—17。

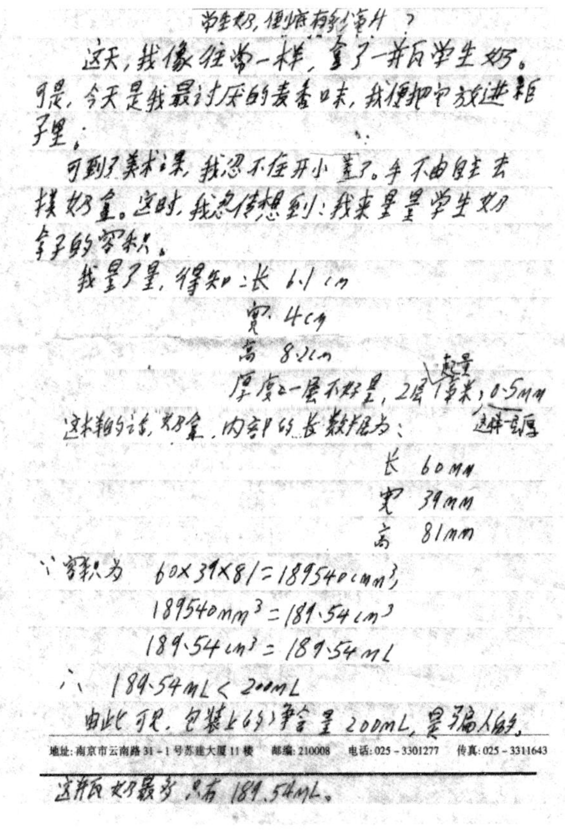

学生奶，倒底有多少毫升？

这天，我像往常一样，拿了一瓶学生奶。可是，今天是我最讨厌的麦香味，我便把它放进柜子里。

可到了美术课，我忍不住开小差了。手不由自主去摸奶盒。这时，我忽然想到：我来量量学生奶盒子的容积。

我量了量，得知：长 6.1cm

宽 4cm

高 8.2cm

厚度：一层不好量，2层（起量）1毫米，0.5mm（这样一层厚）

这样的话，奶盒内部的长数据为：

长 60mm

宽 39mm

高 81mm

∴容积为 $60\times39\times81=189540(mm^3)$；

$189540mm^3=189.54cm^3$

$189.54cm^3=189.54mL$

∴ $189.54mL<200mL$

由此可见，包装上的净含量 200mL，是骗人的。

地址：南京市云南路 31－1 号苏建大厦 11 楼　邮编：210008　电话：025－3301277　传真：025－3311643

这瓶奶最多只有 189.54mL。

图 3—17

哈哈，高俊逸对每天喝的牛奶盒的净含量产生怀疑。

又过了一天，我收到高俊逸发来的邮件。哈哈，高俊逸对“牛奶事件”意犹未尽。

学生奶的容量

这天课间，我像往常一样拿了牛奶。我刚准备喝奶时，忽然上课铃响了，我便赶紧把牛奶放到了抽屉里。

下课了，我忽然想起了上节数学课布置的数学家庭作业：让我们量两个长方体或正方体的体积和容积。我不如现在就来量量这个奶盒的体积和容积（注：在上一封手稿中，也许是因为材料是交给数学老师的我，他把数学课开的小差“转移”到了美术课。这次的邮件中，高俊逸再次掩饰了上课开小差的事。）

我先量了奶盒的长、宽、高。长、宽、高分别是 61 毫米、40 毫米、82 毫米；体积为 61×40×82＝200080（立方毫米），200080 立方毫米＝200.08 立方厘米。

接下来我来算算奶盒的容积。由于我们平时会把厚度忽略不计，那么体积就等于容积，但这次我真的很想知道一盒学生奶到底是多少，那么算容积一定要把厚度考虑进来。我量了量厚度，一层纸盒太薄，不太好量，我便把两层并在一起，量了两层的厚度，两层厚度总和为 1 毫米。平均每层厚度是 0.5 毫米。那么，从里面量，长、宽、高应该分别为：61－0.5×2＝60（毫米），40－0.5×2＝39（毫米），82－0.5×2＝81（毫米），容积为 60×39×81＝189540（立方毫米）。189540 立方毫米＝189.54 立方厘米＝189.54 毫升。不到 200 毫升啊！

放学后我来不及回家，赶紧跑到在南大化学系工作的姑姑那儿借了个量杯，我小心地把奶倒入量杯，我一看，真的距离量杯上的红线还有一根头发丝的距离哦！

可是，奶盒包装上写的“净含量”为 200 毫升，“净含量”应该为去皮重量（注：定量包装商品的净含量是指去除包装容器和其他包装材料后内装物的实际质量、体积、长度。这里是指体积，而非重量），但实际只有 189.54 毫升，这说明了奶厂有欺骗消费者的嫌疑哦！

我在寻思：学生为何想到牛奶盒包装的问题？

因为，高俊逸开小差了。

那高俊逸在数学课上开小差，我怎么没觉察的呢？转念一想，幸亏我没有觉察。否则，高俊逸的“发现”就没了。

学生为什么会开小差？有人如是分析：一是周围环境的影响。环境因素使人的注意力分散，造成注意力不集中。二是周围人的影响。三是个人思想，也是主要的原因。如果认真地把注意力集中在所做的事上，就会很少开小差了。也就是说，引发开小差的原因，既有客观方面的，也有主观方面的。对开小差，我们一般都持否定态度。再想想，我们每个人也都有过开小差的经历吧，是否是我们自己未能做到时，却往往要求别人做到？我们是否有这样“律己以宽，待人以严”的现象？

为什么不允许学生开小差呢？当教师组织的教学活动很精彩，学生欲罢不能时，他们会开小差吗？

高俊逸的“发现”，一定是开小差“开”出来的么？

如高俊逸所说，量牛奶盒的长、宽、高，计算体积，是否和之前布置的数学家庭作业有关？

我又想起了几天之前补充给学生的练习中有这样一道题：

一家饮料生产商生产一种饮料，采用长方体塑料纸盒密封包装。从外面量盒子，长5.5厘米，宽4厘米，高10厘米。盒面注明“净含量：225毫升”。请问：这家生产商是否欺骗了消费者？（通过计算、比较后说明问题）

“小差”的背后，是否有这样练习题的“启发”作用？

当学生以数学的眼光打量生活的时候，也许，还需要教师在教学过程中通过相关问题的设计，让学生在解决问题的过程中认识到数学的作用，进而，让学生有可能将此经历迁移到生活中。教学中，教师设计的问题对学生的影响，有时是否又是“有心栽花花不发，无心插柳柳成荫”？

那段时间，“三鹿婴幼儿奶粉三聚氰胺”事件闹得沸沸扬扬（注：2008年9月，三鹿婴幼儿奶粉三聚氰胺事件曝光，国家有关部门介入调查。高俊逸的“发现”，发生于2008年10月16日），这，对高俊逸也一定是有某种影响的。

由此来看，高俊逸的“发现”是需要内部条件和外部条件的。内部条件，也就是高俊逸已经学习了长方体和正方体的体积计算以及有关容积的知识；外部条件，是指触发高俊逸“发现”的背景，是教师布置了有关测量的家庭作业，前几天练习了一道有关“饮料盒容量”的问题，以及三鹿婴幼儿奶粉事件。而开小差，只是为“发现”提供了一段时空安排。

学生的学习、思考、发现，一定是有着某种背景的。这样的背景，为学生学习提供了一个“场”。当学生在某种际遇中，会因为这样的背景焕发、激活、生成新的想法。

我们，不能将学生的学习置于“真空”中。

周子棋的“发现”

有10个人各拿一个水桶同时到水龙头前打水。设水龙头注满第一个人的水桶要1分钟，注满第二个人的水桶要2分钟，注满第三个人的水桶要3分钟……如此下去。问：当有两个水龙头可用时，应如何安排这10个人的顺序，使他们注满水桶总的用时为最少？这时间等于多少分钟？

题目依然是这道题目，不过六(4)班的周子棋在数学思维方法课上把他解决这道题目的发现带给了全班，让全班同学豁然开朗：原来问题如此有趣！让我怦然心动：必须用文字记录周子棋！让我再次发现：学生，是呈现在我们面前的富矿！问题是，我们对学生还熟视无睹或视而不见吗？

回到课堂。

我呈现了上述问题，全班学生都在探索解答。巡视到周子棋身边，我发现他首先考虑，若是2人，如何安排顺序，再考虑是3人、4人……我心中暗暗叫好！其他学生都是一下子在尝试安排10人的顺序，计算时间，而他的想法，恰恰和我“英雄所见略同”。知我者，周子棋也！我在心中立即酝酿好了：等会儿，请他讲解，详细展示他的思考过程。他的讲解，正表达了我的教学意图；他的讲解，比我的讲解能带给其他同学更多启发。

在学生探索之后，全班交流。学生先呈现出三种不同的答案：55分钟，64分钟，125分钟。虽然我知道“125分钟”的答案是正确的，但我让“用时少”的两个答案、恰恰也是错误的答案先行交流，我的想法是，在交流的过程中，让其他学生寻找“漏洞”，打上“补丁”。这就是从别人的错误中学习。学生探索过程中的错误，是“宝贝”，是难得的教学资源。正如爱迪生试制白炽灯泡，失败了1200次，一个商人讽刺他是个毫无成就的人，而爱迪生哈哈大笑：“我已经有很大的成就，证明了1200种材料不适合做灯丝。”

第一位学生讲解。他把两个水龙头分别设为A、B，把10个人打水的安排顺序如图3—18。

A	B
1	2
3	4
5	6
7	8
9	10

图 3—18

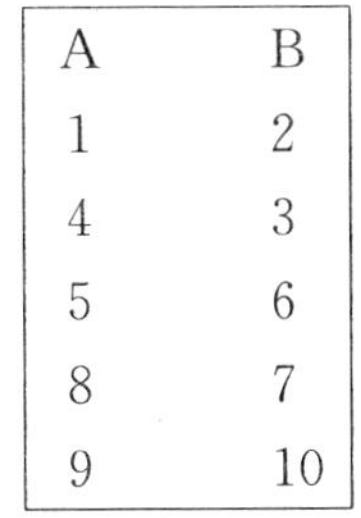

A	B
1	2
4	3
5	6
8	7
9	10

图 3—19

从他的这个板书可以看出，在 A 水龙头等水的人及次序分别是注满水桶用时为 1 分钟、3 分钟、5 分钟、7 分钟、9 分钟的这五人，在 B 水龙头等水的人及次序分别是注满水桶用时为 2 分钟、4 分钟、6 分钟、8 分钟、10 分钟的另外五人。计算用时，他写的算式是：1＋2＋3＋…＋10＝55(分)。有学生指出，这样只是计算了打水的时间，没有计算等待的时间。故“55 分钟”的答案不对。

第二位学生讲解。他对 10 个人打水顺序的安排如图 3—19 所示。他计算出 A 组的用时是 1×5＋4×4＋5×3＋8×2＋9＝61(分)，B 组的用时是 2×5＋3×4＋6×3＋7×2＋10＝64(分)，由于他考虑两组同时打水，故认为用时需要 64 分钟。

全班争论起来，不长时间，意见得到统一，应该把 61 分钟和 64 分钟相加。这样，一共用时 125 分钟。

我追问：“你们怎么想到这样安排两组的打水顺序？”刚才讲解的两位学生的回答都是“感觉”。

解决数学问题需要感觉，但不能仅凭感觉。

周子棋在掌声中登场。

他边板书边讲解。如果打水的人仅有 1 号(即注满水桶用时为 1 分钟的人)和 2 号(即注满水桶用时为 2 分钟的人；下同)；如果打水的人是 1 号、2 号、3 号；如果打水的人是 1 号、2 号、3 号、4 号……

周子棋依次板书“4 个人打水”的不同安排方案，并计算各用时多少——

第一种安排，如图 3—20，用时：4＋1×3＋2×2＋3＝14(分)。

A	B
4	1
	2
	3

图 3—20

A	B
1	2
3	4

图 3—21

第二种安排，如图 3—21，用时：1×2+3+2×2+4=13(分)。

这时，有学生质疑：你为什么不 1、4、2、3(即 A 组为 1 号、4 号，B 组为 2 号、3 号)安排呢？

质疑声音刚落，周子棋即指着刚刚板书的第二种安排方案说，那和这种安排方案的用时是一样的。接着又指着算式比划，就是把“+3”和“+4”交换位置。

随即，他又板书“6 个人打水”的安排方案(如图 3—22)，并指出：5 号和 6 号是可以交换的；3 号和 4 号是可以交换的；1 号和 2 号也是可以交换的。

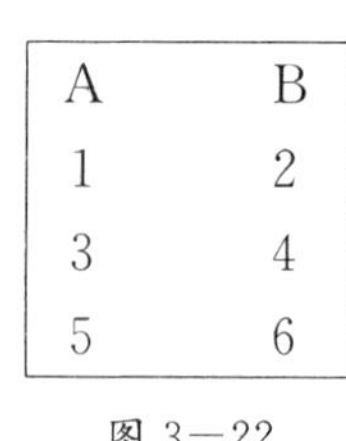

A	B
1	2
3	4
5	6

图 3—22

图 3—23

周子棋胸有成竹，不慌不忙，一边板书，一边讲解：依此类推，10 人安排如图 3—23。

从他的板演，我们可以清晰地看出：他先作出了一种具有“原型”意义的安排方案，再由此衍生出其他不同方案。

当他用彩色粉笔圈出可以交换的各组数目时，我带头给他鼓起掌来。

我引导全班学生共同回顾他的“发现”经历，体会：从简单情况想起，归纳解题过程中的思考，以简驭繁。

我引导全班学生再看先前两位同学设计的方案，思考：为什么这样安排打水的顺序？这两种方案，有什么联系？由此进一步思考：还有哪些不同顺序的打水方案？这些方案内在的联系是什么？

坦率地说，不同顺序打水方案的联系，不在我的教学预设中。

坦率地说，课前我也没有思考这道题目不同安排方案之间是否具有联系。

我的教学预设，仅仅着眼于“归纳”。思其一，未思其二……

而“联系”的水落石出，让学生认识数学之趣，领略数学之奇，感受数学之美。难以忘记全班学生那惊异的表情、惊奇的眼神，那里，充满着对数学的欣赏与迷恋。而这，不正是我们数学教学所向往与追求的境界吗？

这，已突破一道题目所承载的原先的教学预设了！

感谢周子棋！

随即，我对周子棋说：课后，写下你的想法，让它“发”出来。

“啊哦，发帖！”有学生插话。

“不是在网络上发帖，是在报纸上发表！”

“啊！”全班惊讶声一片。

“你思考了，你也会和周子棋一样！”我说出这句话时，丝毫没有怀疑这句话对全班的激励作用。我相信并期待着，全班会有着更多的“周子棋式”的发现。（补注：周子棋由此所写的文章《边做边想 发现规律》已刊发于第1049期《小学生数学报》，附后。）

周子棋的发现，让风平浪静的班级激起了思维的波涛。

周子棋的发现，让一叶障目的我有了新的发现与理解。

此问题，下一次教学时，可以引导学生思考：不同顺序的打水方案之间有联系吗？由此可以引发学生深深感叹：原来，数学如此神奇！

对学生，我深深地怀有敬畏之心、感激之情！学生，是帮助我们提高教学能力的人！我帮学生？学生帮我？一言难尽！教学过程中，师生携手同行，一起走向前方。相信学生，那里有我们预料之外的精彩！

问渠那得清如许？为有源头活水来。学生，是我的发现之“源”。

【附】

边做边想　发现规律

有这样一个问题：10个人各拿一个水桶同时到水龙头前打水。设水龙头注满第一个人的水桶要1分钟，注满第二个人的水桶要2分钟，注满第三个人的水桶要3分钟……如此下去。问：当有两个水龙头可用时，应如何安排这10个人的次序，使他们总的用时为最少？这时间等于多少分钟？

我以前曾经做过类似的问题，不过是“一个水龙头”。我们知道，如果是一个水龙头，那安排10个人的次序，是把注满水桶用时少的安排在前面先打水，这样，总用时最少。那两个水龙头呢？我想，也应该是把用时少的安排在前面，不过，10个人怎样分配给两个水龙头呢？

如果考虑分配10个人的话，那太复杂了，不如先考虑4个人。假设两个水龙头为a、b，先安排等水时间1分钟、2分钟的两人，再考虑等水时间3分钟、4分钟的两人。不同的安排方案如下：

方案1:a: 1、3、4;b: 2。(这里的1表示等水时间1分钟的人,2、3、4表示的意思相同)。如果这样安排,那么总用时为$1\times3+3\times2+4+2=15$(分)。

方案2:a: 1、3;b: 2、4。如果这样安排,那么总用时为$1\times2+3+2\times2+4=13$(分)。

方案3:a: 1、4;b: 2、3。如果这样安排,那么总用时为$1\times2+4+2\times2+3=13$(分)。

可以发现,方案2和方案3的用时都比方案1的用时少。那是不是两组人数同样多的时候,用时会比两组人数不同样多的时候少呢?我又列举了6个人等水的情况,发现:每组3人,用时比两组人数分别为1、5或2、4的用时少。这验证了我的想法是对的。

那为什么方案2和方案3的用时会同样多呢?观察两种方案的算式,可以发现,两个算式中,只不过是3和4调换了位置而已,也就是说,3和4在每个水龙头等待队伍的第2个位置,他们是可以互换位置的。由此,我进一步推想:排队时,站在两个水龙头等待位置相同的两个人,相互调换位置,总用时不变。

这样,我一边做,一边思考,规律渐渐地"浮出水面"。如果是10人,他们可以这样分配:a: 1、3、5、7、9;b: 2、4、6、8、10。这样安排,用的总时间是最少的。一共用时$1\times5+3\times4+5\times3+7\times2+9+2\times5+4\times4+6\times3+8\times2+10=125$(分)。而且,两组中同一位置的两个人(也就是1和2、3和4、5和6、7和8、9和10)是可以互换位置的:

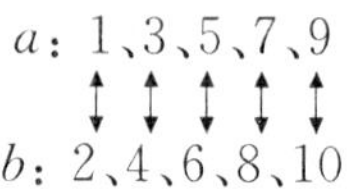

再看算式,不难发现,同一位置的两个数调换位置,计算结果不变。

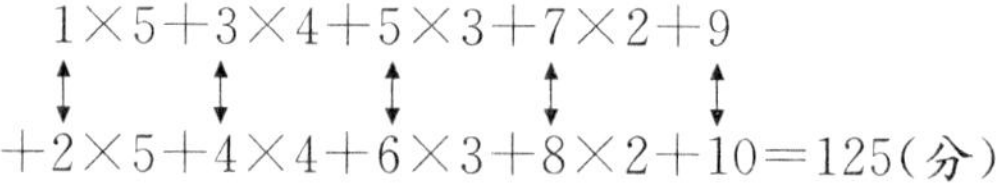

这些不同的安排方案,总用时都是125分钟。

哈哈,边做边想,收获真多。

是“6”还是“9”

教学“圆锥的体积”，学生完成(苏教版六年级下册)教科书第 30 页中的“练一练”(如图 3—24)。

练一练

1. 计算下面各圆锥的体积。(单位：cm)

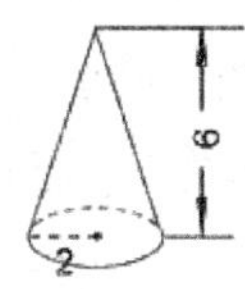

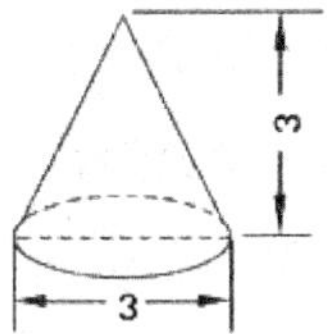

图 3—24

学生独立解答时，樊思成举手提问：贲老师，第一题，圆锥的高，是“6”还是“9”？

有学生附和：是 6。有学生反对：是 9。

樊思成的问题，在我意料之外。如何看图中数据，是学生所学知识中的一个盲点。我直截了当地告诉学生：头侧过来看，向左侧。

学生纷纷按照我的指令“侧头”。

我摇了摇头：不过，一般不是把头侧过来看，而是把“图中数据”旋转一下。想想：怎样旋转？

学生说：把图顺时针旋转 90°。

这时，我又注意到这组题目中的后一幅图，我有了新的想法：对！山不转水转！不过，这里，我们不知道是“6”是“9”时，还可以看看后一幅图。

学生恍然大悟：后一幅图中的高是 3 厘米。我知道了，应把图顺时针旋转 90° 再看数据。

我说：我们感谢樊思成的细心，让我们认识了怎样看图中标注的数据。

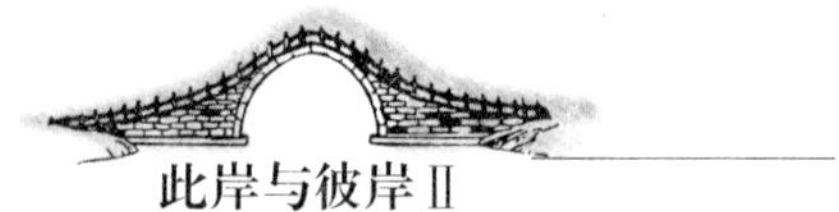

接着，我又介绍了图中的数据如何标注：一般表示水平方向线段长度的数据，“直立”标注；表示竖直方向线段长度的数据，“躺着”标注，也就是把数据逆时针旋转 90°。所以我们在看这些数据时，要把它们顺时针旋转 90°。

如何看图中数据的标注，我没有这方面的课堂学习经历，前面所述的课堂教学中的引导与教学，是凭借自己的一种感觉。不过，我对这个感觉是有着比较大的把握的。我所知道的，是日常经验的一种积淀。或者说，是我从生活中学来的。

关于标注数据的问题，课后我打电话向出版社的编辑请教。编辑老师的解答是：纵向线段数据的标注，“直立”与“躺着”的都有。以往机械制图，有“躺着”的规定，而现在，电脑绘图，不再严格要求。编辑老师还告诉我，初中教材中，数据都“竖直了”。

我翻阅了苏科版初中数学教科书，发现：纵向线段数据的标注，也是“直立”与“躺着”都有。

不过，我以为，学生了解了图中数据“躺着”的规则，还是有价值的。

我又回头翻阅小学数学教科书，意外发现，在本节课学习内容之前的第 26 页“试一试”（如图 3—25），图中圆柱的高“8”没“躺着”。还是第 26 页，“练一练”，第 1 题中的两幅图，第一个圆柱的高“4”和第二个圆柱的底面直径“6”都“躺着”。

一个圆柱形状的零件，底面半径 5 厘米，高 8 厘米。这个零件的体积是多少立方厘米？

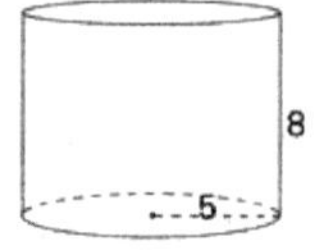

1. 计算下面各圆柱的体积。（单位：cm）

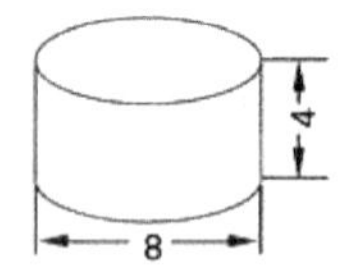

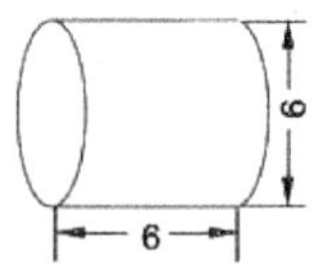

图 3—25

呵呵，教科书中数据的标注方式也没有一致（注：苏教版教材在修订时，已经作了调整，纵向线段数据的标注，都“躺着”了）。

我心生疑问：教科书第 26 页“练一练”的第 1 题，当时怎么就没有学生向我质疑，第二幅图中的圆柱底面直径是“9”还是“6”？

我猜想，也许是这样。第一个圆柱图中高“4”的观察，是没有异议的。而对“4”观察时头侧过来的经历或将图顺时针旋转的方法，也就自然生成了，这是否就支持了后一个圆柱图中对高“6”的观察？而这样的即时的经历，如果没有波折，不引起自身的警觉与注意，可能也难以内化、提升成新的认识。

樊思成为何会提问是“6”还是“9”？如果教科书第30页“练一练”的这两幅圆锥图交换一下位置，也许樊思成就没有这个问题了。

不过，学生对如何看图中的数据依然是有问题的，只是这样的问题被掩盖了。作为教师，是否意识到，当学生没有问题表现出来的，并不意味着学生没有问题，只是问题处于缄默、隐蔽的状态。学生问题的敞开或暴露，也是需要机遇的。机遇，也是可望而不可求的。

樊思成为何会提问是“6”还是“9”？因为他不知道看图中数据的方法。学生因为不知道、不明白，而变得“敏感”起来。是“6”还是“9”？教师怎么就没有发现这样的问题的呢？与樊思成的“敏感”相对的是，教师是如何变得“钝化”的呢？

教师，应当慎对学生的不知道、不明白。这正是学生本真的学习水平与学习状态，这正是学生学习过程中需要教师予以关注的。

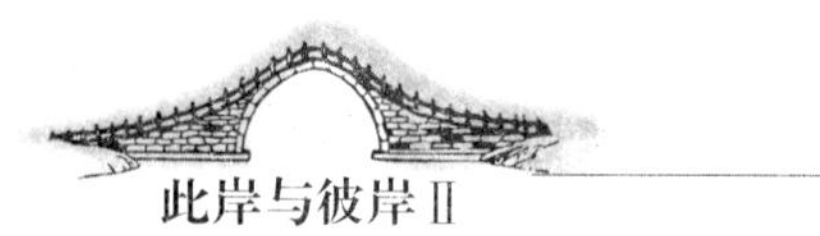

“也许，你的想法更美些”

“也许，你的想法更美些。”这句话，出自林海音的《城南旧事》。

骆驼的脖子底下为什么要系一个铃铛，成人的解释是：骆驼很怕狼，因为狼会咬它们，所以人类给它戴上铃铛，狼听见铃铛的声音，知道那是有人类在保护着，就不敢侵犯了。这样的解释，是合理的，也是功利的。孩子的想法却是，骆驼软软的脚掌走在软软的沙漠上，没有一点点声音。拉骆驼的人，耐不住那长途寂寞的旅程，所以才给骆驼戴上了铃铛，增加一些行路的情趣。这真是富有情趣、充满想象的想法。于是，英子的爸爸想了想，笑笑说：“也许，你的想法更美些。”

是的，在孩子的头脑中，常常有着和我们不一样的想法。

《城南旧事》中，惠安馆里的秀贞，在他人的眼中是个疯子，但却是英子结交的一个朋友，英子和她在一起，不由得说：“我喜欢你，秀贞。”嘴唇厚厚敦敦的年轻人在一群人眼中，是一个坏人是一个贼，而英子说：“不！”两位数的加法，在我们成人的眼中，是那么简单。然而，在上一年级的小英子的眼中，却是另一番景象：两位数的加法真难算，又要进位，又要加点，我只有十个手指头，加得忙不过来。算术算得太苦了……

面对孩子们和我们不一样的想法，我们会把这些想法看得“更美些”吗？

六(4)班数学思维方法课上，我出示题目：从时针指向 4 点开始，再经过多少分钟，时针正好与分针重合？

全班学生独立试做。大约三四分钟，全班先后有 12 位学生正确解答了这道题目。

我让全班学生四人小组交流：怎么思考这道题目？即使没有做出来，那也交流我已经想到了什么？

巡视到第四小组，我发现 4 位学生依然各自做着自己的“事”。是交流完了，还是无话可说？我询问了其中一位，她一脸无辜：“我不会，大家都不会。”

“一点想法都没有吗？”我有些不解。

她没说什么。

“这样,你们再说说各自现在的想法,等会儿我请你们这个组先说。”

我打定主意,不能让部分弱势学生总是处于旁观者的位置。

我期待着数学思维方法课的学习,让学生不畏惧数学题目包括难题,遇到感觉不会解答的问题,他们会积极面对,动脑筋思考,即使没有想出办法解决,但一定有进展、有收获,哪怕就前进了一步。

我把我的这些想法和全班坦诚地交流。我觉得,这样的解释,有助于学生理解我的教学意图。强势学生不会觉得这样的课堂太简单而游离,弱势学生在宽容之中不排斥我的教学。

过了一会儿,在全班理解的掌声中,第四小组4位学生不太情愿地站了起来。

第一位学生一言不发。我说,就说刚才你在桌面上画给同桌看的东西。她有些不好意思:我画了一个钟面。

“那你现在就画到黑板上。”我顿了顿,“虽然她说的声音不高,但我们都感觉到,她已经走对了解决问题的第一步。而且,应用了很有效的一种策略。”

“画图!”全班异口同声。在鼓励的掌声中,她离开座位在黑板上画钟面图。

第二位学生发言:钟面上有12个数。就这一句话,没了。我接着说:对呀,看到钟面图,让我们回想起钟面上的知识。12个数,把钟面一圈分成——12大格。继续思考,有大格还有小格——60小格。

第三位学生发言:1小时,时针走1大格,也就是12小格。她说得特别“溜”。我示意她暂停,留点话给第四位同学。还有,等会儿可以再说。我怕她都说了,第四位学生就无话可说了。

第四位学生是范文南。

认识范文南,是因为一次上课之后,他对我说:“在数学思维方法课上,周子棋的发言永远能得到掌声,可他的发言,我永远不懂。”

他的话,让我深深震撼。

我感谢范文南对我的坦诚。要知道,班上还有一些学生在学习过程中也有类似的现象,但他们这样的想法却永远深藏在各自的心底。

范文南告诉我,他做错了。

“没关系,谁敢保证所有的问题,能一下子都做对了?我们往往从错误开始,慢慢走向正确。还记得那句熟悉的话吗?失败是成功之母!”这段话,既是说给范文南听的,也是说给全班学生听的。长时间地阐述这样的观点,大家就会都认同、

理解。我觉得，此刻的全班，弥散的是理解的空气。大家静静地听着。

范文南接着说：8 小时。

怎么想的？我期待着他说出思考的过程。

“4＋8＝12。”随着他的发言，我在黑板上板书算式。怎么这样列式的呢？一步，加法，这太幼稚了？这样的念头，在我头脑中一闪而过。我一头雾水。

“就是 12 时的时候，时针与分针重合了。”

噢，原来如此！范文南想的完全是对的。回头看我的题目，是我出示的题目有“问题”。

全班学生也恍然大悟。范文南没有错。只是，我们已经被习惯思维牵制了，都认为是 4 时多，距离时针、分针第一次重合需要多长时间。而范文南，充满“童真”的眼睛看到了我们未看到的世界。为什么我们不能发现题目的问题呢？因为我们的眼睛已经“世俗”了。

我真想对范文南说：“你的想法更美些！”但我，没有说出口。

“谢谢范文南，让我发现了题目是有‘问题’的！这样的发现是谁给予的？”“范文南！”全班的声音一致！我和全班再次把感谢的掌声送给了他。

“那，这道题目，如何完善呢？”

学生呈现了三种方案：

从时针指向 4 点开始，在 4 时与 5 时之间再经过多少分钟，时针正好与分针重合？

从时针指向 4 点开始，再经过多少分钟，时针正好与分针第一次重合？

从时针指向 4 点开始，至少再经过多少分钟，时针正好与分针重合？

课堂，如此富有戏剧性！

因为，我在倾听！

范文南坐了下去。第三位学生接着讲解：1 小时，时针走 1 大格，也就是 12 小格。分针走 60 小格，12∶60，也就是 1∶12。从 12 到 4，有 20 分钟。

说至这里，她说：我就想到这些。

恰在此时，下课铃响了。

我果断宣布：下节数学思维方法课，继续探讨。今天就到这儿！

我觉得，这是让我有着沉甸甸收获的一节课！

教学，需要我们走近学生、走进学生，我们需要“弯下腰”“蹲下身”，从学生的视角看待学生的世界，以解读的态度与方法重新认识学生。当然，我们还要意识到，我们是成人，我们需要用成人豁达的胸怀接纳学生的世界。

让我们从了解、理解学生真实的想法做起，让我们从尊重、接纳学生多样的想法做起。

“也许，你的想法更美些。”对待学生的想法，我们需要像英子爸爸那样，不是敷衍搪塞，而是源自内心地去尊重、理解、接纳、欣赏。

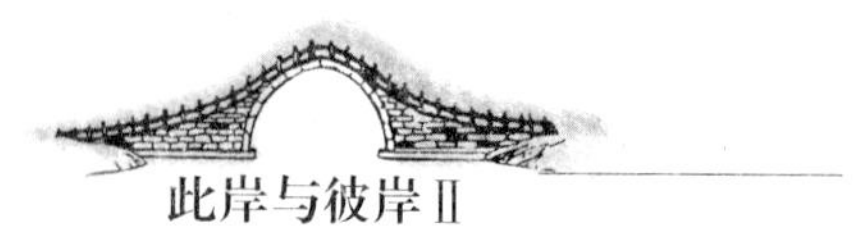

画图：爱你要商量

我们知道，在解决问题的过程中，能画图的，尽可能画图。正如G.波利亚在《怎样解题》中指出："图形不仅是几何题目的对象，而且对任何一开始跟几何没有关系的题目，图形也是一个重要的帮手。""即使你的题目不是一道几何题，你也可以尝试画一张图。给你的非几何题找到一个清晰的几何表示，也许是迈向解答的重要一步。"

回想教学过程中学生的一些画图经历，我觉得，画图是一个有话要说却又一言难尽的话题。

一、学生怎么会想到画图的？

六(6)班的思维方法课上。我出示问题：7条直线最多可以将平面分为多少份？

学生试做，我巡视。全班44人都在画图。

学生怎么会想到画图的呢？题目的素材决定了学生画图策略的选择。不过我想，如果一个问题从题目本身看不出画图的暗示，但学生主动应用画图策略，那才是真用，那才是真正具有了画图的策略意识。

不过，我很快发现了差异。

倪嘉伟在较短的时间内就做出了答案，比其他43人快许多。我让她把想法写在我的纸上(如图3—26)。

显然，她已意识到在画图的过程中找规律，解决问题。

随即，我和她有了一段对话。

我问：你怎么想到这种方法的？

倪嘉伟：我曾经做过这样的题目。

我点点头。

倪嘉伟：不过，我做的题目是100条直线。

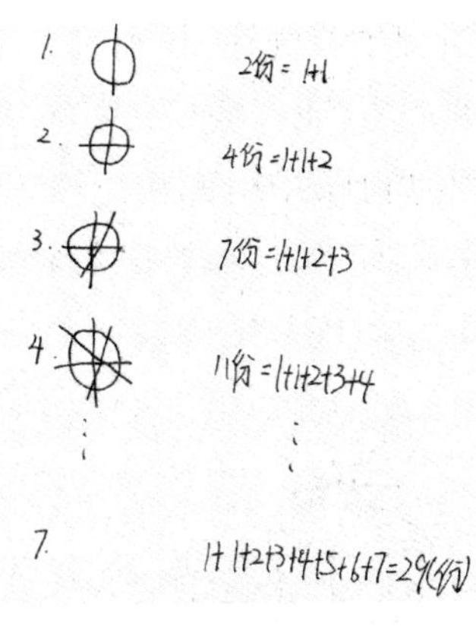

图 3—26

显然,学生曾有的解决问题的经历支撑了这里的解题思考。为何画图?因为原来解决类似问题时,也是画图找出规律的。

过了一会儿,李佳鑫也做出了答案。我让她写出了思考过程(如图 3—27)。

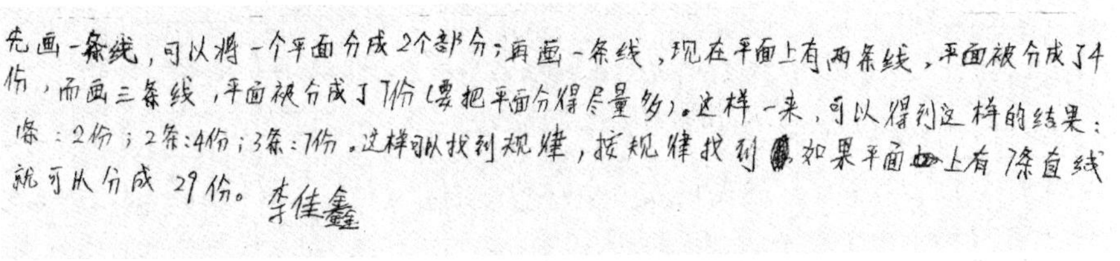

先画一条线,可以将一个平面分成2个部分;再画一条线,现在平面上有两条线,平面被分成了4份,而画三条线,平面被分成了7份(要把平面分得尽量多)。这样一来,可以得到这样的结果:1条:2份;2条:4份;3条:7份。这样可以找到规律,按规律找到如果平面上有7条直线就可以分成29份。李佳鑫

图 3—27

从李佳鑫的文字语言表达中可以看出,她的分析有条有理。不过,她没有画图。准确地说,她没有在纸面上画图。那她是如何找到画几条线把平面分成几份的呢?也就是说,她怎么知道画一条线把平面分成 2 份,两条线分成 4 份,三条线分成 7 份的呢?其实,她是在头脑中画图了。这又正如波利亚所指出的:“这个图形也许存在于我们的想象中,也许画在纸上。”

此时,更多的学生依然在画图探索过程中。

再过了一会儿,全班 44 人,按照座位,前后 4 人组成小组,交流、讨论。

我逐一了解各小组讨论结果。

有一个组坦言:没找到答案。

有一个组说:还在探索,答案还不确定。

有两个组用画图的方法找答案,一个组的答案是 25,一个组的答案是 28。其中一个组还有一位学生在桌上用尺子切橡皮泥,再数答案。

还有7个组，在画图的过程中找规律，找到答案29。不过，其中一个组告诉我，他们是向隔壁一个组学的。

我用手机拍下了部分学生所画的图（如图3—28）。虽是草稿，但草稿上满载着学生分析、思考、探究的痕迹。正如日本教育家多湖辉所说：“草稿纸是思考过程的履历表。”

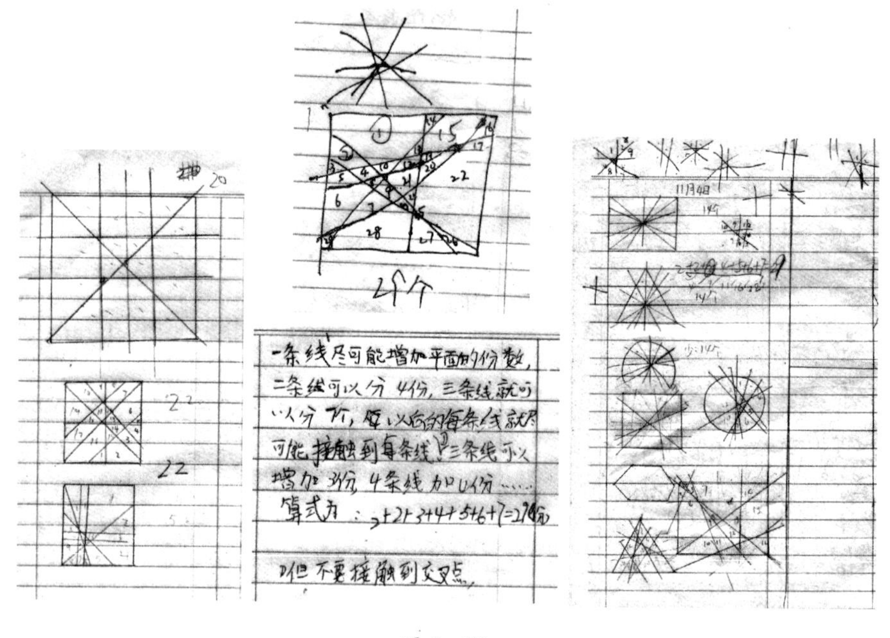

图3—28

二、学生会画图吗？

画图，不是仅仅让学生意识到“画”，就完事了！

学生会画图吗？怎样画图？画图时要注意什么？这都离不开教师适时、相机的引导。

“师傅领进门，修行在个人”，这是对徒弟而言。对师傅而言，可不是光“领进门”，还得给予深入的指导！

有这样一道题目：在一个长为10厘米、宽为8厘米的长方形中剪下最大的半圆，这个半圆的周长是多少？面积是多少？

我让学生读题，在头脑中想一想“图”，然后请了两位学生到黑板上画图（如图3—29）。

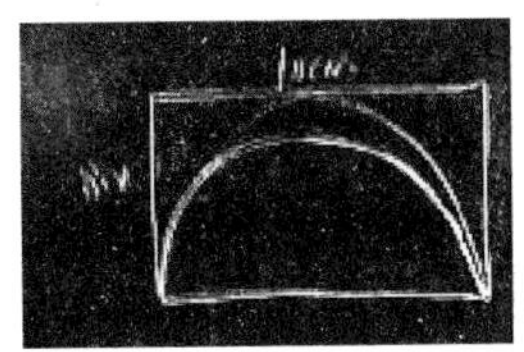
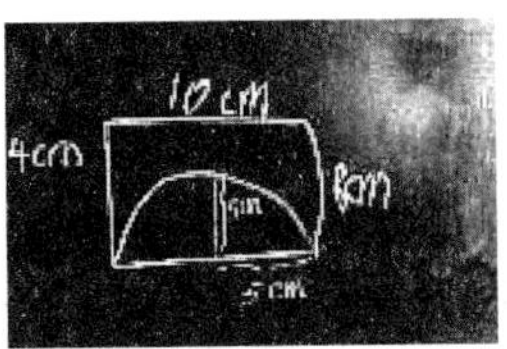

图 3—29

两幅图，一对一错，我请郑嫣然就两幅图进行评述分析。

郑嫣然边讲边在图中比划、标注：半圆的半径是 5 厘米，所以……

我再将题目改编成：在一个长为 10 厘米、宽为 4 厘米的长方形中剪下最大的半圆……

学生画图(如图 3—30)。程天一指出“不对”。紧接着，他也在黑板上画了下一个图(如图 3—31)。

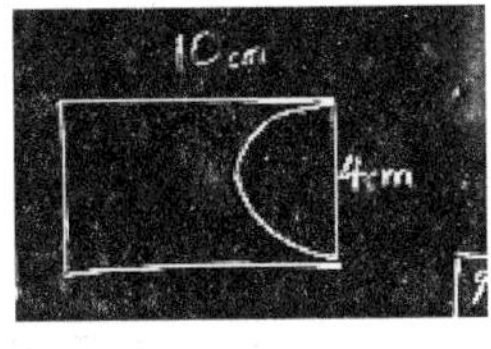

图 3—30

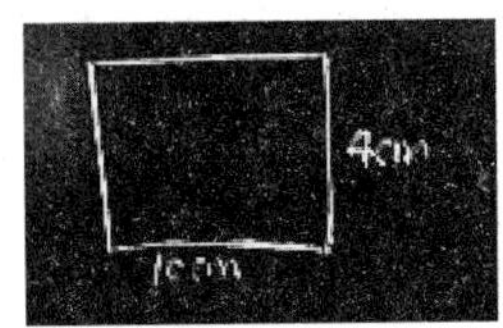

图 3—31

我忍不住说了一句：“臭球。”程天一马上意识到他的图有“问题”，随即重新画了一个图(如图 3—32)。

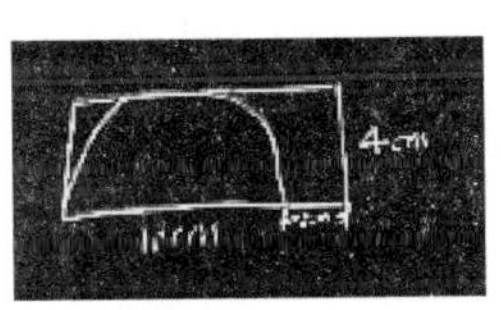

图 3—32

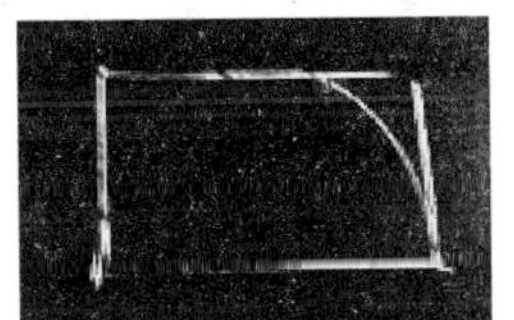

图 3—33

坐在座位上的汤博宇冒了一句：球进了！

程天一分析：前面画的图，比例不对。宽 4 厘米，应该比长 10 厘米的一半还要少一些。

我点了点头：画图，要对长度有“感觉”！

学生纷纷点头。

我再问：像这样在长方形中剪半圆，如果“正好”，那么长方形有什么特征？

学生异口同声地说：长是宽的 2 倍。

教师在黑板上画出图 3—33。

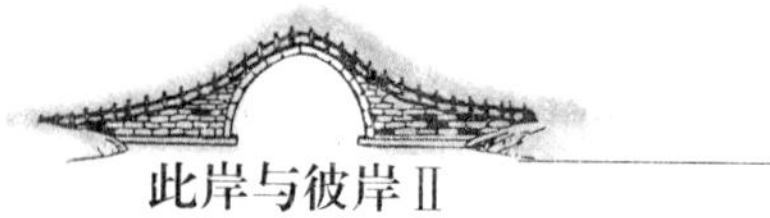

我以为，在学生画图的过程中，教师的指导不可或缺，不过，重在自然，顺势而为。

三、不是结尾的结尾：当学生画图解决问题时……

试卷上有这样一题：李小璐期中考试语文考了 93 分，数学考了 99 分。数学给语文多少分，两门的成绩就相同了？这两门功课的平均分是多少分？

沈辰渝的解答如图 3—34 所示。

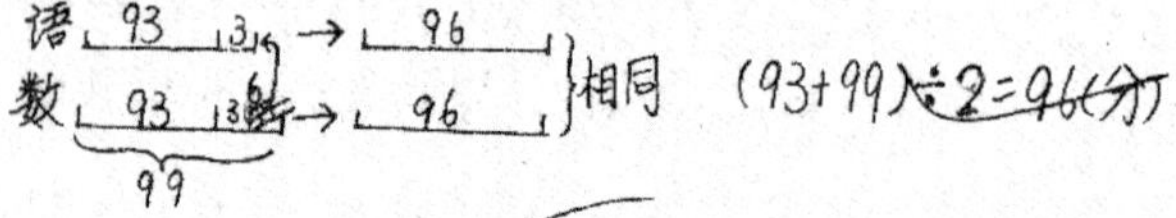

图 3—34

张淳的解答如图 3—35 所示。

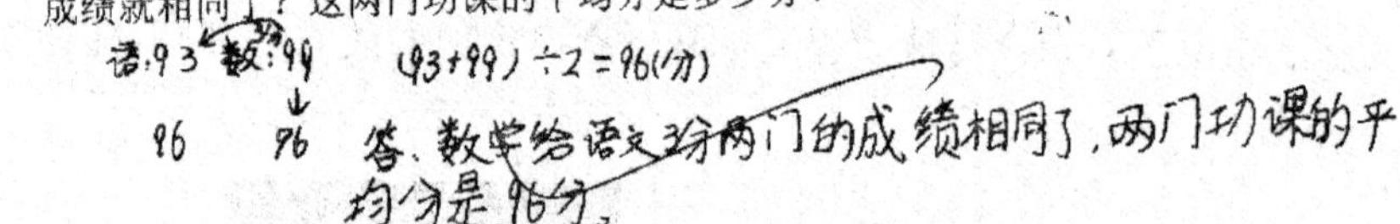

图 3—35

付泽熙的解答如图 3—36 所示。

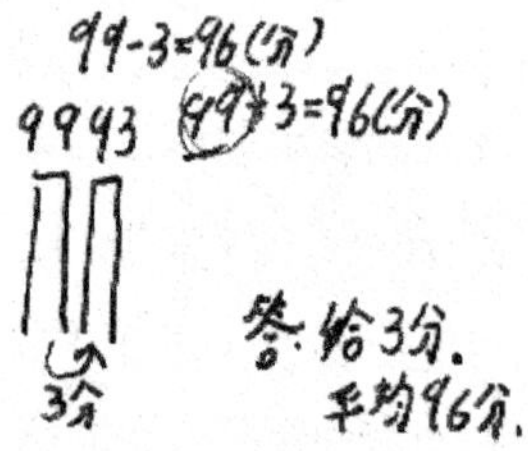

图 3—36

可以发现，沈辰渝画的是一幅思维过程比较清晰的线段图，如何从 99 分中“移多补少”使语文、数学的分数一样多；张淳是用一幅示意图表达出“调兵遣将”的过程；付泽熙则画出了比较形象的条形图，并在图中表达出“给 3 分”，不过，他写的第二个算式，误将 93 写成了 99。

纵观 3 位学生的解答过程，都缺少答案为"3 分"的算式。习惯的认识，这些问题都应当要完整列式解答的。如果没有算式，那这样的解答，是得分还是扣分？

意外，在意料之中

一节意外迭出的课

数学课上，我出示了这样一道题目：一个边长是90米的正方形菜地，扩大后边长增加了3米，这块菜地扩大后的周长是多少米？

学生独立思考后汇报，教师板书：

(90＋3)×4

＝93×4

＝372(米)

有学生指出：不对，算式应该是90×4＋3。

第一位学生汇报的解答是对的，这在我的预料之中。随后一位学生指出前一位学生“不对”，并列出他认为是正确的然而是不正确的算式，这出乎我的意料。我没想到学生会这样出错。还没容我说话，又一位学生起立发言：算式不应有括号，应列式，90＋3×4。这又是我没想到的错。这真是：正确的解答是可以预料的，不正确的解答常常在意料之外。当学生说出算式“90＋3×4”时，我意识到学生对“扩大后边长增加了3米”的理解是有困难的。

我让学生继续交流这道题目如何分析，程钰涵主动地跑上来板演：

90×4＋3×4

＝360＋12

＝372(米)

我原以为程钰涵要分析前面的几种算法哪是对的，哪是错的。没料到，她写出了另一种算法。面对学生越来越多的、正确与错误混杂在一起的不同算法，我引导性地提问：这道题能否画图分析呢？

杨笃行自告奋勇，在黑板上画了一幅图(如图3—37)。

坦率地说，杨笃行所画的图不是我想象中的图。我觉得，杨笃行的图，对“边

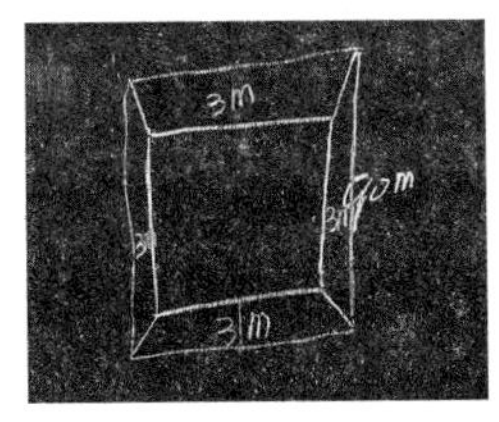

图 3—37

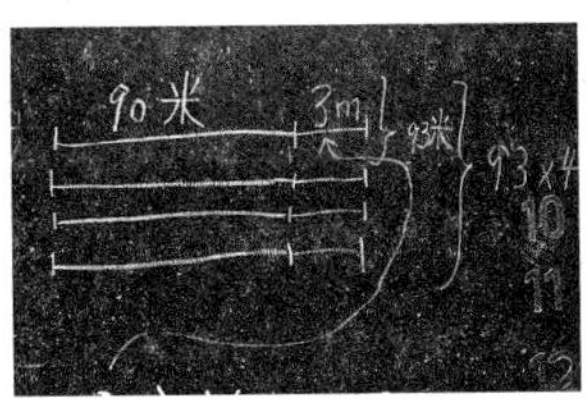

图 3—38

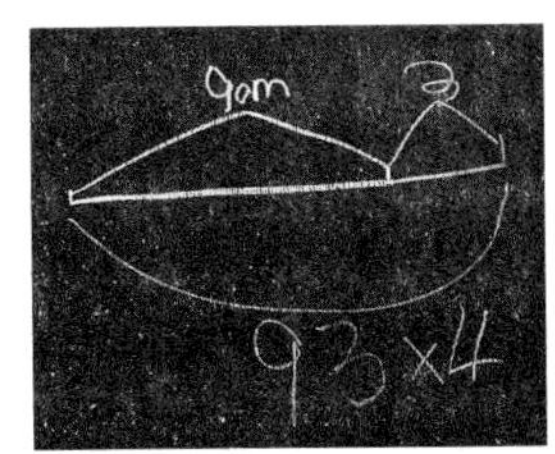

图 3—39

长增加 3 米”没有表达清楚。我对他画的图不满意，正想自己重新画图时，有学生举手，我便把画图的“球”再踢给学生。

沈辰谕画的如图 3—38。他把正方形的 4 条边“分解”拆开来，这样画图，又是我意料之外的。柯欣怡指出：不要画 4 条边，只要画一条边就够了。她也到黑板上画了图，如图 3—39 所示。

这，还是我意料之外的。不过，在柯欣怡画出图之后，我清晰地听到了王若祺的“感叹”：我明白了，是每条边多了 3 米。我指出：沈辰谕、柯欣怡将图分解画了之后，让我们看清楚每条边增加了 3 米。我觉得还可以这样画图。我在黑板上画出了我心中所预想的图（如图 3—40），然后追问：扩大后，边长增加 3 米，扩大后的正方形的边长是多少？由此，学生认识到前面所说的几个算式表达的算法，哪是正确的，哪是错误的，并分析错误的两个算式错在哪儿。

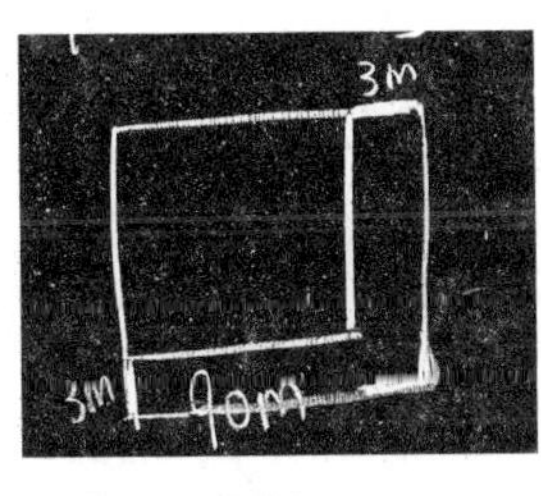

图 3—40

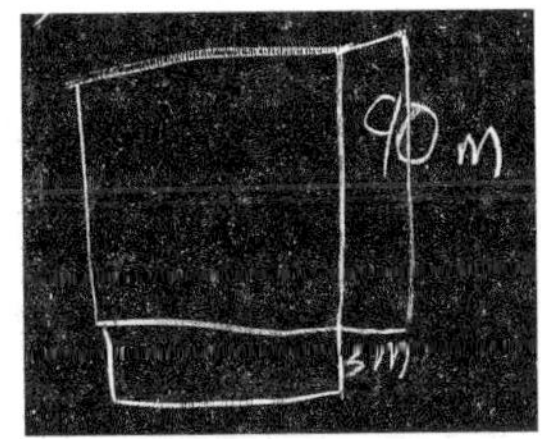

图 3—41

这节课结束之后，丁天行来找我：责老师，我觉得菜地边长增加了 3 米，图应该这样画。他在黑板上画的图（如图 3—41）又是我没想到的。我突然发现，杨笃行画的图，对丁天行的想法，更有说服力。

以上教学过程由一次又一次的“没想到”串联构成，真可谓“意外迭出”。

真的是意外吗？

什么是教学意外？顾名思义，教学意外一般指在教学过程中所出现的出乎教师意料的事件或场景。按照事件、场景与教师所预设的教学内容和学生学习过程

是否相关,可以分为"外挂式教学意外"与"内置式教学意外"。所谓"外挂式教学意外",是指出现的教学意外与正在进行的教学活动基本无关,带有偶发性的特征。如,教学过程中教室突然停电了,一只鸟飞进了教室,教室外面突然下雪了,一位学生突然晕倒了,等等。这些事件、场景好似"外挂"于课堂一样,不是每节课都会发生的。

这里,主要谈"内置式教学意外"。这是和具体的教学活动相关,和偶发性的"外挂式教学意外"不同的是,在教学过程中时常发生。其好似"内置"于课堂中,每节课中用"不可或缺"来形容也不为过。最为典型与常见的是,教师提出问题,学生作出的回答和教师预设的不一致。毋庸置疑,教师设计的课堂提问或任务,在内心是有答案预期的。可在课堂现场,我们会发现,学生所想的,往往并非教师所想。

为什么会有这么多的教学意外?因为教师的预设不够充分、完全。不过,以教师一人的智慧,面对一群学生时,能充分、完全地预设吗?事实上,教师在教学中还常常"想当然"。如上述课例中,我原先的想法是:大多数学生都能够正确解答这道题目,认同正确的算法;即使部分学生有错误想法,也在其他学生的正确解答呈现之后,各自完成想法的修正。然而,学生学习的进程却不会简单地按教师的意愿发展。由此思之,"意外"真的是不可避免、无法回避的。若在教学中没有意外,那倒是意外。从这个角度看上面的课例,教学意外的出现就具有了合理性。

静心细思,以上所说的教学意外,是从教师的角度对教学过程中发生的事件作出的判断。如果我们从学生的视角看这些意外,学生认为这些是"意外"吗?学生的数学学习,基于各自的认知发展水平和已有的知识经验。正如《义务教育数学课程标准(2011 年版)》所指出的:学生学习是一个生动活泼的、主动的和富有个性的过程。由此可见,学生的差异性和个体特殊性客观存在,他们出现各种想法,是正常的。从学生学的角度看,一切都不意外。也就是说,这些教师眼中的意外,在学生的眼中并不是意外。教师可能会这样质疑学生:你怎么这样想的呢?学生则可能会反问:我本来就这么想的,你怎么没想到的呢?

我们可能熟悉这样的场景:一道数学题,一位学生不会,教师给他讲一遍,他不会;教师讲了第二遍,学生仍然不会;教师继续讲了第三遍,学生依然不会;教师耐心地讲了第四遍,学生还是不会。尽管我们在道理上都明白,学生失败一百次,教师要努力一百零一次,但实践中,我们常常难以做到。一道题目,反复讲了四遍,一位学生还不会,我们可能会责怪这位学生:你怎么这么笨啊,一道题目讲了四遍都不会。如果那位学生反过来问老师:你怎么这么笨啊,一道题目讲四遍都没把我讲会?作为教师,又该如何回答呢?其实,这也就是观察问题、思考问题的角度不同而已。

课堂教学中,当我们发现学生生成与教师预设方案或偏离或冲突的意外时,也许正是还给学生更充分地表达自己所思所想的机会与舞台之时。意外,并不是教师制造出来的,而是还原了学生在学习过程中的真实想法。对教师来说的意外,对学生来说,其实就是他们本真的学习状态与场景。更多意外的出现,是缘于学生以他们的方式在成长。由此可见,教学过程中出现教师所认为的教学意外,在一定意义上具有必要性。

期待意外

教师,应当直面现实,着眼学生发展,充分尊重学生真实的认识过程,创设安全而自由的学习氛围,审慎对待与处理学生的想法。首先要认识到,每一位学生的想法,对每一位学生来说,都是“有道理”的。继而,教师要组织学生就各种想法进行对话交流,思维碰撞。孔子曰:君子欲讷于言,而敏于行。教师面对学生的意外表现时,讷于言,即说话要慢,不急着评价;敏于行,即行动要快,教师要坚持倾听,让学生充分表达他们的想法。在上面的课例中,学生愿意把自己的想法和他人交流,即便是下课之后,丁天行还是向我呈现了他的想法。

以往,我们对意外很警惕甚至有些紧张时,我们的潜意识中更多地表现为对学生、对课堂、对教学的控制。而学生的发展,应在教师的引领而不是控制下,基于他们的“已知”“已有”,以他们各自丰富多样的路径与姿态,获得他们尽可能大的发展。这一过程与目标,都应当是开放的。由此,教师需要解放学生,解放课堂,解放教学。

可怕的是没有了这样的意外。因为,那样的教学可能异化成了学生揣摩教师想要什么,学生的所言所行变成了附和、迎合教师的所思所想。学生,千万不能变成教师的传话筒、跟屁虫。

面对教学意外,无论是“外挂式教学意外”,还是“内置式教学意外”,我们应多一份坦然。对“内置式教学意外”,更多一份期待。这就像那如火如荼的世界杯足球赛,“看点”在哪儿?比赛,最吸引人的是什么?比赛过程与比赛结果的悬念和意外,让我们“心醉”而不“心碎”。

期待教学意外,因为我们知道,意外,不是意外;意料之外,本为意料之中。

让我们记住诗人汪国真说的一句话:“只要热爱生命,一切,都在意料之中。”

第四辑

我的课堂我『辩护』

我的课堂我“辩护”

一、何为“为自己的课堂‘辩护’”？

我们每天的教学实践都是生动的、鲜活的，有成功的欣喜，也有失败的遗憾。然而，我们仔细回味、思考过吗？常见这样的现象：一节公开课之后，我们常常倾听他人的评说，继而用他人的声音观照自己的课堂。而对于每天都在进行着的家常课，我们则很少把它们作为思考的对象。家常课之后，没有他人的声音，也没有“自己的声音”。

就算是评说他人的课堂，很多人说的也都是别人的话，没有自己真正的思考。而且，评说的指向，关注较多的是“如何教学”，而较少触及“为何而教”。我们的思考更多地囿于“技术层面”。这就如一位学者所言：“教育技术乃至教育艺术的合法化与精致化在一定意义上阻碍了我们进一步叩问教育何以可能的睿智与决心。”当我们的思考停滞于技术的层面，而缺乏深刻追问时，我们往往“一头雾水”，这样，教学过程中的盲目与迷惘也就难免发生。

为自己的课堂“辩护”，就是对自己的常态课堂进行观照和思考，以自己的立场全方位地解读自己的实践，与自己展开真实的对话，从而，避免教学过程中的盲目与迷惘。

二、如何“为自己的课堂‘辩护’”？

以下是我教学苏教版实验教材五年级下册《“方程”单元复习》第二课时的过程和自己的辩护记录。

课始，安排基础练习。出示下列各句，要求学生说出数量关系式：

(1) 足球比排球多 5 个。

(2) 足球比篮球少 10 个。

(3) 篮球的个数是排球的 2 倍。

(4) 买 6 本书共用去 48 元。

(5) 付出 50 元,找回 2 元。

(6) 李师傅 4 小时一共加工了 120 个零件。

我的"辩护":教学列方程解决简单的实际问题,要求学生在问题情境中探索已知与未知之间的内在联系,建立数量之间的相等关系,把日常语言抽象成数学语言(数量关系式),进而转换成符号语言(方程式)。上述基础训练,重点是提高学生将日常语言转换成数学语言的水平。

接着,完成教材第 13 页第 4、5、6、7 题:

4. 列方程求表中未知数的值。

物品名称	单　价	数　量	总　价
墨　水	x 元	12 瓶	31.2 元
钢　笔	9.6 元	y 枝	48 元

第 5~7 题列方程解答。

5. 地球表面的陆地面积大约是 1.5 亿平方千米,比海洋面积少 2.1 亿平方千米。海洋面积大约是多少亿平方千米?

6. 世界人均土地面积大约是 2.34 公顷,相当于我国人均土地面积的 3 倍。我国人均土地面积大约是多少公顷?

7. 某市居民用电的价格为每千瓦时 0.52 元。芳芳家上个月付电费 23.4 元,用电多少千瓦时?

学生读题。教师提问:列方程解决实际问题,解题的过程经历哪些步骤?关键是什么?

结合学生的回答,教师和学生共同梳理列方程解决实际问题的步骤。

再问:这几题,抓住题目的哪些关键之处,能找出怎样的数量关系式?

我的"辩护":复习列方程解决实际问题,既要帮助学生梳理解决问题的步骤,更要让学生进一步领会抓住题目的关键寻找等量关系。这里,"四题齐下",先从整体入手,引导学生梳理列方程解决实际问题的步骤,再组织学生就思考方法逐题交流,具体感知每一个问题中的等量关系,进一步掌握列方程解决实际问题的方法。

学生结合具体题目进行交流。

第 4 题,抓住表格中的第一行文字思考,把"单价×数量=总价"作为列方程的依据。在学生回答之后,教师指出:同一道题目中有两个未知数,要用不同的字母表示。

第5、6题，分别抓住题目中关键句“陆地面积比海洋面积少2.1亿平方千米”“世界人均土地面积相当于我国人均土地面积的3倍”得到等量关系。

第7题，引导学生认识各个数量，明确可以根据数量关系式“单价×数量=总价”列方程。

我的“辩护”：每道题在教学时怎样处理，需要对题目的教学意图和着力点进行充分预设，以更好地达成教学目标。同时，要考虑到本班学生的实际，“让每道题都说话”。

再完成第13页第8题：

8. 下表中的a、b、c表示连续的3个自然数。任意写出三组这样的数，并求出各组数的和。

a	b	c	$a+b+c$

(1) 观察上表，你有什么发现？在小组里交流。

(2) 如果3个连续自然数的和是99，中间的数是x，你能列方程求x的值吗？其余两个数分别是几？

(3) 如果5个连续奇数的和是55，中间的数是n，你能列方程求n的值吗？

学生读题。当读完“下表中的a、b、c表示连续的3个自然数”时，教师示意学生暂停读题，提问：你想到了什么？结合学生的发言，引导学生发现：b比a多1，c比b多1，c比a多2；a比b少1，b比c少1，a比c少2。

学生填表，完成第(1)题，交流。杨宸宇说：三个数的和是中间数的3倍，这个和一定是3的倍数。教师小结：把杨宸宇的发现，用字母表示出来就是：$a+b+c=3b$。

我的“辩护”：学生用文字语言叙述，而教师引导用字母表示，以培养学生的代数意识与能力。

焦芙蓉又说：只要是差相等的连续的3个数，都有这样的规律。

教师反问：是这样吗？这个规律，我们以后再进一步探讨。

我的“辩护”：焦芙蓉的想法，我觉得已经超越了当时全班大多数学生的理解水平，如果就这个问题展开探讨，困难很大，因而暂且搁置讨论。

学生完成第(2)(3)题的解答。在解答前，组织学生比较：第(3)题与第(2)题

有什么变化？有学生说：第(2)题是连续的自然数，第(3)题变成了连续的奇数。有学生说：第(2)题是 3 个数，第(3)题变成了 5 个数。

我的“辩护”：练习中的“变式”，一般都是教师“变”，其实更需要让学生“变”。不过，需要教师在学生“变”之前作恰当的指导，要让学生知道“变什么”，从而思考“怎么变”。

提问：第(2)题有几个未知数？设哪个数为 x？学生指出题目中是设中间的数为 x，教师追问：还有不同的想法吗？学生指出可以设最小的数为 x，教师再引导学生思考：其余几个数怎么表示？根据什么数量关系列方程？

学生完成解答。教师组织思考：题目还可以怎么变化？有学生说：7 个连续的偶数……

教师结合学生发言，调整为：4 个连续的偶数的和是 252，求最小的数。

学生尝试解答。

我的“辩护”：变式，给学生提供了更大的思维空间。变式练习，在教学中是必须坚持的。只是变式题不一定都要由教师呈现。实践表明，这里，让学生参与变式，是可行的、有效的。

三、为何“为自己的课堂‘辩护’”？

为何为自己的课堂“辩护”？一是我们显性的言行背后总是以某种隐含的教育理念支撑着。教育理念的表现形态是隐性的、缄默的，隐藏于思想深处。我们常常说，改变我们的教育观念，然而，我们自己的教育观念却常常处于不知或不明的状态。因而，我们需要挖掘并让它们“敞亮”起来。二是我们在课堂中轻车熟路，潜意识中总是认为自己的行为是合理的，因而我们要为这种合理性寻找理由，需要为自己进行“辩护”。

（一）“辩护”，是一种方法

《现代汉语词典》关于“辩护”的解释是：为了保护别人或自己，提出理由、事实来说明某种见解或行为是正确合理的，或是错误的程度不如别人所说的严重。就自己的教学实践为自己辩护，是对自己展开的，认识自我行为与想法的一种方法。“辩护”时，真实地回想与再现整个教学过程，深究、发掘支撑行动的背后的想法。我们往往先给自己一个合理的假设，然后对自己的行为与想法展开层层剥笋式地独立思考，讲述自己行动的理由与依据，同时又自觉审视自身的行动及理由、依据是否合理。我们并非总是“辩护”自己正确，在“辩护”的过程中，也坦诚地展露自己的不足、困惑甚至错误。“辩护”时，我们要自觉地说明：我为什么这样做？当时我的想法是什么？支持我行动的理由是什么？这是“敞亮”自我的过程。“敞亮”自己，将已经形成的事实打开来重新审视，我们个人化的教育观念经由“辩护”的过程而发生转变。“辩护”，也是通过对自己实践的反思改变自己教育观念的一种方法。我们的行为，我们的想法，既是思考的结果，又是再次思考的对象。

（二）“辩护”，是一种活动

辩护，就是不断地思考，可以并非就某一个专题展开，而是就实践活动的过程进行散点式的、即时性的思考。“辩护”，是与现实的或虚拟的想象中的对方沟通、交流的过程。这是一个开放的过程，并非一定要给予自己一个对与错的结果，而是要不断地搜寻与发现其局限性和可能性。辩护，因此成了教师日常教育生活不可或缺的活动。

（三）“辩护”，是一种意识

课堂的进展，是一种可能性。因而，要为自身的可能存在寻找合适的理由。回想课堂，我们很少或不愿去思考一些看上去很遥远而实际上却迫切需要回答的根本性问题：我的目的是什么？我为什么这样做？我为什么这样想？而“辩护”，需要我们回答这些问题，当然，不是其他人要求，而是我们自己要这样去做。“辩护”，是自主的，是对自己行为与思考的自觉观照。通过对自我的追问，我们逐渐走向哲学之思。哲学，解放了我们的思考，同时又指导着我们的理智。审视习惯的背后，透视行为的背景，我们自我解剖，依赖理智的思考和批判的态度与方法，为了指导未来的行动，为了丰富自身的教学智慧。

为自己的课堂教学“辩护”，是基于自己、为了自己，是找到自己、成就自己。

在熟悉的地方"跳一跳"

——《乘法口诀复习》教学与思考

【教学内容】

苏教版二年级上册《乘法口诀》。

【教学目标】

1. 通过整理复习乘法口诀,促进乘法口诀的正确记忆与熟练应用,发展数学思考,提高解决问题的能力。

2. 在整理、应用乘法口诀的过程中,体验获得数学知识的乐趣。

【教学过程】

一、理口诀

(一) 导入

(屏幕出示:1,4,9,16,25,____,____,____,____。)

师:轻轻读读这些数,如果接着往后填,接下来填哪些数?你是怎样想的?

(根据学生的回答,出示:1,4,9,16,25,36,49,64,81。)

师:我们应用学过的数学本领来看这一组数,也就发现隐藏着的规律。由这9个数,我们可以想到九句乘法口诀,哪九句?你能背出来吗?

(学生背"一一得一""二二得四""三三得九"……"九九八十一"这九句乘法口诀。)

(二) 填表

(屏幕出示空白的乘法口诀表。)

师:这张表,是一张乘法口诀表,你知道刚才九句口诀在什么位置吗?

(学生回答后,教师在空白的乘法口诀表中出示九句乘法口诀,如图4—1。)

师:(指着最下面一行)这一行,填写的是几的乘法口诀?今天,我们调整一下背的顺序,看屏幕上鼠标指着哪一格,就背哪一句。可以吗?

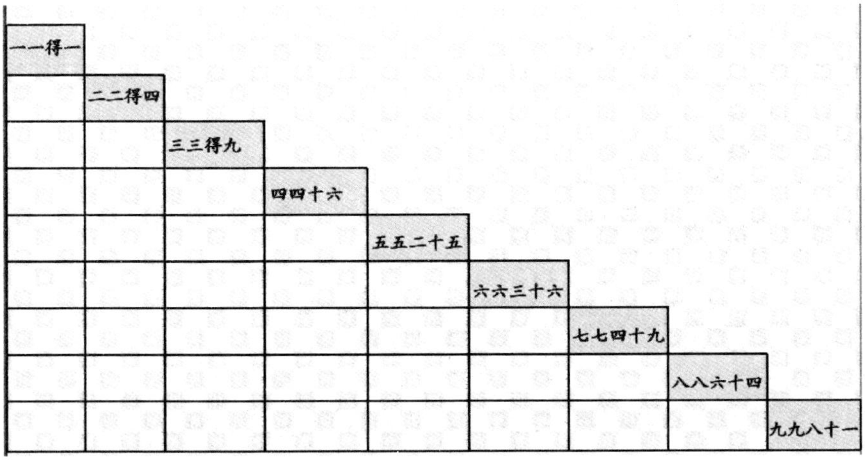

一一得一								
	二二得四							
		三三得九						
			四四十六					
				五五二十五				
					六六三十六			
						七七四十九		
							八八六十四	
								九九八十一

图 4—1

（指名学生依据鼠标所指背 9 的乘法口诀。屏幕上乘法口诀表中出示相应的 9 的乘法口诀。）

师：这一行是 8 的乘法口诀，请倒着背，你能背出来吗？

（学生背口诀。屏幕上乘法口诀表中出示 8 的乘法口诀。）

师：（指乘法口诀表中“五七三十五”这一句口诀的空格处）这里，应填写哪一句乘法口诀？填写时，你是怎样想的？

生：这一行是 7 的乘法口诀，第 5 句就是“五七三十五”。

生：从后往前看，倒数第三句是“五七三十五”。

生：“五八四十”的上面是“五七三十五”。

师：是的，乘法口诀之间是有联系的。横着看，这一行是 7 的乘法口诀，前一句是“四七二十八”，后一句是“六七四十二”；竖着看这一列，上一句是“五六三十”，下一句是“五八四十”。这张乘法口诀表还有一些乘法口诀，我们就不再一一说了。

（屏幕出示完整的乘法口诀表，如图 4—2。）

（三）揭题

师：这些乘法口诀，我们都已经学过了。今天这节课，我们复习乘法口诀。

（板书课题。）

二、记口诀

（一）对口令：前半句对后半句

师：对口令，会吗？我和大家对口令。我说口诀前半句，大家对后半句。

一一得一								
一二得二	二二得四							
一三得三	二三得六	三三得九						
一四得四	二四得八	三四十二	四四十六					
一五得五	二五一十	三五十五	四五二十	五五二十五				
一六得六	二六十二	三六十八	四六二十四	五六三十	六六三十六			
一七得七	二七十四	三七二十一	四七二十八	五七三十五	六七四十二	七七四十九		
一八得八	二八十六	三八二十四	四八三十二	五八四十	六八四十八	七八五十六	八八六十四	
一九得九	二九十八	三九二十七	四九三十六	五九四十五	六九五十四	七九六十三	八九七十二	九九八十一

图 4—2

（教师报乘法口诀前半句，如“五六”“六八”“七九”等，学生接说口诀后半句。）

师：就像这样，同桌两人对口令。左边的同学说前半句，右边的同学对后半句，然后，右边的同学说前半句，左边的同学对后半句。在对口令过程中，大家留意哪几句口诀不熟，哪些口诀出错了。等会儿我们全班交流。

（学生同桌间互相对口令练习。全班交流：哪几句口诀难记？哪几句口诀容易出错？怎样记这几句口诀？）

（二）对口令：后半句对前半句

师：我再和大家对口令。这次，我出示口诀后半句的得数，大家说口诀。可以吗？

（屏幕依次出示：10、12、14、15、16、18。学生依次说口诀。）

师：这一列数，由小到大。接下来，老师要出示哪个数？

生：20。

师：对！那为什么不出示19？

生：它没有乘法口诀。

（屏幕出示：20、21、22、23、24、25、26、27、28、29。）

师：咱们“开火车”找出能作为乘法口诀得数的数，行吗？20，有乘法口诀吗？说出乘法口诀，那，这个数就保留下来。继续，21，有口诀吗？（有，保留）22？（没有口诀，去掉）23？（去掉）二十几中，留下的数还有哪些？乘法口诀是什么？

（屏幕上显示：22、23、26、29逐个删去；保留20、21、24、25、27、28。屏幕出示：30、31、32、33、34、35、36、37、38、39。）

师：三十几中，哪些数保留下来，同桌相互说一说，等会儿全班交流。

（在全班交流过程中，屏幕上显示：31、33、34、37、38、39逐个删去；保留30、32、35、36。屏幕出示：40、41、42、43、44、45、46、47、48、49。）

师：四十几中，哪些数保留下来，自己独立思考，再说给同桌听。

（指名学生汇报。屏幕上显示：41、43、44、46、47逐个删去；保留40、42、45、48、49。屏幕出示：50～81。）

师：后面哪些数保留下来呢？我们一起找一找。

（学生口述找得数的过程中，屏幕上相应的是乘法口诀得数的数保留，其余的数删去。）

师：我们再选这中间的一些数来对口令，看谁对口令对得又对又快？

（教师指“42、45、48、54、56、28”等数，学生说出相应的乘法口诀。）

（三）找规律

（屏幕上圈出：18、27、36、45、54、63、72、81。）

师：这些数都和几有关？

生：9。

（屏幕上再圈出：10、15、20、25、30、35、40、45。）

师：这些数呢？

生：5。

（教师组织学生看圈出的这些数，背乘法口诀。）

三、用口诀

（一）计算练习

师：乘法口诀，我们一定要背得非常熟。那你知道，学习乘法口诀有什么用呢？

生：一道乘法口诀，可以算两道乘法算式，两道除法算式。

师：能举例说说吗？

（学生板演讲解：三八二十四，3×8=24，8×3=24，24÷3=8，24÷8=3。）

生：有些乘法口诀，只能算一道乘法算式、一道除法算式。

生：口诀是一一得一，二二得四，三三得九……九九八十一。

生：也就是上课开始找规律说的那九句口诀。

（出示下列算式。学生独立完成。指名学生开火车报得数，其余学生核对，有

错的订正。)

直接写得数。

7×7=	24÷3=	4×6=
36÷6=	3×9=	42÷6=
8×9=	16÷4=	35÷7=
24÷4=	9×1=	6×5=
48÷8=	25÷5=	81÷9=
32÷4÷4=	36÷9×7=	4×2×8=
7×9－7	6×6＋20=	9＋9＋9＋9=

师:35÷7,48÷8,分别想哪一句口诀?32÷4÷4,两次都是除以4,用的口诀一样吗?9＋9＋9＋9,怎么算的?

(二)解决问题练习

(出示图4—3。)

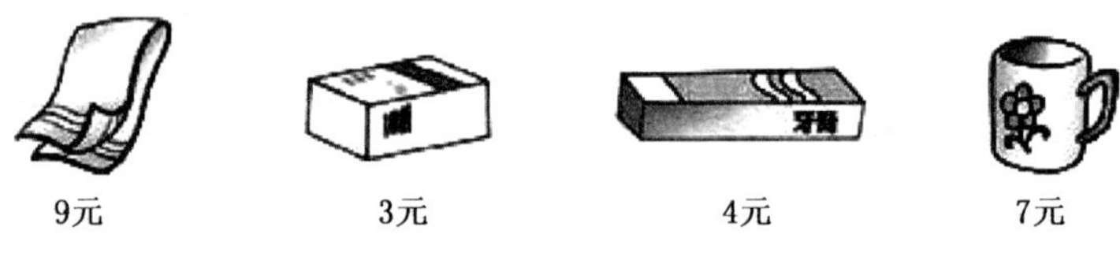

图4—3

师:看图,你知道了什么?买两条毛巾,需要多少元?18元可以买几块肥皂?你还能提出用乘法算的问题吗?还能提用除法算的问题吗?

(结合学生的提问,教师出示:1. 买8盒牙膏要多少钱?2. 8元可以买几盒牙膏?学生解答。)

师:为什么一个问题用乘法算,一个问题用除法算?你能编出用"四七二十八"这一句口诀解决的问题吗?

(学生口述编题,其余学生解答。)

(三)思考题

师:观察乘法口诀表,乘法口诀一共有多少句?你可以怎样算呢?能列乘法算式算出来吗?

【教学思考】

维果茨基把学生在教学过程中的发展水平分为两种:一种是学生的现有发展水平,指学生独立活动时所能达到的解决问题的水平;另一种是学生可能的发展水平，也就是在教师或成人的引导与帮助下才能达到的解决问题的水平。这两者之间的差异就是“最近发展区”。教学应着眼于学生的“最近发展区”，让学生“跳一跳，摘果子”。不过，这样的论述似乎更多地在数学新授课的教学中得到体现，而数学复习课依然存在“炒冷饭”之流弊。

无疑，学生对乘法口诀是相当熟识的。在正式学习乘法口诀之前，学生就在各种场景中或多或少有所触及，在新课学习之后，学生将乘法口诀背得滚瓜烂熟，那乘法口诀要不要复习？如果需要复习，该如何组织？在乘法口诀的复习课中，学生获得怎样的发展？他们的“最近发展区”是什么？

带着这些思考，我带领学生开始了乘法口诀复习之旅。

梳理乘法口诀的过程，是一个思考的过程。如何梳理学生耳熟能详的乘法口诀呢？开课，以找规律的方式出示“平方数”，既由此引出乘法口诀，又促进学生的思维在经历挑战过程中被激活。乘法口诀表中的乘法口诀，并不是直白地呈现，也不是平铺直叙地调度记忆，而是以 9、8、7 的乘法口诀为着力点，从不同角度引导学生在完成乘法口诀表填空的过程中，认识乘法口诀表中乘法口诀排列的有序性，体会乘法口诀之间的联系。

记乘法口诀的过程，不是用日常课时学几的口诀就背几的口诀的做法，而是将 45 句乘法口诀混合在一起“打乱”了去背。教师采用学生比较熟悉的对口令的方式，先是教师说前半句学生对后半句，继而教师以口诀的后半句要求学生对接说口诀的前半句。在“后半句对前半句”时，教师分批出示 10～81，学生在背口诀的过程中像“筛子”一样将不是乘法口诀得数的数筛去，既强化了乘法口诀的记忆，又渗透了高年级数学学习中寻求质数时所应用的“筛法”。复习课，既“瞻前”，又“顾后”。

用口诀的过程，也就是应用乘法口诀进行计算的过程。本课中的用口诀练习，注重“联系”与“综合”。计算练习的算题，除了乘、除一步计算的，还有乘与除、乘除与加减两步计算的，4 个 9 连加算题的安排，有助于学生巩固对乘法意义的理解。解决问题的练习，在学生提出用乘法算、用除法算的问题之后，出示对比性的问题，帮助学生在分析、解答、比较的过程中强化对算法选择的认识。课尾，乘法口诀表的再观察，思考题的呈现，再次让学生在熟悉的地方“跳一跳”，体验数学思考的乐趣。

综上所述，本课复习的是学生熟悉的内容，但复习的过程中学生有新的认识、新的理解、新的收获。这节课给我的启示是，无论是新授课还是复习课，学生的学习进程，都应面向他们的“最近发展区”。也就是说，在熟悉的地方，让学生“跳一跳”，也就领略到了别样的风景。

学习：一个从“有”到“更有”的过程

——《长方形、正方形再认识》教学与思考

【教学内容】

苏教版三年级上册《长方形、正方形再认识》。

【教学目标】

1. 通过操作、观察、思考和交流等活动，进一步认识长方形和正方形的基本特征，知道长方形和正方形边和角的特点，初步感受长方形和正方形的联系与区别。

2. 在探索长方形、正方形特征的过程中，进一步丰富对现实空间和平面图形的认识，积累关于图形的学习经验，增强空间观念，发展数学思考。

3. 进一步体会图形和现实生活的联系，增强数学学习的信心。

【课前准备】

教师发给全班每位学生两张 16 开大小的长方形纸，并将其中一张纸按照图 4—4所示撕成不规则的形状。有学生笑称：像狗啃过的一样。全班哈哈大笑。教师顺水推舟：那我们就把这张撕成的不规则形状的纸称为“狗啃纸”。

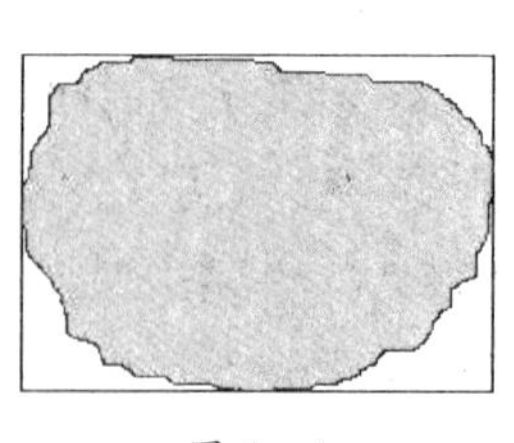

图 4—4

图 4—5

【教学过程】

一、引入

（出示世博园中国馆图片，如图4—5。）

师：图片中的建筑，大家都很熟悉。大家猜猜看，我看到这两张图片时，看到了什么图形？

生：长方形、正方形。

（板书：长方形、正方形。）

师：认识长方形、正方形吗？（认识）是的，我们早就认识了长方形、正方形。今天这节课，我们再来认识长方形、正方形。在生活中，哪些物体的面是长方形？哪些物体的面是正方形？

（学生举例。结合学生举例，出示“国旗”“窗户”“方格本”“墙砖”等图片，如图4—6，并抽象出长方形、正方形。）

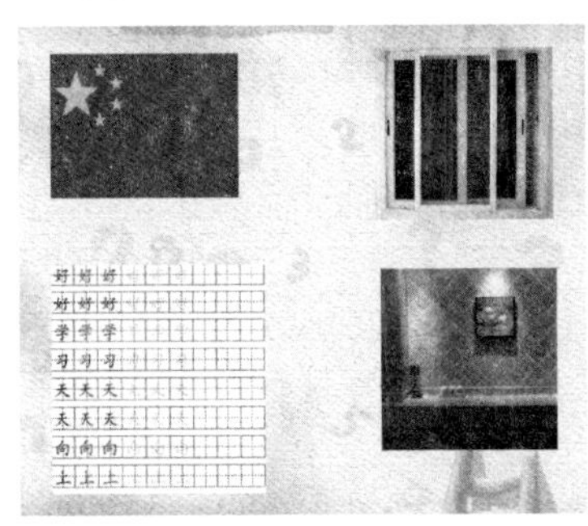

图4—6

二、认识长方形的特征

（一）认识长方形的4条边是4条线段，4个角是4个直角

师：长方形、正方形，在生活中随处可见。大家在举例时，头脑中都有长方形、正方形的样子。请大家拿出课前刚刚撕的那张“狗啃纸”，你能否用这张纸折出一个长方形？在折的时候，请大家思考两个问题。

（屏幕出示：我是怎样折的？我为什么这样折？）

师：大家一边折，一边想。折完之后，同桌之间互相说一说，等会儿我们全班交流。

（学生操作，教师巡视。一位学生展示。）

师:(在学生折出一条边后)你为什么这样折?

生:这样折出了一条直线。

师:是的,这条折痕直的,这条折痕的长度是可以用尺度量的。把折出的这条线看作什么呢?

(学生迟疑后说出“线段”。教师板书:线段。学生折第2条边,折出直角。教师出示一张纸,并折出两条边形成一个钝角,组织观察学生折的直角和教师折的钝角。)

师:如果像我这样“斜着”折,行吗?

生:不行。

师:为什么呢?

生:要折出直角。

师:这,说得好!每位同学再用三角尺上的直角比划一下。

(板书:直角。学生继续折第三条边。教师在学生折了之后暂不展示,组织全班学生想一想:现在,折出了几条线段?几个直角?学生回答后出示学生所折的纸,验证:现在,折出了3条线段、2个直角。)

师:再继续往下折,要注意什么?

生:要折出两个直角。

(学生再折,即这时折出了长方形。)

师:数一数,几条线段?几个直角?

生:4条线段,4个直角。

师:折长方形,看起来容易,但要折准确,很不容易。不过,在折的过程中,我们认识了,长方形有4条线段,4个直角。

(教师在黑板上“线段”的前面板书“4条”,在“直角”的前面板书“4个”。)

(二)认识长方形对边相等

师:请大家拿出另一张长方形纸,指一指4条线段、4个直角。观察4条线段,有什么发现?

生:上、下边一样长,左、右边一样长。

师:上边与下边、左边与右边,它们的位置关系,(指着面对自己的一位学生)就像这会儿我和他的位置一样,怎么说?

生:相对。

师:相对的边,简称——对边。长方形有几组对边?(两组)对边长度怎样?

(一样长)我们可以说:对边相等。(板书:对边相等)不过,对边相等,是我们看出来的,一种感觉。(板书:看)还可以用什么方法来说明,长方形对边相等?

生:用尺量。

(板书:量。学生测量,汇报。)

师:如果不测量,你能用什么办法说明对边相等?

生:对折。

(板书:折。学生演示将长方形纸对折,并解释为什么这样折。在学生解释的过程中,教师相机指出:对折,完全重合,长度相等。)

师:通过操作,我们认识了长方形的特征。说说我们是从哪两个方面认识长方形特征的呢?(指着板书)你能找出关键字吗?

生:边,角。

(根据学生回答,板书“边”“角”,形成如下板书。)

	边	角
长方形	4 条线段对边相等	4 个直角
正方形		

三、认识正方形的特征

师:认识了长方形的特征,我们接下来认识正方形的特征。哪儿有正方形呢?

生:可以在这张长方形纸中折出一个正方形。

(学生操作。教师巡视,请折出正方形的学生示范,折给全班看一看。不会折的,照样子折一折。)

师:观察折出的正方形,对照长方形“边”与“角”的特征,说说正方形的边、角具有怎样的特征?

(学生回答,教师板书:4 条线段都相等;4 个直角。)

	边	角
长方形	4 条线段对边相等	4 个直角
正方形	4 条线段都相等	4 个直角

师:这个正方形是由长方形折出来的,联系长方形 4 个直角,可以推断正方形

是4个直角。那正方形的4条边相等,又如何说明呢?

生:测量。

师:4条边相等,可以测量验证。不过,咱们不测量,联系刚才折的过程来思考。我画出刚才折的过程(如图4—7)。由此可知:哪两条边相等呢?

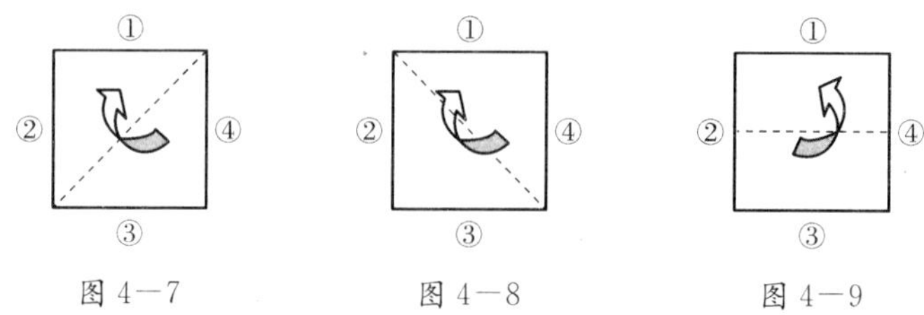

图4—7　　图4—8　　图4—9

生:①=④,②=③。

师:就这样折,能说明4条边都相等吗?

生:还要再折。

(如图4—8,该生一边比划一边陈述:这样①=②,③=④,前面①=④,②=③,所以①=②=③=④。)

生:还可以这样折。

(如图4—9,该生比划、陈述:这样①=③,而①=④,②=③,所以①=②=③=④。)

生:可以连续两次对角折(如图4—10),这样4条边就重合在一起了,所以它们相等。

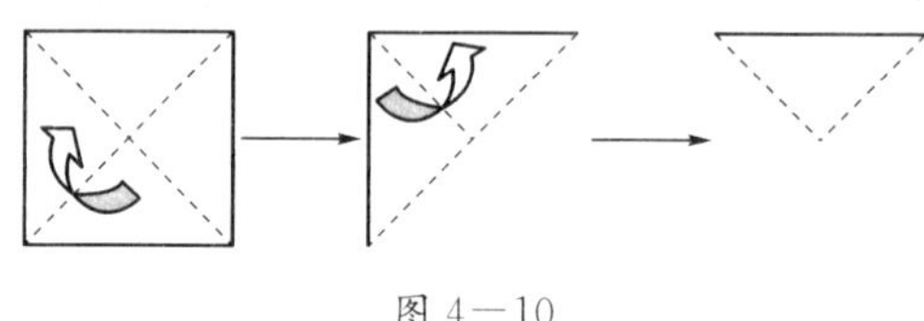

图4—10

(全班响起了掌声。)

师:刚才几位同学在交流不同折法,我们是要说明什么问题呢?

生:正方形4条边相等。

师:我们不仅想到怎样折,还要说清楚,我们这样折,是说明什么问题,我们为什么这样折。

四、练习

(出示图4—11。学生判断,教师引导学生对照黑板上所板书的长方形、正方形的特征说明理由。)

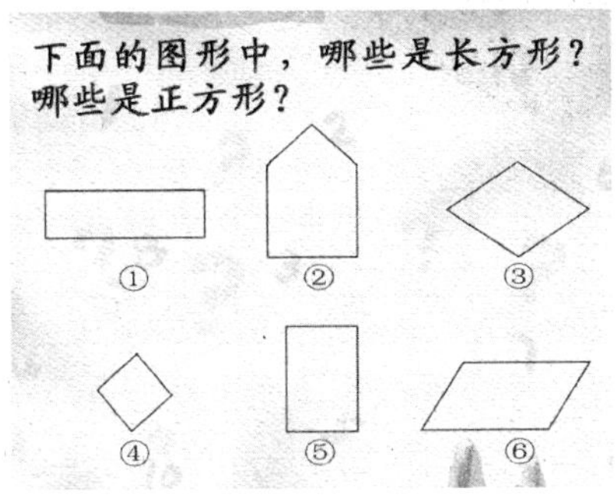

图 4—11

师：要判断一个图形是长方形或正方形，要看它符合长方形、正方形的所有特征。而判断它不是长方形或正方形，只要有一点不符合特征就可以作出判断。

五、认识长方形的“长”“宽”与正方形的“边长”

(出示图 4—12。)

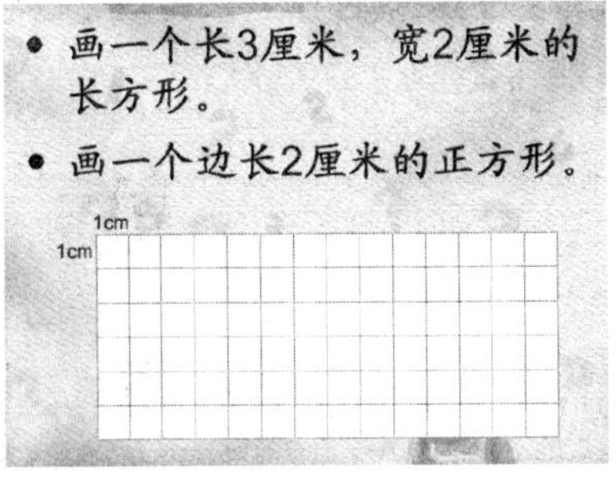

图 4—12

师：读这段话，你发现有新的说法了吗？

生：长、宽、边长。

(出示长方形纸、正方形纸，学生辨认指示：长、宽、边长。)

师：对！通常把长方形中较长边的长叫作长，把较短边的长叫作宽。

(学生画图，画好之后，同桌之间交换看一看，并指着所画的长方形、正方形说一说长方形、正方形的特征。)

六、解释

(出示手帕纸图片，如图 4—13。)

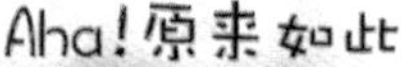

图 4—13

图 4—14

师：知道这是什么吗？你能解释“210 mm×210 mm”吗？

生：一张手帕纸打开，是一个正方形，边长是 210 毫米。

（出示卷纸图片，如图 4—14。）

师：看到“110 mm×104 mm”，你能想到什么图形？

生：长方形，长 110 毫米，宽 104 毫米。

师：这个长方形在哪儿呢？

（学生回答，教师出示一段卷纸的图片。）

师：这一段卷纸，看起来感觉像正方形，但数据告诉我们，它是长方形。

（出示铺地砖场景图，如图 4—15。）

图 4—15

图 4—16

师：地砖是正方形。工人师傅在铺这块地砖，他想，可以把这块地砖转过来铺吗？为什么？请联系正方形的特征解释。

生：可以。因为正方形的 4 条边都相等。

（出示窗户图片，如图 4—16。）

师：再看工人师傅加工窗户的场景。一扇窗户，长方形，有 4 条边。加工这扇窗户，为什么材料只要锯两种长度？

生：长方形 4 条边，对边相等，也就分成两组，4 条边是两种长度。

（出示作业本图片，如图 4—17。）

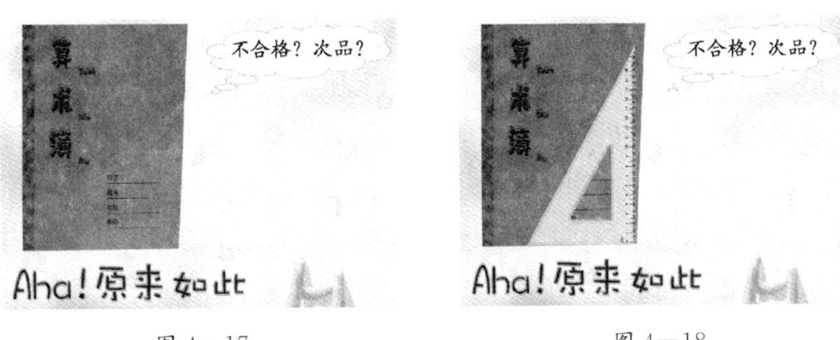

图 4—17　　　　图 4—18

师：今天我们再认识长方形，让我想起了一本作业本。前段时间，我在班上发作业本时，一位同学拿到这样一本练习本，当时他说，这是不合格的练习本，是次品。你说为什么呢？

生：右边的边斜着。

师：我明白你的意思，左边的边竖直方向，右边的边也应该竖直方向。

生：作业本封面的那个角不是直角。

（出示用三角尺覆盖作业本的图，如图 4—18。）

师：对啊，通常练习本封面是长方形，4 个角是直角。所以，这本练习本不合格，是次品。这里，应用所学的长方形特征的知识就解释清楚了。生活中还有很多物体的形状是长方形、正方形，让我们带着数学的眼光去观察、思考：为什么要做成长方形、正方形？哪些现象可以用长方形、正方形的特征去解释呢？这样，你会惊奇地发现：啊哈，原来如此！

【教学思考】

对三年级未上这节课的学生来说，他们认识长方形、正方形吗？毋庸置疑，他们都已认识。在一年级，学生已经直观认识了长方形、正方形。更早的，在幼儿园时就已经整体辨识了长方形和正方形。他们有了这些，那么，通过这节课的学习，他们更有什么呢？也就是说，这节课之后的“认识”与这节课之前的“认识”有什么发展呢？

荷兰的范・希尔夫妇将几何思维发展划分为五个阶段：直观水平，描述分析水平，抽象、关系水平，形式演绎水平，严谨水平。由此来看，这节课之前的认识基本属于“直观水平”，这节课，引领学生对长方形、正方形的认识走向“描述分析水平”。

在这节课中，认识了长方形和正方形的特征之后，我出示了 6 个图形，让学生判断是否是长方形、正方形。这样的问题，在一年级，学生就能完成了。那在三年

级再做这样的练习，不同之处在于要学生说清楚为什么是长方形、正方形，为什么不是长方形、正方形。而这，恰恰是要应用今天所认识的长方形、正方形的特征来作答。在解释的过程中，初步感受：要说它是长方形或正方形，就要看它符合长方形、正方形的所有特征。而判断它不是长方形或正方形，只要有一点不符合特征就可以作出判断。数学学习，是一个从“有”到“更有”的过程。从对 6 个图形的辨析问题可以看出，通过这节课的学习，“有”和“再有”有什么不同。

于是，我将课题“长方形、正方形的认识”改为“长方形、正方形的再认识”，一个“再”字的增加，表达了对学生“已有”的尊重，也表达了对学生“更有”的考虑。

为何要让学生用一张不规则形状的纸（借用学生语言，形象称之为“狗啃纸”）折长方形呢？正如我在课中所说，我认为：学生头脑中都有长方形、正方形的样子。让学生折出长方形，即把学生头脑中建立的长方形的表象用折的方式外化出来。这是学生“有”的。“慢镜头式”的分解、回放折的过程，教师的追问，学生的解释，都是在帮助学生明晰认识：长方形 4 条边是 4 条线段，形成的 4 个角都是直角。长方形的特征从隐蔽状态被打开、敞亮。而边与角，恰恰是以后认识平面图形特征的两个维度，从而为以后认识图形积累方法与经验。这是学生“更有”的。

弗赖登塔尔说：“学习数学的唯一正确方法是实行再创造，也就是由学生本人把要学的东西自己去发现或创造出来，教师的任务是引导和帮助学生去进行这种再创造的工作，而不是把现成的知识灌输给学生。”在以上学习活动中，学生从“有”到“更有”的过程，就是学生“再创造”的过程。

再说“折”。这之后，有两次折的活动。一是认识长方形的对边相等，学生可能看出来，可以量出来。看，是一种估测；量，是一种验证。而折，也是一种验证。不过，在不少课堂中我们看到的是学生一“折”就判断“两边相等”。我以为，折是一种方法，是一个过程。“折”，并不一定两边就相等。折之后，两条线段完全重合，方才可以判断长度相等。“完全重合”与“长度相等”，这是学生在折的活动中获得的“更有”的内容。同样，认识正方形过程中的折，“更有”了简单的推理。

认识长方形的长、宽和正方形的边长，应与画图形结合在一起。事实上，学生看到长、宽、边长这些语词时，是能够结合具体图作出解释的。长、宽、边长的教学处理给我的启示是，学生学习是有一定的感觉的，教学要抓住学生的这种感觉，顺其自然，因势利导，从“有”到“更有”也就变得水到渠成。

这节课的最后，我出示几幅生活中的实物与场景图，让学生联系今天所认识的长方形、正方形特征作出解释。每一幅图的呈现，每一次解释的过程，学生都感受到“原来如此”。通过这样的学习活动，期待着学生“更有”学习数学的兴趣，“更有”用数学的眼光分析生活现象的意识。这，正是学生数学素养积淀的过程。当然，这不是一节数学课所能完成的教学追求，需要长期的坚持与努力。

纵观全课中每一处设计，都关注着学生从“有”到“更有”，从而让学生的学习过程“更有”意义与价值。

“教什么”和“怎么教”都重要

——《找规律》教学与思考

【教学内容】

苏教版四年级上册《找规律》(注:苏教版教材修订时,这部分内容调整安排到了三年级上册)。

【教学目标】

1. 结合现实情境,探索并发现间隔排列的两种物体的个数之间的关系,以及类似现象中简单的数学规律,初步学会联系发现的规律解决一些简单的实际问题。

2. 经历自主探索和合作交流的过程,进一步培养发现规律的能力,初步形成回顾与反思探索规律的过程的意识。

【教学过程】

一、认识“间隔排列”,初步感悟“一一对应”

师:今天这节数学课,请大家先听写——我报你写。

(学生面露惊讶之色,教师请一位同学到黑板上听写,其余学生在练习本上听写。)

师:其实,是听写图形符号。

(教师报:圆,三角形,圆,三角形,圆,三角形。学生听写,如图4—19。)

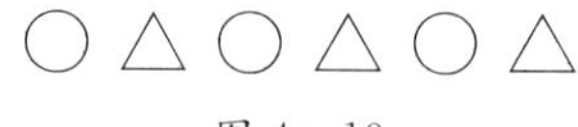

图4—19

师:圆和三角形,哪个多?(同样多)你能继续画下去吗?(能)接下去画什么?(圆)然后呢?(三角形)为什么你能接着画下去?

生:有规律!

(板书:规律。)

师:能具体说说有怎样的规律?

生:一个圆,接着是一个三角形,然后又是一个圆,接下去又是一个三角形。

生：圆和三角形可以看作一组，一组一组地出现。

师：是的。一个圆，一个三角形，就这样依次不断重复出现。换个角度看，两个圆中间隔着三角形，两个三角形中间隔着圆，像这样相间排列，通常叫作“间隔排列”。

（板书：间隔排列。）

师：请大家继续画下去！

（教师静静地等待学生画了一会儿后。）

师：就这样画下去？你能用一种比较简洁的表示方法吗？

（学生指出可用省略号表示，教师把学生在黑板上所画的图调整如图 4—20。）

图 4—20

师：省略号的意思，大家都明白。这里，圆有很多个，三角形有很多个，多少个呢，暂不告诉大家。那，是圆多还是三角形多？你是怎么知道的？

生：我的感觉是，圆和三角形同样多。

生：圆和三角形同样多，我是分组想的。

（教师邀请该学生到黑板前讲解。学生指着图讲解的过程中，教师提示：可否把分组的想法用符号标记表示出来？学生用竖的虚线在图中作上标记，如图4—21。）

○ △ ┊ ○ △ ┊ ○ △ ┊ …… ┊ ○ △

图 4—21

生：把一个圆和一个三角形分为一组，这样就可以看出每组中都是一个圆和一个三角形，圆和三角形同样多。

（教师再请一位学生到前面讲解。学生用下划线在图中作上标记，如图 4—22，并讲解：每一组中，一个圆对着一个三角形，圆和三角形同样多。）

图 4—22

师：说得好！一个对着一个，两位同学用符号表示出圆和三角形之间存在着一一对应关系。（板书：一一对应）由此，我们知道，圆和三角形同样多。

生：我是这样想的。圆和三角形有很多组，我每次去掉一组，这样一次一次地去掉，最后留下一个组，一个圆，一个三角形，圆和三角形同样多。

师：你的想法太有意思了！原先感觉很复杂的问题，被你化得简单了。感谢你带给大家启发。（全班鼓掌）我们再来看黑板上这一串图形，现在的认识和几分钟之前发生了变化，说说你现在对这一串图形的认识。

生：圆和三角形是间隔排列。

生：圆和三角形一一对应。圆的个数和三角形的个数同样多。

（教师在图4—20的最后一个"△"后添画一个圆，如图4—23。）

图4—23

师：是圆多还是三角形多？你又是怎么知道的？

生：圆多了。

生：圆比三角形多1个。因为最后一个圆没有对应的三角形。

二、在现实场景中发现间隔排列物体的规律

（出示主题图，如图4—24。）

图4—24

师：请大家看一幅图，从图中你能发现间隔排列的物体吗？

生：手帕和夹子间隔排列。

生：兔子与蘑菇间隔排列。

生：木柱与篱笆间隔排列。

师：我们先看兔子和蘑菇。看图读一读，体会一下，兔子、蘑菇是怎样排列的？

生：兔、蘑菇；兔、蘑菇；兔、蘑菇……

师：图中兔子与蘑菇间隔排列，它们的个数有什么关系呢？

生：兔子比蘑菇多1。我数了，兔子有8只，蘑菇有7个，兔子比蘑菇多1。

生：我的想法也是兔子比蘑菇多1，但我不是数的，我是想，每只兔子采一个蘑菇，最后一只兔子没有采到蘑菇，所以蘑菇比兔子少1，兔子比蘑菇多1。

生:(边比划边讲解)我把兔子和蘑菇分组比的。1只兔子和1个蘑菇为一组。前面,每只兔子都采到一个蘑菇,兔子和蘑菇一一对应,最后还有一只兔子没有采到蘑菇,没有对应的蘑菇,所以兔子比蘑菇多1。

师:大家听明白她是怎样分组比的吗?在她的讲解中,有一个词,用得特别好,你听出来了吗?

生:一一对应。

师:让我们用掌声谢谢几位同学的发言!刚才交流时,第一位同学想到兔子比蘑菇多1,他用的方法是——数。你有什么想法吗?

生:数,可以知道兔子比蘑菇多1。如果兔子和蘑菇有很多,那么用数的方法就不方便。而分组,用对应的方法想,则简单多了。

师:我们感谢说“数”的方法的同学,他的方法,引起我们深入思考;我们也要感谢刚才发言的这位同学,他的分析,让我们的认识提高了一步。前面已经说到,木柱和篱笆、手帕和夹子,也是间隔排列。那木柱数与篱笆数有什么关系呢?手帕数与夹子数呢?请同桌之间互相说一说想法,稍后我们全班交流。

(学生同桌互说后全班交流。)

师:我请同学到前面来讲解想法,大家边听边思考,和你的想法一样吗?

生:柱子和篱笆,前面一一对应,最后一个柱子,没有对应的篱笆,所以柱子比篱笆多1个。

(全班学生自发鼓掌。)

生:手帕与夹子,最后一个夹子没有对应的手帕,夹子比手帕多1个。

生:最后一个夹子前,手帕与夹子一一对应。

(全班学生又一次自发鼓掌。)

师:大家的分析非常清晰。让我们再看屏幕的演示,体会分析思路。

(屏幕出示图4—25。)

图4—25

师：用圆表示——兔子，用三角形表示——蘑菇。圆与三角形间隔排列，前面一一对应，最后还多了一个圆，这个圆没有对应的三角形，圆比三角形多 1 个。

（屏幕出示图 4—26。）

图 4—26

师：在柱子和篱笆中，圆表示柱子，三角形表示篱笆。在手帕和夹子中，圆表示夹子，三角形表示手帕。这里，间隔排列的物体，一种物体用圆表示，另一种物体用三角形表示。我们可以把 3 幅示意图合并成一幅图。

（动态演示形成图 4—27。）

图 4—27

师：观察中间这一串图形，圆和三角形各表示一种物体，两种物体的个数有什么关系？

生：相等。因为圆与三角形一一对应。

（教师演示，在图 4—27 中最后一个“△”后面添上一个“○”，如图 4—28。）

●▲●▲●▲…●▲●

图 4—28

● ● ● … ● ●

图 4—29

师：这时，两种物体的个数有什么关系？

生：前面，两种物体一一对应，最后一个圆表示的物体，没有对应的三角形表示的物体，所以，圆表示的物体比三角形表示的物体多 1 个，三角形表示的物体比圆表示的物体少 1 个。

师：这幅图，我们比较熟悉，在哪儿见过？

（学生手指黑板。）

师：对！我们刚才画过。不过，现在我们再看这幅图，认识又有了变化。圆，表示一种物体；三角形，表示另一种物体。

（动态演示：图 4—28 中三角形渐渐隐去，形成图 4—29。）

师：这时，只剩下一种物体，但物体和物体之间出现空的间隔。比较物体数和间隔数，你发现它们有什么关系？

生：物体数比间隔数多 1。我把物体之间空的间隔想象成刚才的三角形，圆比三角形多 1 个，物体比间隔也多 1 个。

师：你联系前面探讨的问题，把“没有”看作“有”，你的想法很巧妙！

生：一个物体对应一个间隔，最后一个物体，没有对应的间隔，所以物体数比间隔数多 1。

（全班掌声。）

三、解释与应用

师：在生活中，你能找到像这样有规律地间隔排列的物体吗？

生：路边栽的树是间隔排列的。

生：长江大桥的桥墩和桥孔是间隔排列的。

生：数学本上横线与格子是间隔排列的。

生：我们教室里的桌椅是间隔排列的。

师：（教师指教室内桌椅）我们就看这一小组的桌、椅，间隔排列，一一对应，桌子数与椅子数的关系是——相等。这是纵向看的。我们再横向看，这一横排，8 个同学，间隔是几个？

生：7 个。

（出示图 4—30。）

图 4—30

生:电线杆是间隔排列的。

生:电线杆和广告牌是间隔排列的。

(出示文字题目:马路一边有25根电线杆,每两根电线杆中间有一个广告牌。一共有多少个广告牌?)

生:(脱口而出)24。

师:让我们把眼睛闭起来,一起想象:在这样的路边,我们从路的这一头走起,第一根电线杆,对应着第一个广告牌;第二根电线杆,对应着第二个广告牌……第24根电线杆,第24个广告牌;最后,还有第25根电线杆。电线杆,25;广告牌,24。

(出示图4—31。)

图4—31

生:烤香肠,烤肠机。

师:(指着图中左边烤肠机上的一排香肠)这一排有多少根香肠?需要老师告诉你什么?

生:那个铁棍有多少根?

(教师边说“导热棒是11根”边在黑板上板画,如图4—32。)

图4—32

生:(异口同声)一排香肠有10根。

(教师继续板画,如图4—33。)

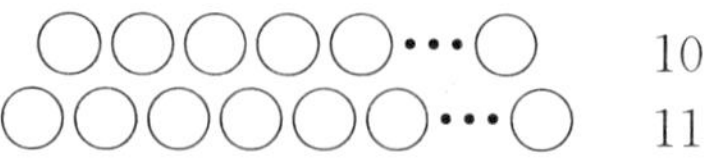

图4—33

生:香肠虽然摆在上面,但它对应着下面棒子之间空的间隔,间隔比物体少一个,香肠10根。

师：表达准确到位！谢谢！（全班掌声）如果在上面再堆一层香肠，多少根呢？再堆一层呢？

（学生依次回答“9”“8”的同时，教师板画，如图 4—34。）

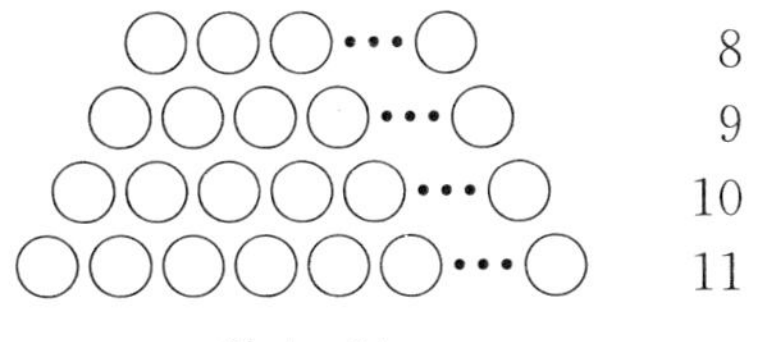

图 4—34

师：（在上图外围用彩色粉笔描出梯形）这堆起来，外形是梯形。在生活中，好像在哪儿见过，什么物体像这样堆放？

生：钢管。

生：木头。

生：超市里圆柱的饮料是这样堆放的。

师：堆钢管、圆木，上面一层总是比相邻的下面一层少——1 根，下面的一层比——相邻的上面一层多 1 根，其中的道理，也就是今天这节课我们探讨的间隔物体排列的规律。

师：（播放歌曲《找朋友》）听一首熟悉的歌——找朋友。

（出示图 4—35。）

图 4—35

师：这里是“找朋友”舞蹈示意图。用圆表示男生，12 个男生一横排。如果每两个男生中间插入一名女生，那么每位男生都能找到和别人不重复的女生朋友吗？

生：不能，男生 12，女生 11。

（教师演示，图 4—35 变成图 4—36。）

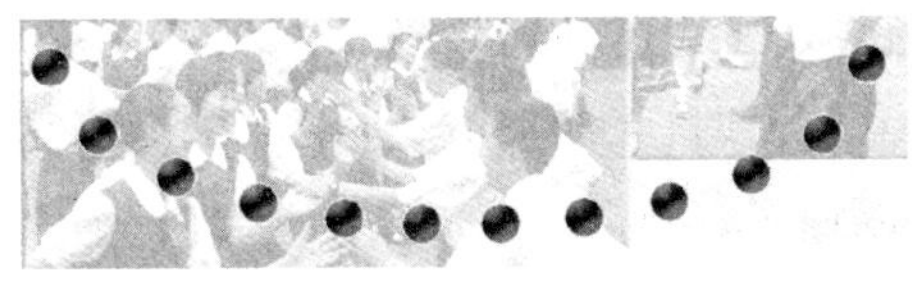

图 4—36

师：队形变化了，男生 12——

生：女生 11。

（教师演示，图 4—36 变成图 4—37。）

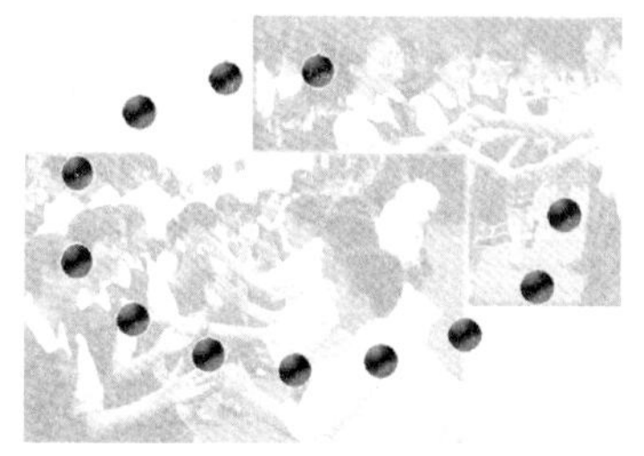

图 4—37

图 4—38

生：男生 12，女生 11。

（教师演示，图 4—37 变成图 4—38。）

生：男生 12，女生 11。

生：女生 12。

生：（自发跑到屏幕前，指着图讲解）这会儿 12 个男生围起来了，原来的“头”和“尾”之间多了一个间隔，因此是 12 个男生，12 个女生。

（学生讲解后教师演示，如图 4—39。）

生：12 个男生，围起来，对应的间隔是 12，所以女生是 12，不是 11。

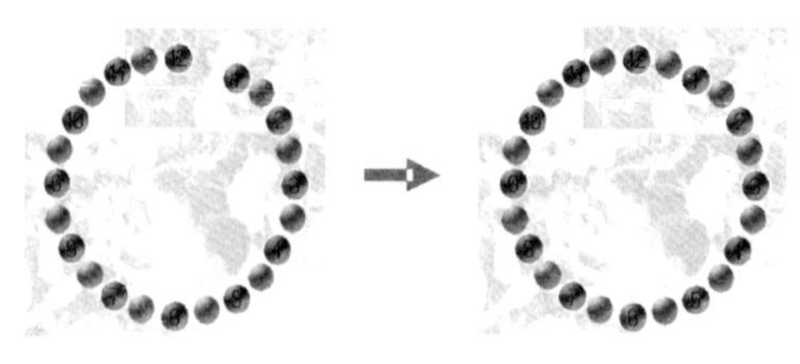

图 4—39

图 4—40

师：对！从对应的角度思考！

（教师演示，图 3—39 再还原成图 3—38。）

师：由这幅图，大家能否想到我们在生活中常见的一件物品，是什么呢？

（随着学生回答，屏幕上男生队形图淡化，出示钟面图，如图 4—40。）

师：在二年级“认识时分”时，我们知道了，钟面一圈有 12 个数，那有——12 大格。今天再来看，我们明白了，1 个数，对应着 1 个大格；钟面一圈 12 个数，对应着 12 大格。再看，一大格内有几小格？

（学生回答“5 小格”时，教师伸出左手，五指张开，示意“5”。）

师：一大格内有 5 小格，画了几条短线？如何解释？请大家课后思考、交流。

生：（看着老师张开的五指脱口而出）5个手指，4个间隔。

师：（右手向该学生竖起大拇指）我们的手上就有间隔排列的问题，谢谢你的发现。左手，5个手指，4个间隔。如果加上右手，几个手指？几个间隔？

生：10个手指，8个间隔。

生：9个间隔。

生：4加4等于8。

生：左手、右手靠并在一起，9个间隔。

（刚才说“8”的学生点头同意。）

生：我还能表示10个间隔。

（全班学生面露不解之色。教师示意抢言的学生暂不演示，让班级中其他同学想一想，能否表示10个间隔。稍后，一些学生演示：五指张开，左、右手手腕靠在一起，让10个手指围成圆形。）

师：谢谢刚刚发现“10个间隔”的同学，带给大家新的挑战，带给大家新的收获。10个手指，可能8个间隔，可能9个间隔，可能10个间隔。让我们把掌声送给自己，感谢我们自己付出的思考。

【教学思考】

阅读教育报刊，我们能看到“‘教什么’比‘怎么教’更重要”的分析，也能看到“‘怎么教’比‘教什么’更重要”的阐述。哪种说法正确？一时难辨。其实，这是非左即右、非此即彼的简单二元化的对立思维方式。“教什么”，说的是教学内容的问题，意味着教师选择在哪些事情方面努力；“怎么教”，说的是教学方式的问题，意味着教师要考虑如何更好地完成教学任务，两者都是重要的，没有必要区分孰轻孰重。

一、从课题说起——为何叫“找规律”？

这节课中呈现的问题，我们都非常熟悉，类似这样的问题，我们习惯上称之为“植树问题”。不过，在苏教版教材中的命名是“找两种物体间隔排列的规律”。为何叫“找规律”？命名的不同，意味着什么？

给数学问题命名，其实也就是给数学问题分类。这是解决问题的重要步骤之一。如何命名？有研究指出，数学家往往看到问题的内部结构，并以此将问题进行分类（模式识别），而新手则往往抓住问题的外部特征，如描述一件什么事，并以此对问题进行命名。类似植树问题结构的其他问题，还有路灯问题、楼梯问题等。

由此来看，“植树问题”与“间隔排列问题”，不同命名有着不同的出发点，而后一命名恰恰是抓住了问题的核心本质特征。

二、教什么——这节课，要找的规律是什么？

这节课的课题是“找规律”，我们需要追问：什么叫规律？找怎样的规律？怎样找规律？

什么叫规律？一种解释，规律是事物之间的内在的必然联系，决定着事物发展的必然趋向。也就是说，规律是事物本身所固有的、深藏于现象背后并决定或支配现象的。就事物的发展过程而言，指同一类现象的本质关系或本质之间的稳定联系，它是千变万化的现象世界的相对静止的内容。规律是反复起作用的，只要具备必要的条件，合乎规律的现象就必然重复出现。

再看本课教学内容。两种物体间隔排列，这两种物体的排列方式就是有规律的。

以植树场景中所植的树与其间的间隔为例，在“不封闭”的前提下，棵数＝段数＋1；在“封闭”前提下，棵数＝段数。这也是规律。我们以往看到的教学常常引导学生发现这样的规律。“封闭、不封闭”，“两端都栽、只栽一端、两端都不栽”，“棵数、段数”，“加1、不加1”……如此近似“绕口令”式的概括，师生望而生畏。我们熟悉的一种教学思路是：教师组织学生观察场景图，呈现相关材料，然后，引导学生观察分析“棵数”与“段数”之间的关系，小结“公式”：棵数＝段数＋1。接下来，学生依葫芦画瓢解决有关问题。通过一小步一小步的常规操作训练，学生熟记“规律”，却不能用数学观点去看待法则和现象，难以感受数学思想方法。

在这节数学课上，有着不一样的处理。

两种物体间隔排列，这两种物体的排列一一对应。对应，是间隔排列的本质。对应，即规律。

当两种物体一一对应时，这两种物体的个数一样多；当两种物体不一一对应时，这两种物体不一样多。这也是规律。

我以为，以上是这节课中教师和学生共同找的规律。在这节课中，又试图给这样的规律建立一个符合儿童认知特征的、包摄程度更广、更具有解释性的符号模型。即用“○△○△○△……○△○”的符号模型，既表示间隔排列的物体，又从“对应”的角度分析、理解两种物体个数的关系。

“○△○△○△……○△○”，既是形象的，又是抽象的，或者说，介于半抽象与半具体之间。用符号来表示模型，将特殊与一般集于一身，提供了把情境和规律两者分离和整合的机会。学生的思考，在具体与概括、特殊与一般之间往返穿梭。

三、怎么教——怎样“找规律”？

著名认知心理学家奥苏伯尔说：“假如让我把全部教育心理学仅仅归结为一条原理的话，那么，我将一言以蔽之曰：影响学生学习新知的唯一最重要的因素，就是学习者已经知道些什么。要探明这一点，并据此进行教学。”本课在组织学生找规律时，充分尊重学生的“已知”“已有”，把新知的学习建立在学生原来的认知经验基础之上。找规律的过程，是一个不断有“发现”的过程，是一个将或朦胧或隐蔽的认识打开、审视、分析的过程，是一个让学生内心不断感受“原来如此”的过程。

课始，通过画“○”“△”，引导学生认识间隔排列，并初步感悟“一一对应”。我采用画图的方式激活学生已有的经验，让“对应”从隐蔽状态中敞亮。最初，学生凭借直觉作出判断，继而在教师的引导下用自己的语言解释“相等”的道理，发现规律。尽管学生说的是“分组”，没有能够说出“对应”这一语词，但他们已清晰其内涵。在这时，“○”“△”仅是图形符号而已。

接下来，在现实场景图中，先引后放，让学生进一步认识间隔排列的物体，分析两种物体个数之间的关系，再由此联系用“○”“△”分别表示两种间隔排列的物体。这时，“○”“△”被赋予了鲜活的内涵。而“△”的隐去，当屏幕上只留下“○”所指代的一种物体时，学生视“无”为“有”，把“空的间隔”与物体实现一一对应，规律已深深根植于学生的头脑中。

解释与应用环节，我设计了几个不同的问题。不同，既表现在问题的素材不同，更表现在问题的内部结构有所变化。

“电线杆”问题、“广告牌”问题，在学生回答出答案之后，让学生闭眼想象路边电线杆、广告牌场景，旨在借助表象思维，体会对应思想。

“烤肠”问题是一道变式问题。变式，是从不同角度组织感性材料，变换事物的非本质特征，在各种表现形式中突出事物的本质特征，从而使学生对概念的理解达到越来越高的概括化程度。“香肠”与“导热棒”这两种物体虽然没有排列在一条线上，而是在两条线上，但它们依然一一对应。由此拓展至“钢管堆放”问题，学生对相邻两层的根数相差 1 是“知其然又知其所以然”。

"舞蹈排队"问题,从不封闭的场景到封闭的场景,学生对规律有了更深刻的认识。而钟面的联想,使之前在二年级对钟面上大格、小格的认识有了新的理解。由此观之,理解,不是一蹴而就的过程,而是一个整体的、动态的、分水平的发展过程。学生的数学学习过程,是一个不断促发自己用数学眼光看生活、看世界的过程,也是数学素养不断积淀的过程。

最后,两只手10个手指,8个间隔、9个间隔、10个间隔的操作,富有童趣,又综合应用了本节课所发现的规律。

以上问题的设计,使学生始终处于一种微妙的思维张力下,层层推进认识的完善与引申。特级教师张兴华先生曾用一个比较通俗的比方解释教学。他说,教师的教学就如"抛食诱鸡":抓着鸡脖子将米灌下去,鸡显然不会乐意;将一大把米直接撒地上,鸡吃起来固然容易,但由于缺乏挑战性,对鸡而言诱惑不大;倒不如先将少许米撒些在鸡走几步就可以吃到之处,等鸡上前吃完后,再在不远处又撒些,然后继续。想来,鸡吃起来一定胃口大开,自然也会更主动地循着"米路"一路找来。教学的艺术,恰在于此。

学生的数学学习,实际上不是直线发展的,我们不应当要求他们在接触某一个专题的阶段时间里一次性完成,而是在认识向前的过程中时时返首回顾,为认识新的数学内容而重温已接触的东西,逐步地拓展或更新自己的理解体会,通过螺旋形成复式的认识和再认识,作进一步的同化和顺应,以全面深刻地理解掌握学习内容。

四、一个"有意思"的问题

有一位教师听完这节课后质疑:"这节课以画图形引入新课,我感觉在画图形时教师花了较多时间,是重点教的,而例题只是巩固与应用了。在这节课中,哪是例题呢?"

哪是例题呢? 这是一个"有意思"的问题。

我们知道,数学课堂教学离不开例题教学。例题是数学教材的核心内容。有学者指出,概念的形成、规律的揭示、技能的训练、智能的培养,往往要通过例题教学来进行。例题在课堂教学中是具有导向性的。通过例题的示范,使学生深刻领会提出问题、分析问题、解决问题的方法和手段。

我觉得这个问题"有意思",它的潜台词是:我们一般的数学新授课大致由复习准备或铺垫(一度时间又被"创设情境"替换)、例题教学、巩固练习、课堂总结几个环节构成。而这节课，“准备”不像“准备”，“新授”不像“新授”，“巩固”不像“巩固”。各环节都成“四不像”了。

这样的想法不无道理。这节课，如果说哪是例题的话，那主题图呈现的那一段应当是例题学习。不过，好像在这之前的画“○”与“△”环节，也有新课内容，而这之后的解释与应用环节也不像我们以往印象中的“巩固练习”。

那如何解释这样的课堂结构呢？我想，这节课，是由一则一则的活动串联而成，那我是否可以用活动1、活动2、活动3……这样来作为课堂结构的划分呢？每一个活动，都基于学生已有的认识与经验，不断推进学生获得新的认识与理解。其实，新知的学习是在不知不觉中，为什么要截然分开呢？

回头再看那位教师的“问题”，那是否是因为我们都被程序化甚至是僵化了的模式拘囿了？

数学教学，我们需要思考，需要辩证性的思考，需要解放性的思考。

“并列关系”与“递进关系”

——《乘法交换律和结合律》教学与思考

【教学内容】

苏教版四年级下册《乘法交换律和乘法结合律》。

【教学目标】

1. 理解并掌握乘法交换律和乘法结合律，能用字母表示乘法交换律和乘法结合律。

2. 能应用乘法交换律和乘法结合律进行简便计算，体会运算律的应用价值。

3. 在数学学习活动中培养数学交流能力，获得成功的学习体验。

【课前准备】

课前，教师发给每位学生如下“研究学习”材料，学生独立、自主完成。

“乘法的运算定律”研究学习

1. 加法运算定律有加法交换律、加法结合律。乘法呢？填写下表：

名　称	内　容	举　例
乘法交换律		
乘法结合律		

2. 应用乘法交换律、结合律可以使一些计算简便。请举出这样的例子：

3. 我编的可以应用乘法交换律、结合律简算的题目(至少编3道题，并写出计算过程)：

4. 我的疑问：

【教学过程】

一、小组交流学习

师：（屏幕展示空白的“‘乘法的运算定律’研究学习”）课前，我们每位同学已经就乘法的运算定律做了相关的研究学习，现在请大家先在小组里交流各自完成的研究学习材料，等会儿我们再全班交流。

（学生小组交流。之后，抽签，第五小组的学生和全班交流。）

二、全班交流学习

（一）交流乘法交换律和乘法结合律

（第五小组肖书昊同学展示，如图 4—41。）

1. 加法运算定律有加法交换律、加法结合律。乘法呢？填写下表：

名　称	内　容	举　例
乘法交换律	两个因数交换位置，积不变，公式：a×b=b×a	1. 5×4=4×5 2. 25×15×4=25×4×15
乘法结合律	三个数相乘，先把前两个相乘，或先把后两个数相乘，积不变公式：(a×b)×c=a×(b×c)	1. 69×125×8=69×(125×8)

图 4—41

肖书昊：我和大家交流乘法交换律。两个因数交换位置，积不变。公式是 $a\times b=b\times a$。我的例子是 5×4＝4×5，交换 5 和 4 的位置，积不变。还有一个例子是 25×15×4＝25×4×15，这里交换了 15 和 4 的位置，积不变。

师：刚刚肖书昊的展示与交流很好。好在哪儿？

王宇轩：肖书昊举了两个例子。一个例子是两个数相乘的，一个例子是三个数相乘的。

曹德坤：肖书昊先说了乘法交换律的内容，然后又说字母公式。

师：对，肖书昊先用文字语言陈述，然后介绍如何用字母表示。请肖书昊继续

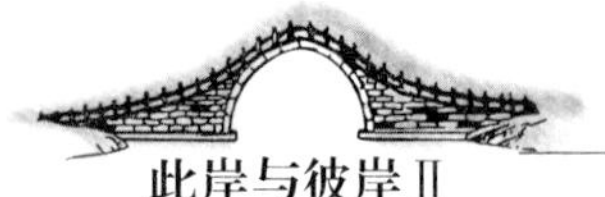

介绍乘法结合律。

（肖书昊和全班交流乘法结合律。）

蔡昊坤：肖书昊写的是3个数相乘，应该是几个数相乘，不一定是3个数，还可以是4个数、5个数等。

（全班掌声。教师让肖书昊邀请同学到黑板上板书乘法运算定律名称以及如何用字母表示。朱展辰板书乘法交换律以及如何用字母表示。全班掌声。贲云时板书乘法结合律以及如何用字母表示，学生指出“错了”，张子昂板书如何用字母表示乘法结合律，如图4—42。全班掌声。）

贲云时：刚才错在那用的是乘法交换律。

乘法交换律: a×b=b×a
乘法结合律: a×(b×c)= a×(c×b)
a×b×c=a×(b×c)
5×8

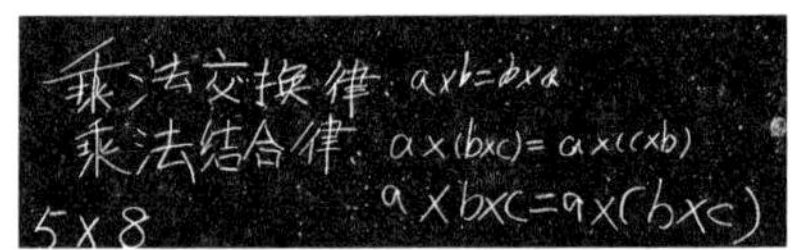

图4—42

（二）交流应用乘法运算律简算的例子

（第五小组李婉玥同学展示，如图4—43。）

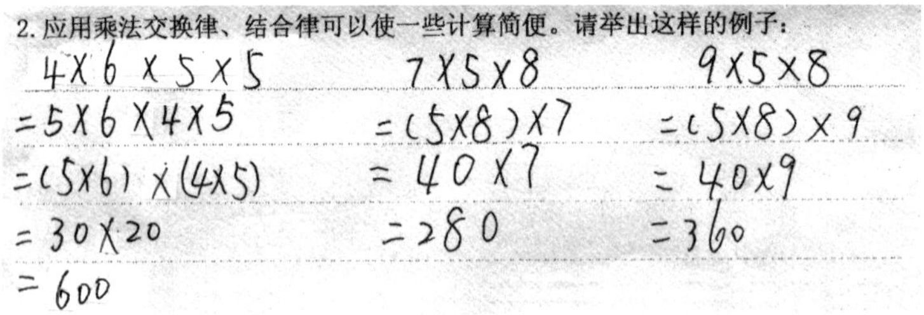

2. 应用乘法交换律、结合律可以使一些计算简便。请举出这样的例子：
4×6×5×5
=5×6×4×5
=(5×6)×(4×5)
=30×20
=600
7×5×8
=(5×8)×7
=40×7
=280
9×5×8
=(5×8)×9
=40×9
=360

图4—43

（李婉玥介绍第一个例子的时候，直接读了题目以及计算过程。）

师：这儿应怎样交流？

宋儒妍：要说清楚用了什么定律，哪儿用了什么定律。

（全班掌声。）

李婉玥：我的第一个例子是$4\times6\times5\times5$，先运用乘法交换律，交换第一个数4和第三个数5的位置。然后应用乘法结合律，添加两个小括号，先算5乘6、4乘5，再算30乘20等于600。（全班掌声）我的第二个例子是$7\times5\times8$，先算5乘8，这里应用了乘法交换律和乘法结合律。

师：（示意李婉玥暂停交流，并在黑板上板书李婉玥的第二个例子算题）还有不同的计算过程吗？

（刘嘉仪板书，如图4—44。）

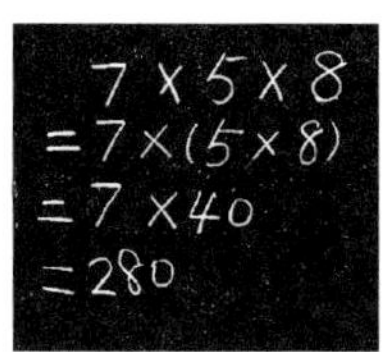

图4—44

师：这道题这样算，依据是什么？

生：（齐）乘法结合律。

（李婉玥接着介绍她的第三个例子。）

师：对于李婉玥的后两个例子，大家有什么想法？

杨烁：李婉玥的后两个例子，其实是一样的，就是把7改成了9，都是用乘法结合律。

（全班掌声。第五小组汪弘婧同学展示，如图4—45。）

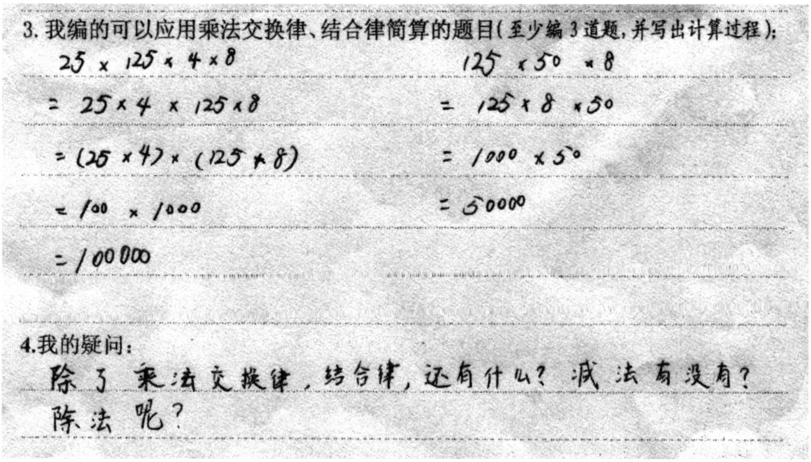

3. 我编的可以应用乘法交换律、结合律简算的题目（至少编3道题，并写出计算过程）：

25×125×4×8
=25×4×125×8
=(25×4)×(125×8)
=100×1000
=100000

125×50×8
=125×8×50
=1000×50
=50000

4. 我的疑问：

除了乘法交换律、结合律，还有什么？减法有没有？除法呢？

图4—45

汪弘婧：我和大家交流我编的两道题目。我编的第一道题目是25×125×4×8，先运用乘法交换律交换125和4的位置，然后运用乘法结合律把25和4用括号乘起来，把125和8用括号乘起来，再算100乘1000，等于100000。

（全班掌声。）

师：（示意汪弘婧暂停交流）刚才汪弘婧介绍了她编的一道题目，你觉得她的这道题好在哪儿？

朱展辰：这道题，既应用了乘法交换律，又应用了乘法结合律。

王子墨：我觉得汪弘婧的题目编得好，讲解也很清楚，她说清楚了哪儿用的是乘法交换律，哪儿用的是乘法结合律。

师：我们再看汪弘婧编的第二题，请汪弘婧暂不介绍，大家能分析一下她的这道题目吗？

黄新程：这道题，应用乘法交换律计算，也就是把 50 和 8 交换位置，这样先算 125 乘 8，算起来简便。

张友友：汪弘婧的这道题目中，125 乘 8，等于 1000。还有一组数，在第一题中，25 乘 4，等于 100。

师：对！25 和 4，125 和 8，这两组数据，在乘法计算过程中特别关注一下。25 乘 4 等于——100，125 乘 8 等于——1000。同学们还要注意乘积末尾的 0，不要写错。有请汪弘婧继续交流。

（三）交流“疑问”

汪弘婧：我的疑问是，除了乘法交换律，结合律，还有什么？减法有没有？除法呢？

杨烁：我知道，除了乘法交换律，乘法结合律，还有乘法分配律。

师：刚才他说什么？

生：（齐）乘法分配律。

师：什么是乘法分配律，大家课后再自己做研究。这节课，就乘法分配律，暂不交流。

周语乐：减法没有交换律。如，$a-b$，不可以交换被减数和减数的位置，如果交换成 $b-a$，不相等。除法也一样。

桑瑞阳：我知道，减法中，一个数减去两个数，等于这个数减去两个减数的和。用字母表示，$a-b-c=a-(b+c)$。

（全班掌声。）

王佑楠：除法也一样。$a\div b\div c=a\div(b\times c)$。

（全班掌声。）

师：汪弘婧的问题，问得好。刚才同学们的回答，很精彩！掌声送给汪弘婧，送给刚才回答问题的几位同学！（全班掌声）第五小组，今天虽然有一位同学请了病假，但刚才肖书昊、李婉玥、汪弘婧三位同学的交流，很好，再次用掌声感谢，欢送他们回座位。

（全班鼓掌，第五小组学生回到座位。）

（四）展示交流部分学生的“研究学习”材料

师：接下来，我要邀请王睿琦、黄启玥、张圣栋、宋儒妍向全班展示他们“研究学习”材料中的部分内容。请大家分析，他们完成的材料，好在哪儿？

（王睿琦展示，如图4—46。）

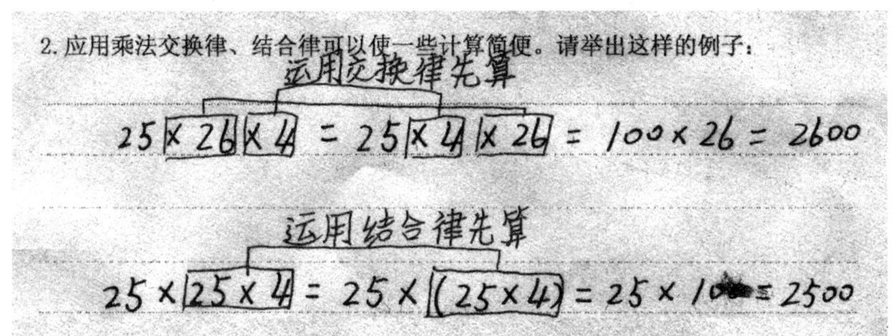

2. 应用乘法交换律、结合律可以使一些计算简便。请举出这样的例子：

运用交换律先算

25×26×4 = 25×4×26 = 100×26 = 2600

运用结合律先算

25×25×4 = 25×(25×4) = 25×100 = 2500

图4—46

张笑航：王睿琦的例子，用红色的笔，把应用什么定律标注得非常清楚。而且，还写清楚了，用的是什么定律。

杨依霏：王睿琦的题目，一个是用乘法交换律使计算简便，一个是用乘法结合律使计算简便。

（全班掌声。黄启玥展示，如图4—47。）

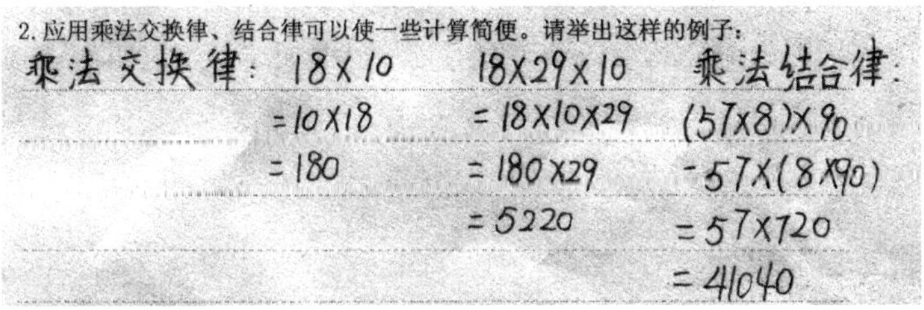

2. 应用乘法交换律、结合律可以使一些计算简便。请举出这样的例子：

乘法交换律：18×10 =10×18 =180

18×29×10 =18×10×29 =180×29 =5220

乘法结合律：(57×8)×90 =57×(8×90) =57×720 =41040

图4—47

曹家鸣：黄启玥是分开举例的，前面两道题是用乘法交换律，最后一道题是用乘法结合律。

赵君睿：黄启玥举的乘法交换律的例子，第一题是两个数相乘的，第二题是三个数相乘的。

师：由黄启玥的第一个例子，我就想到，我们以往在验算乘法计算时，交换两个乘数再算，其实也就是应用了——乘法交换律。

宋儒妍：我觉得黄启玥的这几个例子还可以调整一下。因为题目中说应用乘

法交换律、结合律可以使计算简便。这几题,应用了乘法交换律、结合律,但计算并没有简便。也就是题目中的数据要调整一下。

(全班掌声。张圣栋展示,如图 4—48。)

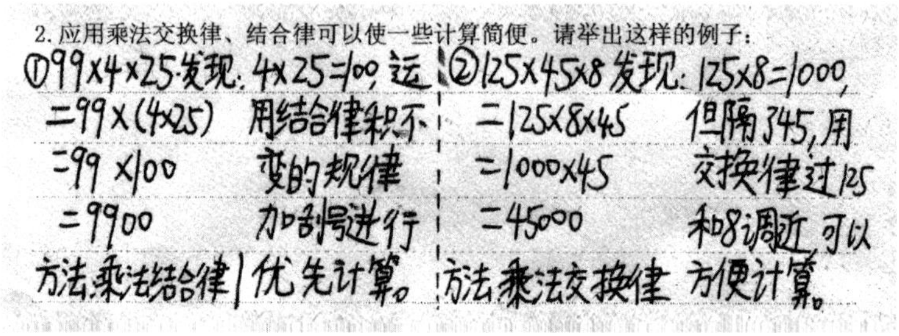

2.应用乘法交换律、结合律可以使一些计算简便。请举出这样的例子:

①99×4×25 发现:4×25=100,运用结合律积不变的规律加刮号进行优先计算。
=99×(4×25)
=99×100
=9900
方法乘法结合律

②125×45×8 发现:125×8=1000,但隔了45,用交换律过125和8调近可以方便计算。
=125×8×45
=1000×45
=45000
方法乘法交换律

图 4—48

丁希莹:张圣栋的两个例子,看起来很相似,但第一题用乘法结合律简算,第二题用乘法交换律简算。

汤政:张圣栋把“括号”的“括”写错了。

(全班学生发出善意的笑声。)

刘嘉仪:张圣栋的计算过程写得很清楚,旁边的“发现”,也很清楚。

(宋儒妍展示,如图 4—49。)

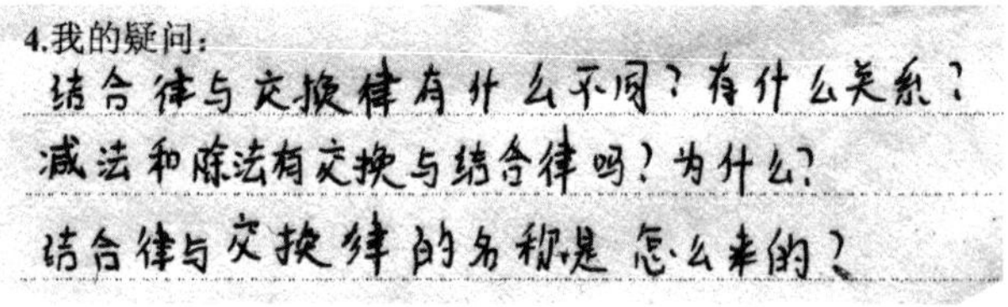

4.我的疑问:

结合律与交换律有什么不同?有什么关系?

减法和除法有交换与结合律吗?为什么?

结合律与交换律的名称是怎么来的?

图 4—49

宋儒妍:我和大家交流“我的疑问”。我的第一个疑问是,结合律与交换律有什么不同?有什么关系?

王佑楠:(跑到黑板前指着板书讲解)交换律,是数字的位置交换了;结合律,改变的是运算顺序。它们的联系,我觉得就是一般一道题目,应用交换律和结合律一起简算。

(全班掌声。)

桑瑞阳:我觉得乘法交换律和加法交换律一样,都是交换的数的位置;乘法结合律和加法结合律一样,都是改变的运算顺序。

(全班掌声。)

师：宋儒妍的问题，问得好！王佑楠和桑瑞阳的回答，很棒。王佑楠，把交换律和结合律的不同，讲清楚了。桑瑞阳，把乘法的交换律、结合律和加法的交换律、结合律联系起来思考。再次把掌声送给他们。

（全班掌声。）

宋儒妍：我的第二个问题，刚才汪弘婧已经问过了。我的第三个问题，结合律和交换律的名称是怎么来的？

邱苏阳：结合律，就是用括号将两个数结合起来；交换律，就是把数交换位置。

师：有道理，有个词叫“顾名思义”，从名称想到所包含的意义。我们把交换律、结合律的内容和“交换”“结合”这样的说法对应起来，就能领会交换律、结合律的名称是怎样来的了。

三、课堂练习

1. 根据运算律，在□里填合适的数。

45×16＝16×□

5×（14×9）＝（5×□）×□

（6×13）×5＝13×（□×□）

2. 用简便方法计算。

16×15×2

25×（37×4）

455－128－45－72

【教学思考】

在“加法交换律、加法结合律”之后学习“乘法交换律和乘法结合律”，不知大家是否注意到，教材在编写这两部分内容时，思路是比较类似的：首先，从学生熟悉的实际问题的解答引入，让学生通过观察、比较和分析，找到实际问题不同解法之间的共同特点，初步感受运算规律。然后，让学生根据对运算律的初步感知举出更多的例子，进一步分析、比较，发现规律，抽象概括出运算律，并用字母表示。像这样的“乘法运算律”与“加法运算律”的编排结构，我称之为“并列关系”。

实际教学中，学生在学习乘法运算律的时候，自然会受到加法运算律学习的影响，这是毫无异议的。由于乘法交换律与加法交换律、乘法结合律与加法结合律在内容上的相同因素很多，学生的学习会产生正迁移。乘法运算律的学习之于加法运算律的学习，我称之为“递进关系”。

教学，在尊重、理解教材的基础上，根据学生的学情设计促进学生发展的教学过程。如何从教材内容编排上的“并列关系”走向教学安排上的“递进关系”呢？

在本课教学过程中，遵循从“感觉”到“认识”再到“理解”的学习路径。学生在学习乘法交换律、乘法结合律之前，他们对乘法交换律、乘法结合律有着正确的“感觉”。本课的教学，未让学生通过具体的例子概括出一般规律，而是基于学生对乘法交换律、乘法结合律通过“顾名思义”的方式即可达到形式化的认识水平来组织他们展开进一步的学习。即，学生能够用自己的语言陈述什么是乘法交换律与乘法结合律，也能调度加法运算律的学习经历，依葫芦画瓢地用字母表示乘法运算律。教师先让学生呈现“结果”，进而在演绎例子的过程中外化想法。当学生能结合具体的例子把乘法交换律、乘法结合律表述清楚的时候，他们便真正理解了乘法交换律与乘法结合律。而在交流例子的过程中，如何应用乘法交换律、结合律进行计算，也就糅合在一起了。

在本课教学过程中，设计个人独立学习、小组合作学习、全班互动学习相结合的学习方式。本课课前，让学生完成关于乘法运算律的“研究学习”材料。完成这份材料的目的是，把学生带入学习任务中，让学生有比较充分的思考时间，展开自主的学习，继而带着想法、带着疑问走进课堂。当然，学生的想法是有差异的，而这样的差异，恰恰让课堂中的交流学习具有了必要性与可能性。无论是小组交流学习还是全班交流学习，不是停滞于“一人说、其他人听”的简单操作形式，而是针对学生想法中的“亮点”，组织学生对展示内容进行分析与评价，让更多的学生参与，建立具有反思性、循环性、相互依赖性的互动方式。学生在交流、展示的过程中对照自己原先的想法，建构、完善、修正新的认识。这样的课堂，改变了以往常见的师生一问一答的“挤牙膏式”的互动方式，学生与学生的互动交流占据了课堂中更多的份额，即课堂中不仅仅是学生与教师的互动，更多的是在教师的组织下的学生与学生的互动。这样的课堂，对学生学习能力的提升、自主学习意识的培育大有裨益。

曾多次有教师听过我班上的课之后，很好奇地问我：你班上的学生为什么在课堂上这么积极主动？我说，当学生课前对问题都思考了，都有自己的想法，都作好发言的准备了，课堂上，能挡得住他们发言的欲望吗？听课教师惊讶地问我：你班上的学生上课怎么会发言交流的呢？而且对问题的思考很有层次性？我说，这也源自教师的指导。教师的指导，渗透在日常的课堂教学中，相机穿插在教学过程中。如这节课中，对肖书昊想法的肯定，对李婉玥举例的分析，邀约王睿琦、黄启玥、张圣栋、宋儒妍展示“研究学习”材料，这些，都是“放大”学生的精彩想法。全班学生在这一过程中，学习怎样举例、怎样思考、怎样表达、怎样学习。

综上所述，“乘法交换律和乘法结合律”这一内容，从教材编排的“并列关系”到“递进关系”的教学处理，留给我的启示是：教学，不是纸上谈兵，需要的是面对活生生、活泼泼的学生，设计“目中有人”的教学。

从“教”到“学”

——《除数是整数的小数除法》教学与思考

“除数是整数的小数除法”是苏教版小学数学五年级上册的教学内容。这里，先呈现两则教学设计。

教学设计一

【教学目标】

1. 探索并理解除数是整数的小数除法的计算过程，初步掌握计算方法，会用竖式正确计算除数是整数的小数除法。

2. 在探索计算方法的过程中，体会数学知识之间的内在联系，培养抽象和概括的能力。

【教学过程】

（一）口算练习

0.8×0.5　　15×0.03　　0.4×5

1.25×8　　40×1.2　　2.4×5

0×6.34　　3×0.9　　96÷3

（二）新课展开

1. 呈现问题。

出示例4场景图及下表。

品种	数量/千克	总价/元
苹果	3	9.6
香蕉	5	12
橘子	6	5.7

提问：

① 你知道妈妈买了哪些水果？还知道哪些信息？

② 根据你所获取的信息，能算出什么？

结合学生的回答，在表格中添加“单价”栏目。

品种	单价/（元/千克）	数量/千克	总价/元
苹果		3	9.6
香蕉		5	12
橘子		6	5.7

③ 怎样列式？列式时是怎样想的？

结合学生的回答，教师板书算式：9.6÷3　12÷5　5.7÷6

引导观察三道算式，教师指出：这节课，学习小数除法。

板书课题：小数除法。

2. 探讨算法。

(1) 计算苹果的单价。提问：9.6÷3，你能算出来吗？

学生借助已有知识经验口算，教师组织学生交流各自的算法，继而指出：可以用竖式计算。

教师板书竖式 $3\overline{)9.6}$。在竖式计算 9 除以 3，商 3 之后，学生可能产生这样的问题：是继续除下去，算完之后点小数点？还是先点小数点再除？教师引导：除法竖式计算过程中，小数点的处理与加法、减法、乘法不同。用竖式计算小数加法、减法、乘法，都是算完之后点小数点；而除法，是在写商的过程中点小数点。这又是为什么呢？

教师继续引导学生分析思考：9 除以 3，9 表示 9 个 1，商 3，是 3 个 1，3 要写在个位上；接下去，6 除以 3，6 表示——0.6，除以 3，商 0.2，2 要写在——十分位上。这样，就要先点小数点，再写 2。

继续完成 9.6÷3 的竖式计算，引导学生思考：9.6÷3，这道题的特点是什么？商的小数点为什么要和被除数的小数点对齐？

(2) 计算香蕉单价，12÷5。

学生口述竖式计算过程，教师板书，当算至商 2 余 2 时，教师提问：这是我们二年级学习有余数的除法的计算水平，今天这节课的学习，我们要继续往下除。你知道怎么算吗？

学生回答添 0。教师指出：添 0 的依据是——小数的性质；添 0 后，20 表示 20

个——0.1。

学生继续口述竖式计算过程，教师完成竖式计算，并结合板书过程指出：商的个位后面别忘了点上小数点。

回顾：这道题的计算有什么特点？

(3) 计算橘子单价，5.7÷6。

提问：你能估算出橘子单价大约是多少吗？

学生估算，可能说“9角多”，也可能说“1元少一点”。

教师板书 $6\overline{)5.7}$ 后提问：5除以6，个位不够商1，怎么办？

学生回答商的整数部分写0，教师追问：为什么整数部分要写0？并结合先前估算的结果，让学生理解：商比1小，整数部分是0。

指名口述竖式计算过程，教师板书。

(4) 组织验算。

谈话：我们已经算出了三种水果的单价，你能根据“单价×数量=总价”，检验三题的计算是否正确吗？

学生分小组计算检验，再汇报检验方法和检验结论。

3. 尝试计算。

$5\overline{)0.2}$　　$15\overline{)3}$

学生试算，教师巡视，指名板演。

评议板演，指名说出计算过程。

4. 回顾反思。

谈话：今天学习的计算有什么特点？

教师圈划五道算题的除数，完善课题板书：除数是整数的小数除法。

引导：除数是整数的小数除法，应该怎样计算？

小组交流后再在全班交流。结合学生的交流，教师在五道算题竖式中的相应部分用彩色粉笔进行圈划。着重强调以下几点：商的小数点和被除数的小数点对齐，写商的过程中点商的小数点。个位不够商1，要商0，并点上小数点继续往下除。除到被除数的末位，如果仍有余数，要添0再除。

(三) 巩固练习

1. 完成第60页“练一练”前两题。

2. 完成第62页练习十一第1题。

学生先计算，教师巡视，如果用竖式计算4÷80出现如下的错误，教师及时组织全班学生辨析纠错(即在被除数4后添0时,应先点小数点再添0)。

```
     0.0 5
80)4 0 0
     4 0 0
         0
```

组织比较:除数是整数的小数除法与整数除以整数有什么联系?

结合学生的回答,引导小结:除数是整数的小数除法与整数除以整数一样,都从高位除起,每次除得的余数都要和被除数下一位的数合起来继续往下除。

(四)课堂总结

提问:这节课学习了什么?你有哪些收获和体会?

(五)课堂作业

练习十一第2、3题。

教学设计二

【教学目标】

1. 在探索、交流的过程中理解除数是整数的小数除法的计算过程,初步掌握计算方法,会用竖式正确计算除数是整数的小数除法。

2. 在探索计算方法的过程中,感受数学探索活动的乐趣,感受数学思考的严谨性,培养抽象和概括的能力。

【课前准备】

课前,学生独立、自主完成如下的“研究学习”:

“小数除法”研究学习

妈妈到水果超市买了3千克苹果,共9.6元;买了5千克香蕉,共12元;买了6千克橘子,共5.7元。

(1)估算一下每种水果的单价。

我是这样估的:

(2)用竖式计算每种水果的单价。

我的提醒:

我的疑问:

【教学过程】

（一）口算练习

0.6×8	0.2×100	0.8×5
0.25×4	1.25×8	10×0.63
40×0.7	0.09×1000	96÷3

（二）组内交流学习

谈话：在课前，我们全班同学已经对“小数除法”进行了“研究学习”。请大家在小组里，就“研究学习”中的问题进行交流，等会儿我们再全班交流。

学生按4人一小组进行交流。

（三）全班交流学习

教师组织一个小组的学生和全班交流。

1. 交流估算过程。

在学生交流的过程中，教师组织学生评议估算的方法是否合理，并在相应的算式后面板书估算的结果。

9.6÷3＞3；12÷5＞2；5.7÷6＜1。

2. 交流用竖式计算的方法与过程。

教师提出交流要求：一边板演竖式计算过程，一边讲解如何计算。其余同学在板演讲解结束后，可以补充自己不同的想法，可以质疑。

在交流9.6÷3如何用竖式计算的过程中，关注学生在写商时，是算完之后点小数点，还是在写商的过程中点小数点。并组织讨论：如何点小数点？为什么？

追问：商的小数点为什么要和被除数的小数点对齐？

在交流12÷5如何用竖式计算的过程中，引导回顾：在二年级我们学习有余数的除法时，这样的题目如何用竖式计算的？这节课探讨用竖式计算，与二年级时的用竖式计算有什么不同？

进一步追问：余下的2添0后，表示什么？

在交流5.7÷6如何用竖式计算的过程中，组织思考：这里，商的首位上为什么写0？

组织学生把三道题目笔算的结果与估算的结果进行对照。

3. 交流三道计算题的相同之处。

揭示课题：除数是整数的小数除法。

组织猜想：由除数是整数的小数除法，猜一猜，后面再研究小数除法的计算，会有怎样的特点呢？

4. 交流计算除数是整数的小数除法的注意问题（即“研究学习”材料中的“我的提醒”）。

在学生交流的过程中，教师组织学生在三道算题竖式中的相应部分用彩色粉笔进行圈划，并结合圈划之处讲解注意问题。引导全班学生回顾梳理：

（1）除数是整数的小数除法，按照整数除法的法则去除，商的小数点要和被除数的小数点对齐。

（2）如果除到被除数的末尾仍有余数，就在余数后面添 0 再继续除。

（3）商的个位上不够商 1，要在商的个位上写 0。

5. 交流“我的疑问”。

学生回顾课前“研究学习”材料中的“疑问”，反思：这些疑问是否已经解决？如果还没有解决，现在提出来与全班探讨。

学生检查课前自己“研究学习”材料中的竖式计算是否有问题，可提出与全班交流。

预设：学生的竖式可能有这样的写法：

```
   0.9 5
6)5.7
  5.4
  ------
     3 0
     3 0
  ------
       0
```

组织讨论：竖式计算的过程中，商和除数相乘的积，是否要点小数点？

学生对课前“研究学习”材料中所写的竖式进行检查，有错误的订正。

（四）完成“练一练”

学生独立完成“练一练”中后两道题目的计算。指名板演，其余座练。

在评议板演的时候，关注第二题是否有如下的写法：

3÷15＝0.2

```
    0.2
15)3 0
   3 0
  -----
     0
```

组织全班学生辨析纠错（即在被除数 3 后添 0 时，应先点小数点再添 0）。

（五）巩固练习

1. 完成第 60 页“练一练”前两题。

2. 完成第62页练习十一第1题。

学生先计算，教师巡视，个别指导。全班交流核对。

组织比较：除数是整数的除法与整数除以整数有什么联系？

（六）课堂总结

这节课的学习，有哪些收获？还有哪些疑问？

（七）课堂作业

练习十一第2、3题。

比较与思考

"除数是整数的小数除法"是五年级学生学习小数除法的开始，它既是小数除法的重要组成内容，也是后继学习"除数是小数的小数除法"的基础。这部分内容主要引导学生探索除数是整数的小数除法的计算方法。苏教版教材通过三道除数是整数的小数除法计算题探讨、学习计算方法，通过用竖式计算"9.6÷3"，帮助学生理解"商的小数点为什么要和被除数的小数点对齐"；用竖式计算"12÷5"帮助学生掌握"如果除到被除数的末尾还有余数，要在余数后面添0再继续除"；用竖式计算"5.7÷6"，重点帮助学生掌握商小于1时的计算方法。

传统计算教学的一般流程是：教材给定算法⟶教师示范讲解⟶学生模仿学会⟶强化训练。即教师给出计算的法则，要求学生按照法则进行计算。这样的方式以教师传授为显著特征，学生依葫芦画瓢，往往知其然而不知其所以然。教师替代学生的探索与思考，本身就是一种剥夺，剥夺了学生自己思考问题、解决问题的能力。

两则教学设计充分尊重教材，按照"呈现问题—探索算法—总结算法—练习巩固"的线索设计教学，即教师引导学生经历探索算法的过程，在此基础上，抽象概括具有一般意义的算法。一言概之，教师设计教学时，从关注"教"转向关注"学"。下面从三个方面分析两则教学设计带给我们的思考。

（一）从"教"到"学"，关注学生"去哪里"

关注学生"去哪里"，这是对于教学目标所作的思考。确定教学目标，是教学的出发点和归宿。教学目标是教学活动的灵魂。它反映了教师对学生在已有基础上要取得哪些进步与发展的期望与追求；它像一只"看不见的手"，以潜在的、又是巨大的力量支配着教师设计的教学活动，是教师头脑中绷得紧紧的那根"弦"。这也正如苏霍姆林斯基所说："课的一切方面、组成部分和阶段都必须服从它。"

从两则教学设计可以看出，探索除数是整数的小数除法的计算方法是这节课教学的重点，但教师的意图又不仅仅局限于此，作为计算教学，提高学生的计算能力是毋庸置疑的，尽管这一点在两则教学设计的教学目标中并没有明确写出来，但从教学过程中却可以感受到这一点落到了实处。

在两则教学设计中，课堂教学伊始，教师都安排了口算训练。就本节课的学习而言，口算练习的内容与其后新课内容的关联并不大，但从培养学生的计算能力这个角度来看，课始的口算练习重在提高学生的口算水平。因为提高学生的口算水平，非一日之功，不可能毕其功于一役，需要长期的、坚持不懈的基本训练。由此来看，这样的口算基本训练的安排，对学生的发展来说，是重要的，也是必要的。

两则教学设计都注重口算、估算、笔算能力的协同发展。在探索用竖式计算9.6÷3、12÷5、5.7÷6之前，教师组织学生或口算或估算，这不仅对理解笔算的算理起到了支撑作用，而且有助于学生体会笔算的方法和步骤。比如，学生根据自己的经验和能力能够口算出9.6÷3的结果，其后借助口算的经验学习笔算，有助于理解竖式计算的过程。估算5.7÷6的结果，明确计算结果的大致范围，有助于学生理解整数部分商0的道理。又如，在笔算之后，将笔算的结果与估算的结果进行对照，引导学生用估算评估、监控笔算的结果，对计算的结果作出合理性的解释。对照教科书的编写，两则教学设计中添加了估算内容，并不是“为教估算而估算”，口算、估算与笔算的有机融合，让学生通过不断的运算实践体验到各种计算方式密不可分，并把这种体会逐渐融入自己的计算习惯中，促进运算能力的提升。

（二）从“教”到“学”，关注学生“怎样去”

探讨学生“怎样去”，这是对数学教与学的方式所作的思考。对于学习除数是整数的小数除法而言，重要的不仅仅是掌握算法，而且包含探索算法、理解算理的过程。面对新的计算问题，教师不是告诉学生应该怎样算，而是让他们主动探索研究，以“做”而非单纯的“听”“看”的方式投入学习活动。

两则教学设计，都组织了有效的探索活动，经历了下面几个环节：

酝酿算法。呈现买水果场景中的问题，学生凭借已有的知识经验能顺利列式并口算或估算出结果，在口算与估算的过程中，学生自然生成的方法也支持了竖式算法的探索，即学生用竖式计算的算法酝酿于口算与估算的过程中。由此来看，在两则教学设计中先让学生口算与估算，是别具匠心的。

探究算法。教师给学生充分的活动时间，确保每一个学生都有探索的机会。

学生依据自己的经验写出竖式计算的过程，为后继的算法交流做好充分准备。

交流算法。通过自主探索，学生的想法已经转换成算法，这时，学生既有交流的内容，也有交流的需求。要指出的是，交流时，学生讲解自己的算法，并不局限在他与教师间的交流，更是他与全班同学的交流。教师要组织交流的学生讲给全班同学听，也要让全班同学仔细听他的发言，了解他的想法、汲取他的长处、评价他的算法、鼓励他的成功。

优化算法。学生在交流的过程中，会把他人的想法与自己的想法进行对照，这一过程，也是优化自己想法与算法的过程。交流之后的回顾与反思，又促进学生充实自己的经验，完善自己的认识。

比较两则教学设计，可以发现：在教学设计一中，算法的酝酿、探索、交流、优化，是在一节课中完成的；在教学设计二中，算法的酝酿与探索是让学生在课前完成，交流与优化安排在课堂中。这是基于不同的学生作出的不同设计。要注意的是，教学设计二的安排，打破了课前思考与课堂学习截然分开的现状，通过"研究学习"材料，让学生课前独立、自主完成，这样为学生提供了先想、先做的空间与时间，弥补了课堂内学生独立思考时间的不足；之后的课堂学习，则给予学生更充分的学生与学生、学生与教师的交流互动时间。课堂中两个层次的交流互动，对每一位学生来说，是两轮的学习。第一轮是组内交流学习。每位学生在小组内将自己课前研究过程中的想法与困惑、发现与疑问和盘托出。第二轮是全班交流学习。即一个小组的学生就课前研究学习材料中的各个问题阐述他们的想法，其他小组的学生，先"听"后"讲"，也就是在听完该小组的讲解之后，对该小组的想法进行补充完善、质疑问询、要点提炼、归纳总结。在这样的课堂上，出现的不是教的盛宴，而是学的热情。学生用自己的水平阐述自己的理解，在交流的过程中，他们在教，他们在学。学生"兵教兵"，互教互学，既当老师又当学生，全体、全身心、充分地投入到学习中，不仅是单纯地接受知识，还在表达知识，学与教融为一体。

（三）从"教"到"学"，关注教师"怎样帮助学生去"

教学活动是师生积极参与、交往互动、共同发展的过程。不难理解，提高学生学习过程的有效性，离不开教师的主导作用。教师的组织、引导与合作，也就体现在"怎样帮助学生去"，亦即引导、指导学生并使学生的主动性、积极性和创造性被调动起来。

《美国学校数学教育的原则和标准(2000年)》指出："一个学生所用的计算方法应该建立在学生深刻理解的数学观念的基础之上。"在学生探索交流的过程中，教师帮助学生把自己的算法表述清楚，并及时抓住算法的关键之处追问，从而促进学生从算理层面理解算法。这样，学生对算法的掌握不再是简单的模仿、机械的套用，而是理解后的应用。由此来看，两则教学设计中的几个似乎是针对“细节”的问题，却表达了教师对学生理解、掌握算理算法的“大局”思考。比如，9.6÷3，在写商时，是算完之后点小数点，还是在写商的过程中点小数点？这一问题的讨论，着眼于促进学生对商中数目位值大小的理解；12÷5，引导学生思考，五年级探讨用竖式计算，与二年级的用竖式计算有什么不同？进一步追问：余下的2添0后，表示什么？这里，意在使新知的学习切入学生的知识系统，促进学生完成知识结构的顺应变化；5.7÷6，组织学生思考，用竖式计算时，商的首位上为什么写0？从而凸显这道算题的“新知识点”，并促进从意义的角度理解写“0”的道理。又如，反馈学生的竖式写法中被除数是否添加小数点、竖式的计算过程中是否点小数点的问题，藉此理解计算除数是整数的小数除法，先转化成整数除法进行计算的策略。在两则教学设计中，教师介入性的问题设计，表达了对学习内容中重点、难点、关键的聚焦，以及对学生学习中疑点、误点的观照。教师不仅关注“技”，更关注“道”，使学生的数学学习“知其然”，又“知其所以然”。

当然，在两则教学设计中，教师的“介入”策略也不相同。在教学设计一中，教师引导学生边思考边计算；教学设计二中，教师则结合学生的交流讲解相机穿插于其中。课前组织学生进行研究学习，既是一种学习内容的安排，又有对学习方法的指导，即教师在“教”学生思考、研究的路径，也提供了学生课堂中交流的线索。

还要指出的是，在两则教学设计中，教师在用好教科书中习题的基础上，都加强了练习的针对性。如根据学生的实际情况，增加了在被除数中添加小数点的辨析与改错练习。教材中编写的题目，仅仅是“引子”，或者说是“例子”。在实际教学时，我们更需要关注学生在学习过程中出现的形形色色的“问题”，针对问题设计和组织练习。这样的练习处理方式，更贴近学生的学习实际，对学生提高计算的正确率，提高计算水平，更具有实效。

综上所述，两则教学设计的比较与思考，给我们的启示是：教师的教，应当服务学生的学，促进学生的学，而不是遮蔽学生的学，替代学生的学。好的教学，是给学生更好的机会去建构，即教师把学生带到学习任务中，并以学生的已有知识和观念作为新教学的起点，给学生多一些学习和建构的机会，从而促进学生的学习。

设计求“简”，课堂求“丰”

——《除数是小数的除法》教学与思考

【教学内容】

苏教版五年级上册《除数是小数的除法》。

【教学目标】

1. 在探索、交流的过程中理解并初步掌握除数是小数的除法计算过程，会用竖式正确计算。

2. 在探索计算方法的过程中，进一步体会“转化”思想的价值，感受数学探索活动的乐趣与数学思考的严谨性。

【课前准备】

课前，学生独立、自主完成如下的“研究学习”：

“小数除法”研究学习

妈妈到超市购买了鸡蛋、萝卜、番茄，每千克的单价和用去的钱数如下表：

品种	鸡蛋	萝卜	番茄
单价	4.2元	0.75元	2.4元
总价	7.98元	1.5元	6元

(1) 估算一下鸡蛋、萝卜、番茄各买了多少千克。

我是这样估的：

(2) 用竖式计算鸡蛋、萝卜、番茄各买了多少千克。

用竖式计算这三道题目，我的想法：

我的提醒：

我的疑问：

【教学过程】

一、揭示课题

谈话：今天这节课，我们探讨小数除法。

二、组内交流学习

谈话：在课前，我们全班同学已经对“小数除法”进行了“研究学习”。请大家在小组里，就“研究学习”中的问题进行交流，等会儿我们用抽签的方式选择与全班交流的同学。

学生按4人一小组进行交流。

三、全班交流学习

教师用抽签的方式选择学生和全班交流。

（一）交流“估算”

学生可能借助乘法计算进行估算。如4.2×2＞7.98，买鸡蛋大约一点几千克；2.4×2＜6＜2.4×3，买番茄大约二点几千克。

学生也可能把钱数转化成整数形式，然后进行计算。如买单价0.75元的萝卜，用去1.5元。可以想：萝卜单价7角5分（或75分），总价1元5角（或150分）。两个7角5分（75分）就是1元5角（150分），可以买2千克萝卜。

在学生交流的过程中，教师组织学生补充不同的估算方法，并引导分析估算的策略。

结合学生的交流，教师在相应的算式后面板书估算的结果。

7.98÷4.2　约1.□　　1.5÷0.75　约2　　6÷2.4　约2.□

（二）交流“用竖式计算”

教师提出交流要求：一边板演竖式计算过程，一边讲解如何计算。其余学生在板演讲解结束后，可以补充自己不同的想法，可以质疑。

先交流7.98÷4.2如何用竖式计算。学生可能这样用竖式计算（如图4—50）。

追问：为什么这样算？这样算的依据是什么？

学生也可能这样用竖式计算（如图4—51）。

组织讨论：对于这样的算法，有什么想法？有什么疑问？

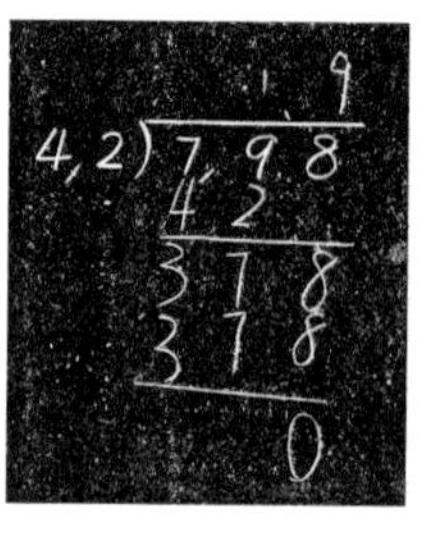

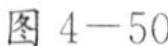
图 4—50

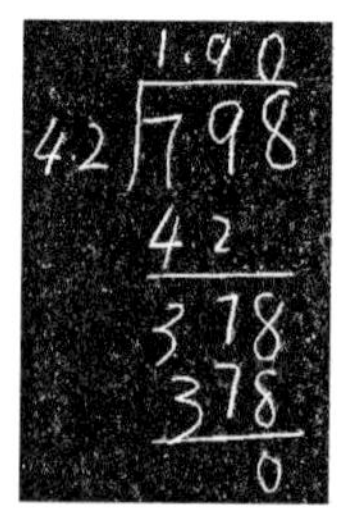

图 4—51

学生可能质疑：1 乘 4.2 得到的 4.2 应写在 7 的下面，不是 7.9 的下面；商 1 是写在 9 上，还是写在 7 上？

结合学生的讨论与质疑，引导学生认识到：把 4.2 看成 42，除数乘 10，被除数也要乘 10，即除数小数点向右移一位，被除数的小数点也向右移一位。把 7.98÷4.2 转化成 79.8÷42 进行计算，转化的依据是商不变的规律。

（三）练习：完成第 69 页“练一练”第 1 题

学生独立完成填空，再指名说说思考过程。

（四）继续交流“用竖式计算”

在交流 1.5÷0.75 如何用竖式计算的过程中，组织学生思考：把这道题目转化成除数是整数的除法，除数要乘几？被除数呢？引导学生回顾估算过程，其实也就是转化成计算 150÷75。

在交流 6÷2.4 如何用竖式计算的过程中，组织学生思考：这道题转化成多少除以多少？怎样转化的？这道题目和之前的题目，有什么不同？有什么相同的地方？

组织学生把三道题目笔算的结果与估算的结果进行对照。

（五）交流三道小数除法计算题的相同之处

板书课题：除数是小数的除法。

（六）继续交流计算除数是小数除法的注意问题（即“研究学习”材料中的“我的提醒”）

在学生交流之后，教师引导全班学生回顾梳理：

（1）除数是小数的除法，转化成除数是整数的除法；

（2）将除数小数点向右移动，使除数成为整数，再将被除数的小数点也向右移动相同的位数，如果被除数没有那么多位数，就添 0 补位。

教师完善板书：

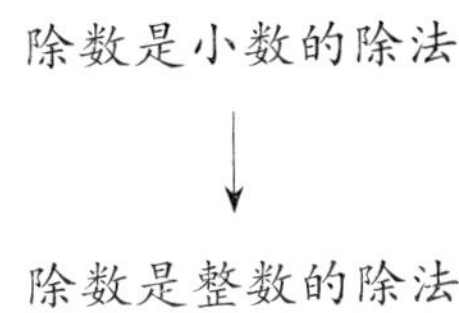

（七）交流“我的疑问”

学生回顾课前研究学习材料中的“疑问”，反思：疑问是否已经解决？如果还没有解决，现在提出来与全班探讨。

如果学生没有提出下面的问题，教师则相机提出：为什么先移动除数的小数点而不先移动被除数的小数点？并将之作为学生课后“研究”的问题。

四、巩固练习

用竖式计算。

4.83÷0.7　　9.6÷0.16　　5÷0.25

【教学思考】

纵观当下的数学课堂教学设计，有相当一部分都陷入了繁琐、臃肿的窠臼。教师“玩了太多的花样”，殚精竭虑如何创设情境，如何设定教学环节，如何组织小组合作，如何设计练习等。正如一位学者所说，课堂上了更多的“彩”，涂了更多的“色”，化了更多的“妆”，图热闹，讲花样，用华而不实的活动和眼花缭乱的媒体挤占了学生对教学内容的深度把握，以无意义的拓展和随意性的生成把学生带进“云里雾里”的模糊境地。教学设计中，看到教师却难见学生，关注了“教”却忽视了“学”。过度的“教”的设计，逼仄了学生学的时间与空间，窒息了学生的思维和智慧，压抑了学生自主学习的兴趣与热情。

上面的教学设计，看起来似乎感觉得有些“简单”。我以为，教学本应当简单。教学的过程，就是教师把学生带到学生任务中，以学生已有的知识、经验为教学的起点，给学生多一些学习和建构的机会，从而促进学生的学习。

设计“除数是小数的除法”的教学，我是基于对教材的研读，基于对学生的理解，基于对自己已有教学经历的回顾。

我们先看苏教版教材对除数是小数的除法是如何编排的。教材安排了两个例题，一个例题是被除数的小数位数多于或等于除数的小数位数，另一个例题是被除数的小数位数少于除数的小数位数。第一课时教学第一个例题，第二课时教学第二个例题。之后，安排两节练习课。

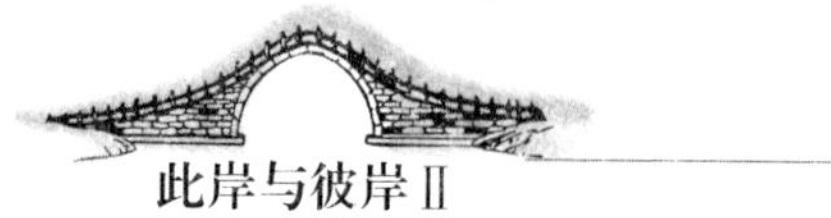

我在教学设计时，对教材中的例题教学进行了整合，将两个例题安排在一个课时中进行学习，即组织学生探索交流“研究学习”材料中的三道算题。第一道算题是教材中的第一个例题，解决的是计算“策略层面”的问题，这是核心问题。后面的两道算题，是教材中的后一个例题以及其后的“试一试”，解决的是计算“技术层面”的问题。如此，突出计算的策略是把除数是小数的除法转化成除数是整数的除法，理解转化的依据是商不变的规律。

三道算题的算法探索，安排学生在课前“研究”。这样做，是整体考虑学生课外学习与课内学习的关系。通常，我们觉得学生课上学习新知，课外巩固所学内容。而我以为，课外同样也可以展开对将学内容的探索与思考。陈省身先生指出：“数学是自己思考的产物。首先要能够思考起来，用自己的见解和别人的见解交换，会有很好的效果。但是，思考数学问题需要很长时间，我不知道中小学数学课堂是否能够提供很多的思考时间。”课前的“研究学习”，弥补了课堂内学生独立思考时间的不足，之后的课堂学习，则给予学生更充分的学生与学生、学生与教师的交流互动时间。

当然，将三道算题安排在第一课时，那么这一课时中的练习，相对于原先的设计，显得就比较薄弱些。不过，如果还是参照原先的课时安排，在这节新授课之后，可以安排 3 节练习课，也就是说，比原先增加了一节。我以为，这样在教学中，可以更从容地从学生的“学”的角度组织练习，关注并处理学生在计算除数是小数的除法过程中出现的各种“问题”。

教学除数是小数的除法，我们很自然地思考的问题是：学生能否独立探索除数是小数的除法的计算方法？他们探索的算法，会出现怎样的情况？也许我们会以为学生会想到把除数是小数的除法转化成除数是整数的除法进行计算，但教学实践告诉我，有学生能正确用竖式计算，有学生却有些问题。如前面教学设计中呈现的直接用被除数除以除数的算法，就是我在课堂教学中遭遇的。我以为，这是学生真实的想法，我们无须回避。我们要思考的是，面对学生真实的想法，我们该如何处理？在教学设计中，我们尽可能预设，尽管难以完全预设课堂中可能发生的各种情况，但准备得越充分，思考得越深入，课堂上的处理就可能越得当。在上面的教学设计中，我尽可能预设学生可能出现的想法。我以为，教学设计，是对各种教学可能的假设，一切要待课堂现实见分晓。在教学实施过程中，我们要把握的原则是，尊重学生，相信学生，把问题交给学生讨论，在学生讨论、交流的过程中注意倾听，抓住学生发言中的关键之处适时地引导，从而让学生从错误走向正确，从懵懂走向清晰，从“知其然”走向“知其所以然”。

在教学设计中，我增加了估算的学习。我以为，加强估算的教学，并不意味着在教学中一定是单独地设置课时教学估算，也可以相机与笔算的教学结合起来。先估算后笔算，有利于学生体会到估算是与笔算有着同等地位的算法，有利于学生利用估算的结果监控笔算结果的合理性。有时，估算的方法，对笔算算法的探究具有启发、支撑作用。比如，学生估算 1.5÷0.75，可能会联系实际把它转化成具体的以“分”为单位的钱数来算，而这样的方法，恰恰是和除数是小数的除法转化成除数是整数的除法的思路是一致的。所以说，这样的估算，激活了学生的经验，有助于笔算算法的探索与理解。

关于教学设计，我想表达的是，教学设计的“简”，是教师做“减法”，学生做“加法”，教师还给学生更多的学的机会与学的时间，激发学生学的自主性与积极性；教师对学生学习过程的组织，坚持以学生为本，高度尊重学生，全面依靠学生进行教学，把每位学生的学习放到课堂教学的中心位置，让学生在充分的学习活动中获得更丰实的发展。

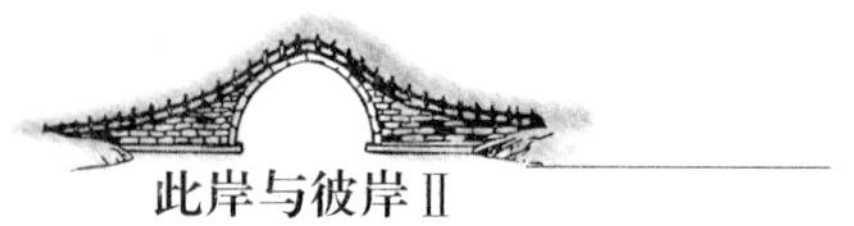

点燃学生头脑中的“火把”

——《钉子板上的多边形》教学与思考

【教学内容】

苏教版五年级上册《钉子板上的多边形》。

【教学目标】

1. 在操作、观察、猜测、验证等活动中，发现钉子板上多边形内有1、2、3枚钉子的多边形的面积与多边形边上钉子数之间的关系，会用含有字母的式子表示发现的规律，激发进一步探索钉子板上多边形面积与钉子数关系的兴趣。

2. 经历探索过程，体会归纳思想，感悟发现问题、提出问题的魅力。

【课前准备】

课前，发给每位学生一张印有点子图的纸。每位学生在点子图上画2～3个多边形。

【教学过程】

一、揭示课题，生成问题

师：知道今天这节课我们要探讨什么样的问题吗？

生：钉子板上的多边形。

（教师板书：钉子板上的多边形。）

师：钉子板，见过吗？（屏幕出示钉子板图，如图4—52）我们知道，可以用橡皮筋在钉子板上围多边形。不过今天老师没有给大家准备钉子板，但是有替代品。知道替代品在哪儿吗？（学生迟疑了一会儿，举起课前发的点子图的纸）对，有的同学已经举起来了，就是课前发的那张纸。它就相当于钉子板。（屏幕出示图4—53）在这张图上画的图形，就相当于在钉子板上围的多边形。请大家看看、想想，你觉得我们可以探讨哪些问题？

（学生回答“这些图形的面积”“周长”“能围多少个”“形状”“图形的分类”。）

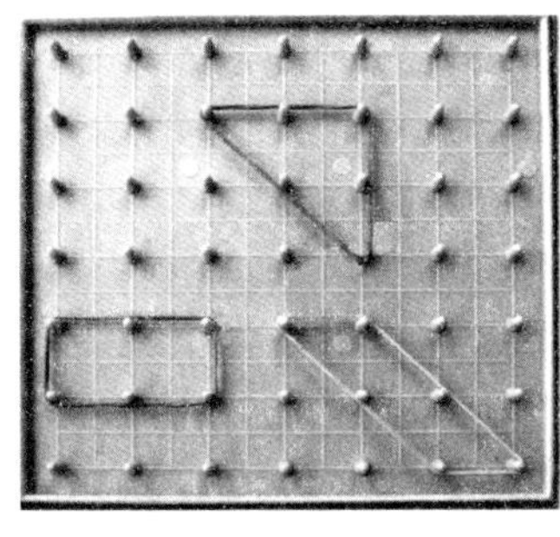

图 4—52

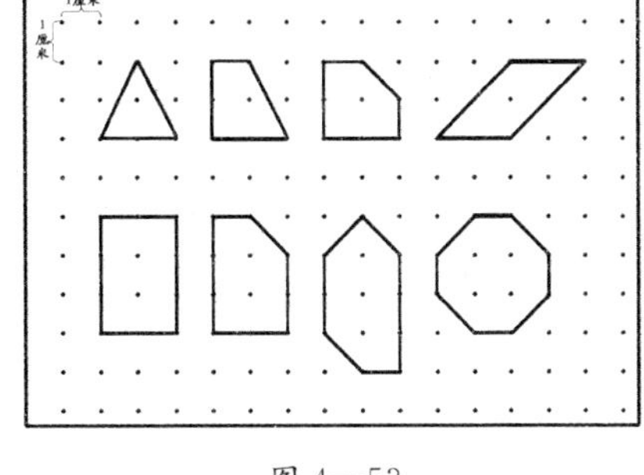

图 4—53

师：刚才大家说的都和多边形有关。（指板书的课题）我们来看，多边形是哪儿的呢？

生：钉子板上的。

师：那我们今天研究的多边形肯定要和钉子板、和钉子有关系，对不对？今天探讨什么呢？我们探讨多边形的面积和钉子板上的钉子数有没有关系。我想，我们每个同学都有感觉，在钉子板上围一个多边形，围的多边形的面积越大，那用到的钉子会越——

生：多。

师：这，就是关系。刚刚我说了，这是我们的一种感觉。学习数学不能停留在感觉，我们要进一步探讨，是不是有关系？有怎样的关系？

二、从简单的情况开始思考

师：我们来看图研究，从简单的图形开始研究。（屏幕上的 8 个图形，隐去下面一行 4 幅图）看到这 4 幅图了吧？它们的面积分别是多少？（出示表格，如图 5—54）同桌间先互相说一说，等会儿我们再交流！

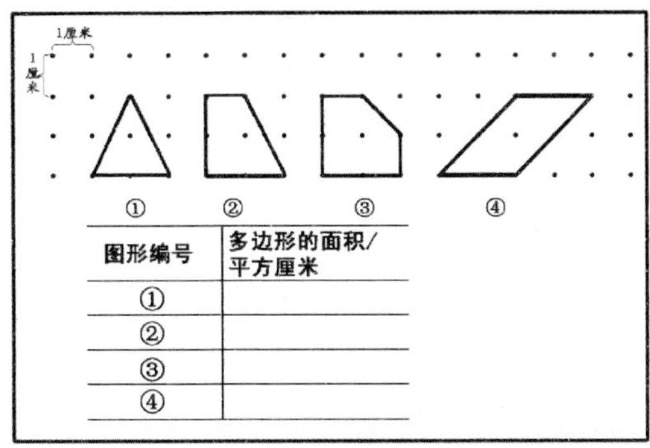

图形编号	多边形的面积/平方厘米
①	
②	
③	
④	

图 4—54

(学生同桌间交流,大约1分钟后,学生举手回答。)

生:第一个图形是三角形,它的面积公式是底乘高除以2,所以它的面积是2乘2再除以2,最后的结果是2平方厘米。

师:说得对不对呢?请大家来判断。(全班学生判断"对",教师在表格中出示结果"2")我们听得很清楚,刚才的同学是利用三角形的面积公式来计算的,他是算出来的。

(板书:算。)

生:第二个图形是梯形,梯形的面积公式是上底加下底的和乘高再除以2,所以它的面积是1加2的和乘2再除以2等于3,所以它的面积是3平方厘米。

(全班学生判断"对",教师在表格中出示结果"3"。)

生:第三个图形可以在那边的缺口处添一个三角形变成一个正方形,也就是2乘2等于4,然后再减去添加的三角形的面积,也就是1乘1除以2等于0.5,然后再用2减去0.5等于1.5。(有学生插话说错了,发言的学生改口)应该是4减去0.5等于3.5。

师:确认一下这道题的答案是多少?(3.5)刚才他的方法是——先补上一个三角形变成正方形,然后再减掉这个三角形。

生:我有比他简单的方法,是直接数格子。

(教师让该生到前面在图上边指边数。学生先数整格的,再数半格,一共3.5。全班掌声。)

师:我们可以算,也可以——数。

(板书:数。教师指图,全班学生数③号图的面积。之后,教师请一位学生回答④号图的面积。)

生:底乘高,2乘2等于4。

(全班学生判断"对",教师在表格中出示结果"4"。)

师:4幅图的面积都知道了,我们前面说,多边形的面积和谁可能有关系呢?

生:钉子有多少个。

师:接下来,我们数什么呢?

(学生回答"钉子有多少个",教师在表格中增加一列栏目"多边形边上的钉子数"。全班学生数4幅图边上的钉子数,表格中出示数的结果,如图4—55。)

师:观察表格中的数据,有发现吗?

生:我发现了多边形的面积越大,多边形边上的钉子数就越多。

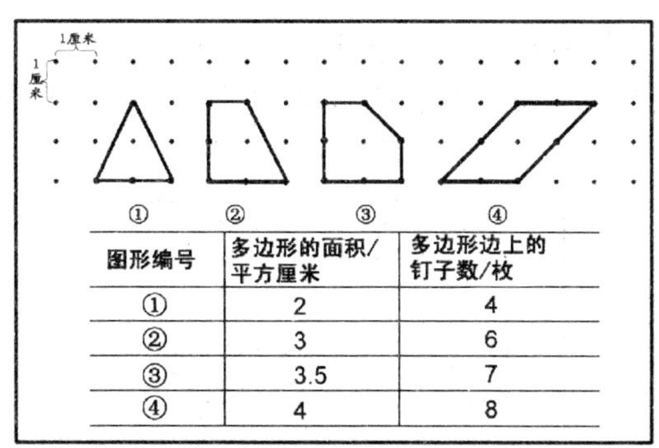

图形编号	多边形的面积/平方厘米	多边形边上的钉子数/枚
①	2	4
②	3	6
③	3.5	7
④	4	8

图 4—55

师：你是竖着看的。

生：我发现，多边形边上的钉子数总是比多边形的面积多两倍。就是第一个多边形的面积是 2，它边上的钉子数就是 4，2 和 4 是两倍关系。其他的图形也是一样，所以发现在钉子板上的图形，它的面积，比它的钉子数总是要小两倍。

师：对他的说法，大家有疑问吗？他是怎么看的？

生：他是横着看的。

师：他用了一个例子来讲，多边形面积的多少，和钉子数是 2 倍的关系。不过这个“2 倍”，我们要说清楚，谁是谁的 2 倍，会说吗？

生：多边形边上的钉子数是多边形的面积的 2 倍。

师：这句话，听懂了吧？多 2 倍、少 2 倍是另一种说法。把你刚才的说法再说一遍，让全班同学再听一遍。

生：多边形边上的钉子数是多边形面积的 2 倍。

师：反过来说呢？

生：多边形的面积是多边形边上钉子数的一半。

师：我想，现在大家都明白了。多边形边上的钉子数是它面积平方厘米数的——2 倍；多边形面积平方厘米数是它边上钉子数的—— 一半。这样说，还是有点绕。可不可以简洁一些呢？面积用什么字母表示？（学生回答“S”）多边形边上的钉子数用字母“n”表示。那刚才的发现可以怎样说呢？

生：$S=n\div2$。

（教师板书：$S=n\div2$。）

师：带着这样的发现，我们再来看下面的图形。（屏幕出示图 4—53 中下面一行 4 幅图）一共 8 幅图，刚才研究了上面的 4 幅图，我们再来看下面的 4 幅图。它们边上的钉子数是多少，面积是多少，我们一起来数一数。

（学生数各幅图边上的钉子数和面积，屏幕出示计数结果，如图4—56。）

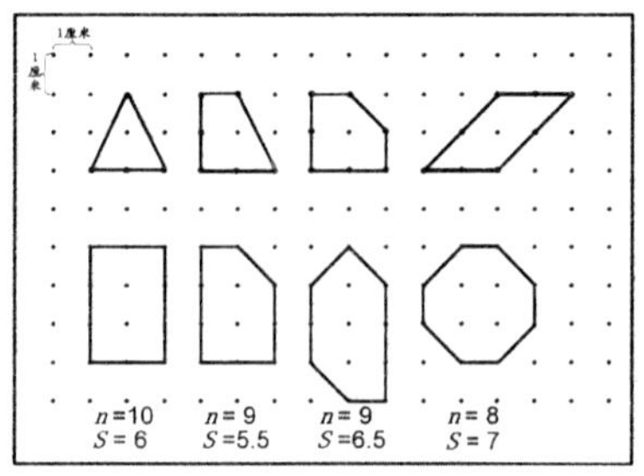

图4—56

生：这4幅图否定了刚才我们的发现。

师：怎么回事呢？那咱们回头来看图。

生：我发现上面的图，中间的钉子都是一个，而下面的一行图，中间的钉子数不止一个，而是两个或是两个以上。

师：谁听懂了他是怎么说的？

生：他的意思是，上面的图形中间只有一个点，而下面的图形中间都是有两个点或者两个点以上。

（全班掌声。）

师：当否定之后，我们回头看图，观察、比较，从不同中找到——相同。刚刚两位学生都找到了，上面4幅图有一个地方相同——中间都有一个钉子。再把它和下面的图形来对照，下面的4幅图的中间有几个钉子？

生：两个和两个以上。

师：说得好，是两个和两个以上，肯定不是一个了。之前，我们的发现要添加前提条件。有什么前提呢？

生：就是这个图形的中间有一个钉子。

（教师又请一位学生说一说。该学生很坦诚地询问“什么问题”，教师笑着指板书“$S=n\div2$”：有什么前提？学生回答：就是中间钉子数比2小。教师提醒准确说钉子数是几，学生回答“1”。教师指出：如果没听明白问题，那就再问一遍，像他这样，很诚实！全班掌声。）

师：刚刚说到前提就是中间的钉子数是——1。中间的钉子数用字母a来表示，也就是$a=1$。（板书：$a=1$）当$a=1$时——$S=n\div2$。我想了解一下，刚刚你们画的图形中，有没有中间的钉子数是1，形状和屏幕上4个图形是不一样的？

（一位学生展示自己所画的图，如图 4—57。）

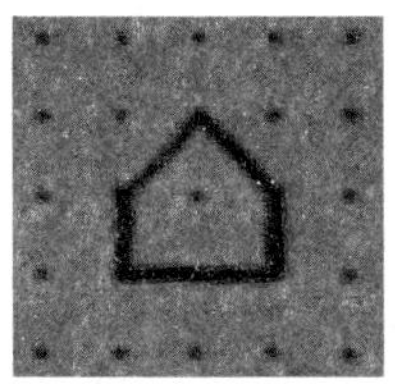

图 4—57

生：边上钉子数是 6，面积是 3。

师：（指板书）对照我们的发现，验证一下，对吗？

（学生纷纷点头。）

师：（再指板书“$a=1$　$S=n\div 2$”）我们看看刚刚完善后的发现，用文字语言能表达吗？

生：当 a 等于 1 时，S 等于 n 除 2。

师：a 表示什么呢？S、n 又分别表示什么呢？

生：当中间点数等于 1 的时候，多边形的面积就是多边形边上的点数除以 2。

（教师组织全班学生口述：当多边形中间的钉子数等于 1 的时候，多边形的面积数等于边上的钉子数除以 2。）

三、进一步探索

师：刚才研究了 $a=1$，接下来大家觉得我们会研究什么问题？

生：（齐）a 等于 2 或大于 2 的时候。

师：我们一个一个来。（指屏幕下一行前两幅图）a 等于 2，这两幅图，是吧？两幅图边上的钉子数、面积数分别是——10，6；9，5.5。（出示图 4—58，学生回答时，在表格中出示这 4 个数据）还有两组数据，请大家画图，所画的多边形有什么要求？中间的钉子数是几？

生：（齐）2。

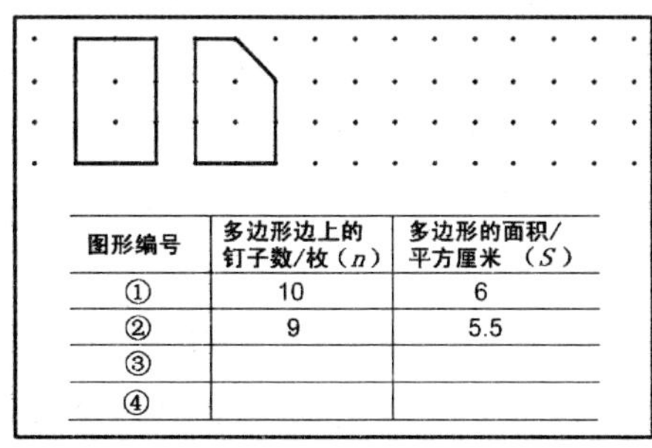

图形编号	多边形边上的钉子数/枚（n）	多边形的面积/平方厘米（S）
①	10	6
②	9	5.5
③		
④		

图 4—58

师：请每位同学画两个中间钉子数是2的多边形，如果之前你的图符合要求，可以不画。然后数一数边上的钉子数和它的面积。

（学生画图，教师巡视，邀请一位学生到前面展示并介绍自己所画的图，如图4—59。）

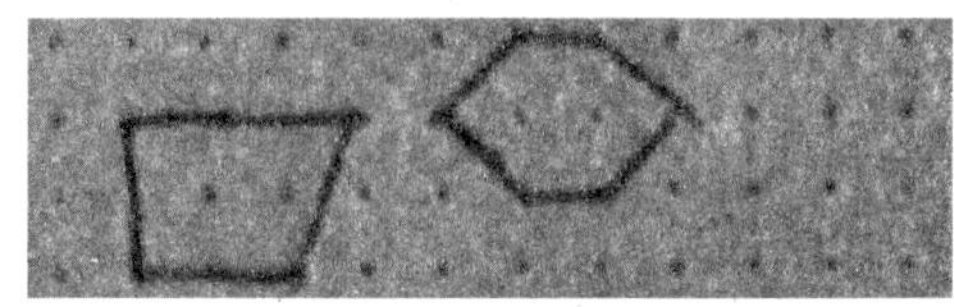

图4—59

生：第一幅图，中间钉子数是2，边上钉子数是8，面积是5；第二幅图，中间钉子数是2，边上钉子数是6，面积是4。

（教师将两组数据输入图4—58的表格中。）

师：观察表格中的这些数据。能看出它们之间有什么关系吗？大家先在小组里商量商量，你们发现了什么？

（学生小组讨论。）

生：我发现，多边形边上的钉子数加上2再除以2就等于多边形的面积。

师：这样说，大家可能还不明白，你结合例子再讲具体点。

生：第一个多边形边上的钉子数是10，它加上2就等于12，除以2就是多边形的面积6。

（全班掌声。）

生：我觉得里面的钉子数大于1，比它多多少的话，那么就是n除以2再加几。

师：刚才他说n除以2再加几，那我们看看，第一组数据，10除以2，（学生齐答：加1）第二组数据，9除以2，（学生齐答：加1）第三组数据，8除以2，（学生齐答：加1）第四组数据，（学生齐答：6除以2加1）他发现什么？

生：他发现多边形边上的钉子数除以2再加1就等于多边形的面积。

[教师组织学生回顾刚才交流的“发现”，并板书如何用字母表示：$S=(n+2)\div2$；$S=n\div2+1$。有学生补充发言：多边形面积减1乘2等于多边形边上钉子数。板书：$n=(S-1)\times2$。]

师：当想法不同的时候，咱们来找找它们之间是不是有联系。[指板书$S=(n+2)\div2$]能不能把小括号去掉呢？（学生口答，教师接着板书：$=n\div2+1$）发现什么？（一样的）不一样的表达，其实道理一样。后面这个式子是说n等于什么，是反过来表达的，道理也是一样的。现在我们看看刚才的发现，是研究什么情况？

生：（齐）$a=2$。

师：（板书：$a=2$）$a=2$，也就是说，当多边形中间的钉子数是 2 的时候有什么发现？

生：当多边形中间的钉子数等于 2 的时候，它的面积等于边上的钉子数除以 2 然后再加 1。

（全班掌声。）

师：（指板书）将 $a=1$ 与 $a=2$ 两种情况联系起来观察。

生：可以说是 S 等于 n 除以 2 加 a 减 1。

（教师请该生再口述一遍。教师指“$a=1$　$S=n\div2$”，学生读，有学生插话说“加 1 减 1”，有学生说“加 0”；教师指“$a=2$　$S=n\div2+1$”，学生接话说“加 2 减 1”“加 1”。）

师：发现联系了吗？（学生点头）有感觉，那我们接着往下想。我们再来研究 a 等于几？

生：a 等于 3。

（教师板书：$a=3$。）

师：有同学说我马上就能猜到 S 等于什么，我想，暂时还是不说，让其他同学都先猜一猜。然后，我们分小组来研究。（出示图 4—60，其中右边的文字内容，随着教师研究前的指导，逐行出示。）每个小组有一份研究单。首先画图形，画的图有什么要求？

生：中间的钉子数等于 3。

师：画好图形后观察，然后要收集数据。收集什么数据？

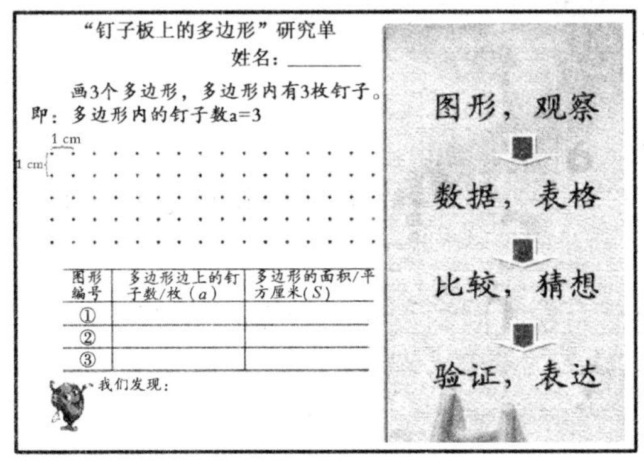

“钉子板上的多边形”研究单

姓名：______

画3个多边形，多边形内有3枚钉子。

即：多边形内的钉子数a=3

图形编号	多边形边上的钉子数/枚（a）	多边形的面积/平方厘米（S）
①		
②		
③		

我们发现：

图 4—60

生:多边形边上的钉子数和多边形的面积。

师:再把数据填写在表格里。为什么要填写在表格里呢?

生:这样有利于我们观察。

师:说得很清楚!便于观察、便于比较。咱们就去比较,产生猜想。把感觉和猜想对照一下,之后验证,再想想如何表达发现。现在请各个小组合作完成这项研究。

(学生小组活动。之后邀请一个小组和全班汇报交流。)

生:(投影展示“研究学习”,如图4—61)①号图边上的钉子数是8,(用笔指着图形数)它的面积数是6;②号图边上的钉子数是10,它的面积数是7;③号图边上的钉子数是12,它的面积数是8。我们发现当 $a=3$ 的时候,S 等于 n 除以2加2。

(全班掌声。)

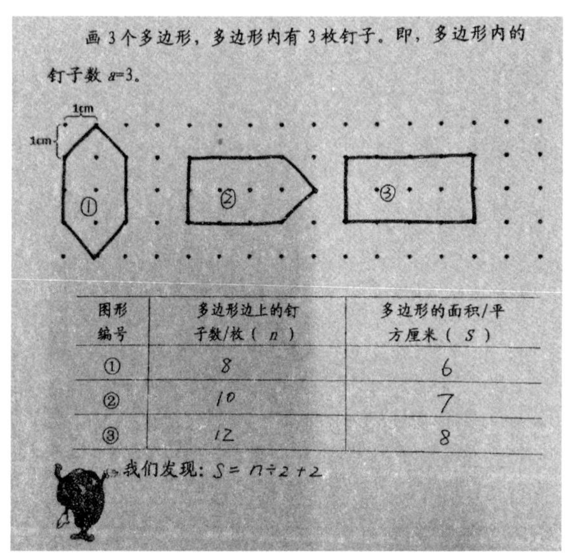
画3个多边形,多边形内有3枚钉子。即,多边形内的钉子数 a=3。

图形编号	多边形边上的钉子数/枚(n)	多边形的面积/平方厘米(S)
①	8	6
②	10	7
③	12	8

我们发现:S = n÷2+2

图4—61

师:你们的发现有和他不一样的吗?

(学生表示“没有”,教师邀请一位学生板书发现的规律。学生板书:$S=n\div2+2$。)

师:其实你写的是大家共同的发现!之前有同学有感觉,如果你的感觉是对的,就笑一笑。我们接下来研究,a 等于——

生:4。

师:猜猜看,S 可能等于——

生：S 等于 n 除以 2 再加 3。

师：当 a 等于 5——

生：S 等于 n 除以 2 加 4。

师：回头看，当 a 等于 0，这是什么意思？

生：就是图形中间没有钉子。

（教师板书：$a=0$。）

生：S 等于 n 除以 2 减 1。

师：这些，都是猜想！有了猜想，需要——

生：验证。

四、再思考

师：看看我们发现的规律。我们发现，钉子板上的多边形，它的面积数与什么有关系？

生：与钉子数有关系。

生：和中间的钉子数有关系，还和边上的钉子数有关系。

师：大家的这么多的发现，能不能把它们变成一个发现呢？（有一些学生举手）举手的同学非常棒，你们有很好的感觉，在上课的过程中，有两位男生就让我感觉到他们有感觉了。但我想此刻，举手的同学可以暂时把手放下。你的想法暂时不说，其实是给了其他同学思考的机会。让我们把掌声送给刚刚举手的同学，好吗？

（全班掌声。）

师：今天我们探讨了什么问题？

生：（齐）钉子板上的多边形。

师：今天我们有了这么多的发现，其实，这些发现，从数学角度来看，是发现了问题。对这些问题，需要证明，我刚刚说了一个什么词？

生：（齐）证明。

师：对！证明！证明这一问题，需要将来进一步学习。（出示图 4－62 左半部分）给大家介绍一本书，书名——《格点和面积》，作者闵嗣鹤，他是我国的一位数学家。大家听说过另外一位数学家——陈景润，陈景润发表的论文是闵嗣鹤审阅的。（出示图 4－62 右半部分）再介绍一位数学家，外国的，他的名字叫乔治·皮克。有兴趣的同学可以去看看这本书，搜搜这位外国数学家的资料，然后再进一

步研究钉子板上的多边形。好，这节课就到这儿，下课！

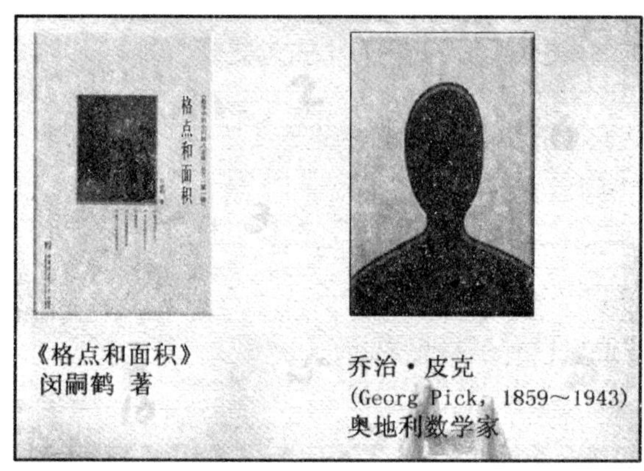

图 4—62

【教学思考】

面对“探索规律”，我们要思考的问题不会少了这两个：探索什么规律？怎样探索规律？

一、这节课要探索的规律是什么？

《钉子板上的多边形》要探索的规律，其实也就是“皮克定理”。皮克(Pick)在1899年发现：给定顶点坐标均是整点(或正方形格点)的简单多边形，其面积 S 和内部格点数目 a、边上格点数目 b 的关系是：$S=a+b\div2-1$。

换言之，这节课要探索的规律，就是组织学生探索、发现钉子板上围成的多边形的面积与钉子数之间的关系。

教师要把握的是探索规律的“度”。这节课，学生探索、发现内部有 1 枚钉子、2 枚钉子的多边形面积与它边上钉子数的关系；而内部有 3 枚钉子、4 枚钉子和没有钉子的多边形，作为弹性要求，根据具体班级学生的学情而定。而对于更为一般的规律，即上述的 $S=a+b\div2-1$，不要求学生理解，也不要求学生表达，只要他们有所感受就可以了。不过，班级中个别学生对此有发现，也是不限制的。

二、怎样探索规律？

虽是定理，不过这一“规律”对很多数学教师来说，也是陌生的。我曾在两次都是近 500 人的会场现场调查，结果表明，知道这个“规律”的教师人数都是一位数。看来，对这样的规律，作为教师，也同样要经历探索的过程。

数学家华罗庚说：“学习数学最好到数学家的纸篓里去找材料，不要只看书上的结论，他在书上写给你看的结论不过两三行，可是他在写这个两三行以前，不知花了多少心血，经历了多少困难和挫折，稿纸不知用去了多少张，他成功的历程，就是用这些稿纸记录下来的。”皮克是怎样发现这一规律的呢？遗憾的是，我没有查找到皮克当年是怎样发现这个规律的相关材料。如果能够适度还原当年皮克发现的过程，对教师的教与学生的学来说，应当是有很好的启发作用的。

探索规律的过程，通常不会一帆风顺，而常常是一波三折。这节课，该经历哪些波折呢？探索规律，教师要避免将自己的经验强加给学生；教师不应给学生太多的暗示与指导，也即让学生亦步亦趋，最后“揭晓”教师所预设的、而对于学生来说是所谓的“发现”。探索的过程，有猜想有验证，有感性有理性，有正确有错误，有预料之中有预料之外，有迷雾重重有拨云见日，有百思不解有豁然开朗。这样的过程，是否就是凸显了探索的过程，而又滋养着学生呢？

“头脑不是一个要填满的容器，而是一支需被点燃的火把。”探索规律的教学，就是“点燃火把”，而非“填满容器”。

这节课一开始，从唤醒学生的感觉入手。钉子板上的多边形，可以研究哪些问题？学生依据自己的经验，说出“面积”“周长”“能围多少个”“形状”“图形的分类”，他们关注的是多边形，忽略的是钉子板。教师引导学生全面看待研究的问题，并由此联想到围得越大，用的钉子越多。紧接着，教师组织学生进一步研究。显然，中间钉子数为 1 的时候，规律是最容易发现的。教师指出从简单的问题开始研究，传递了教材对学习内容的精心组织，也表达了教师对学生研究问题策略的指导。之后，遭遇中间钉子数不为 1 的情况，让学生认识到规律也是有限度的，规律是需要完善的。紧接其后，教师顺其自然，学生经历探索过程，收获探索喜悦，在探索规律的路上一路高歌。还要指出的是，少数学生对所探索的规律领先一步的发现，教师采用“压”的策略，是为了激起更多学生探索的欲望，保护更多的学生能够经历思维的过程。这好似一堆熊熊燃烧的火焰，适时地洒喷一点水，是为了燃烧时间更长、更持续。探索多边形的面积与钉子数之间的关系，这节课，是开始，非结束。也可以说，教师组织探索活动到下课铃响时暂停，但学生的自主探索不因为教师叫停而终止。

三、对探索规律过程的再认识

读史宁中教授的《基本概念与运算法则——小学数学教学中的核心问题》，让

我对小学阶段“探索规律”的教学有了新的认识。

数学教学，要培养学生分析问题和解决问题的能力，还要培养学生发现问题和提出问题的能力。发现问题的前提是勤于思考，敢于质疑，提出问题则要求能用数学的语言阐明问题。提出问题可以分为两个层次：一个层次是用语言表达，另一个层次是用符号表达。在教学过程中，可以跳过第一个层次（即语言表述的层次），直接进入第二个层次（即符号表达的层次）。但在思维过程中，第一个层次是不可跳过的。

探索的过程，遵照循序渐进的原则，即从简单的情况开始思考。这节课中，学生通过观察一组图形内有1个钉子的多边形，数一数、算一算每个多边形的面积以及每个多边形边上的钉子数，他们发现其中是存在规律的，这就是发现问题的过程。之后，学生尝试用语言来表述这个规律。接着，再探索多边形内有2个钉子、3个钉子、0个钉子的情况。在此基础上，归纳多边形的面积与多边形边上的钉子数的关系。当然，这可能不是这节课能够完成的。

语言表述直接缘于发现问题。在发现问题的基础上，需要进一步引导学生表述出一个结论性的想法。在教学过程中，往往难以要求学生用语言表述得非常准确，有时可以越过这个环节，因为思想必然要经历一个从混沌到清晰的过程。事实上，只有利用符号，才能摆脱用语言表述的困境，使得结论的表述清晰明了，而这，又体现了符号表述的重要性。

用符号表述可以使问题非常清楚。由于这是一个通过归纳推理提出的问题，因此得到的结论不一定是正确的，结论的正确与否还需要通过演绎推理进行验证。但无论如何，得到结论的过程是非常重要的，这是培养创新能力的核心。对于大部分数学问题，一旦用符号表达了结论，就明确了证明问题的方向。

为什么 $S=a+b\div 2-1$？对于小学生来说，证明是困难的。而这，又给学生留下进一步学习数学的悬念，让学生感受发现问题和提出问题的魅力。

当学生发现规律，并将规律表述出来时，也就是完成了发现问题、提出问题的过程。以往我们所说的发现问题，是指一般意义上的疑惑、不解之处。这里所说的是数学意义的问题，是指需要探讨、论证的命题。因此，对发现问题、提出问题的“问题”，是需要重新认识的。

换一个视角来看，探索规律的过程，是发现问题、提出问题的过程。

也正是基于这样的思考与认识，在这节课的课尾，我的教学处理是：告诉学生，看似结果，其实才是开始。教师要点燃学生头脑中的“火把”。

直面现实，着眼发展

——《“鸡兔同笼”问题》教学与思考

【教学内容】

苏教版六年级上册《“鸡兔同笼”问题》。（注：苏教版教材修订时，这部分内容调整安排到了六年级下册。）

【教学目标】

了解鸡兔同笼问题，初步掌握用假设的策略分析和解决问题，提升对假设策略的理解水平，增强解决问题的策略意识，提高解决问题的能力，激发学习兴趣。

【教学过程】

一、出示问题

（出示问题：全班 42 人去公园划船，一共租用了 10 只船。）

师：你想到什么？

生：平均每只船坐 4.2 人。

生：每船坐的人数，可能不一样。

师：也就是说，10 只船都坐满。有的船上多于 5 人，有的船上的人数比 4.2 少。

再出示：每只大船坐 5 人，每只小船坐 3 人。

师：你能提出什么问题？

生：大船有几只？小船有几只？

（教师出示问题。学生完整读题，口述如何摘录题目，结合学生回答，教师板书：42 人；10 只；大船 5 人，小船 3 人。）

二、思考与交流

师：你能解决这个问题吗？大家独立思考，尝试做一做。

（学生试做。教师巡视，了解学生解题情况。视频展示学生黄祺媛的解答，如图 4—63。）

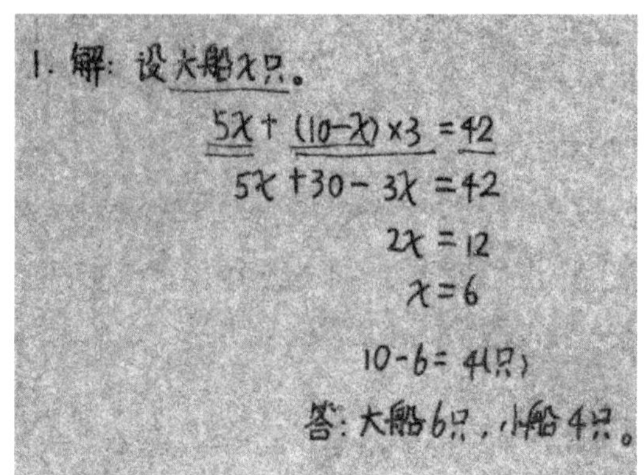

图 4—63

师：黄祺媛的方法是——

生：方程。

师：设大船为 x 只，那小船的只数如何表示？列方程所依据的等量关系是什么？

（学生回答。）

师：用这样的方程解，我们还未学过。黄祺媛能列出方程并正确解答，表扬！我再请于粲介绍她的解法。

（视频展示，如图 4—64。）

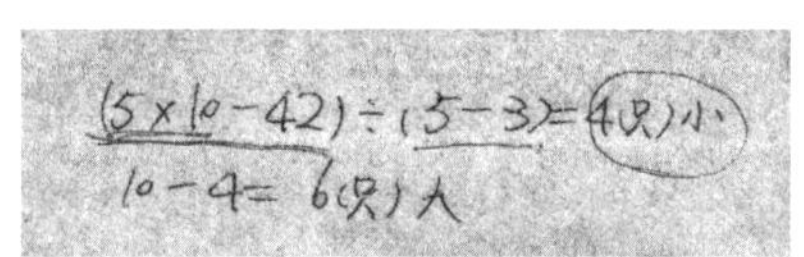

图 4—64

图 4—65

于粲：我先假设 10 只船全是大船，这样可坐 50 人，多了 8 人，除以 2，得到 4，是 4 只小船。再算大船：10－4＝6。

师：（指于粲的算式）如何理解这里相除算出的是小船只数？

（结合学生回答，教师指出：我们可以画图探讨。师生共同完成图 4—65。）

生：10 只船都是大船，共坐 50 人，多了 8 人，就把大船换成小船，每只船上去掉 2 人，这样就得到 4 只小船，6 只大船。

焦芙蓉:于粲假设 10 只船全是大船,还可以假设全是小船。

(视频展示焦芙蓉的解法,如图 4—66。)

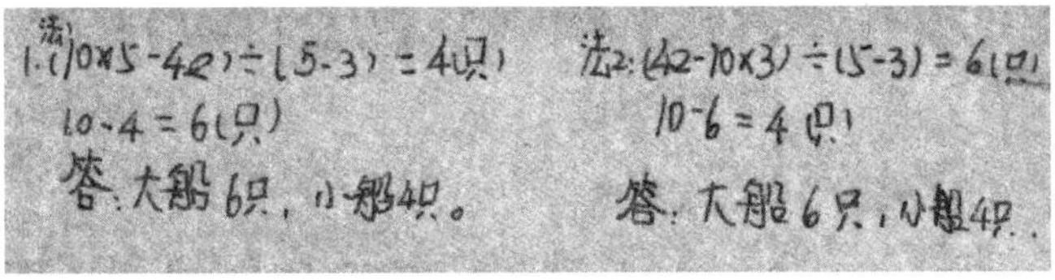

法1:(10×5-42)÷(5-3)=4(只)　法2:(42-10×3)÷(5-3)=6(只)
10-4=6(只)　10-6=4(只)
答:大船6只,小船4只。　答:大船6只,小船4只。

图 4—66

师:你能边画图边解释吗?

生:(画图,如图 4—67)假设全是小船,每只船 3 人,10 只船一共 30 人,还有 12 人,每只船增加 2 人,把小船换成大船,这样大船有 6 只,小船有 4 只。

图 4—67

师:这样解决问题,关键是要理解哪一步?

生:12÷2=6,表示把 6 只小船调整成大船,所以 6 表示 6 只大船。

师:刚才不会做的同学,现在选择一种方法解答。刚才已经正确解答的同学,比较两种解法有什么不同的地方?有什么相同的地方?

生:一种解法是把所有船假设成大船,一种解法是把所有船假设成小船。

生:都是把两种船假设成某一种船。

生:假设之后,坐船的人数不是 42,与题目中的人数有“矛盾”,于是进行调整。假设全是大船,那要把大船调整成小船;假设全是小船,那要把小船调整成大船。

(结合学生的交流,教师板书:假设、调整、检验。)

师:对解答结果,再进行检验。

[教师引导学生用代入的方法检验,板书算式:6×5+4×3=42(人)。]

三、进一步探讨

师:关于这道题,还有问题吗?用假设的策略解决这个问题,一定要假设全部是大船，或假设全部是小船吗？

郑嫣然：我还有一种方法，不过有点繁琐。可以根据大船每只船坐 5 人来想，每只大船坐 5 人，那么大船坐的人数的个位上要么是 5，要么是 0。用 42 减去大船的人数，个位上是 2 或 7。这样可以想到小船 4 只，三四十二；大船 6 只，坐 30 人。

（结合郑嫣然的发言板书，如图 4—68。）

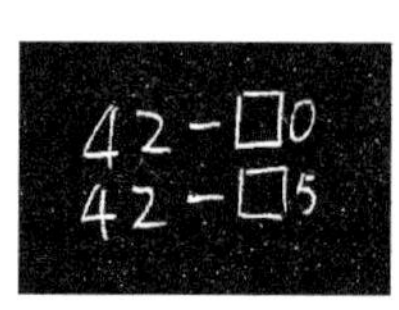

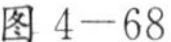
图 4—68

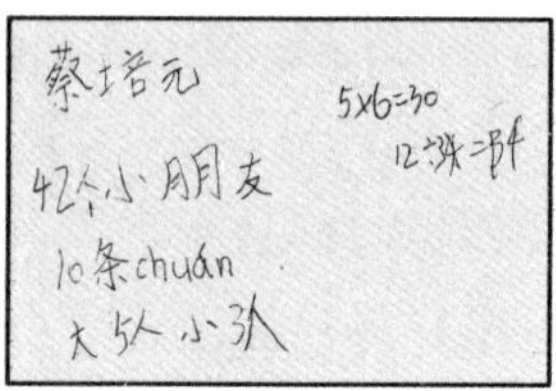

图 4—69

师：郑嫣然的想法，是根据数据特征推算，很巧妙。我们再看一位我们非常熟悉的小朋友（注：这个小朋友叫蔡培元，8 岁，二年级学生，是我所上课的该班班主任李菲老师的儿子。全班学生都认识、熟悉蔡培元），他是怎样思考这个问题的呢？当时，我把今天我们所解决的这道题目说给他听，并让他进行记录。

（出示图 4—69，图 4—70。）

（蔡培元思考了一会儿……）

蔡：4 条小船，6 条大船。

贲：怎么想的？

蔡：5 乘 6 等于 30，12 除以 3 等于 4。

贲：你怎么想到 5×6＝30？

蔡：我想 5 的乘法口诀，一五得五、二五一十……五六三十，还有 12，12÷3＝4。

图 4—70

师：大家看懂蔡培元的方法了吗？

生：蔡培元的方法，就是先假设“1 只大船”，然后“2 只大船”，这样慢慢调整，再检验，找到正确答案。

生：我们还可以作不同的假设。假设大船有 5 只，那么小船也就有 5 只。大船和小船一共坐 40 人，坐船的人数少了，增加大船的只数。大船 6 只，小船 4 只，正好 42 人。

（结合学生的回答，教师出示表格并随机输入数据，如图 4—71。）

生：这样也是假设、调整、检验。假设“5 大 5 小”比假设“1 大 9 小”，调整的次数少。

42人，10只船。大船5人，小船3人。

大船只数	小船只数	人数
5	5	40
6	4	42

图 4—71

生：大船增加 1 只，小船减少 1 只，坐船的人数增加 2。

生：我发现，把坐的船假设全部是大船，也就是假设“10 大 0 小”；把坐的船假设全部是小船，也就是假设“0 大 10 小”，这样调整比较方便。

师：再具体说说你的想法。

生：如果假设的有大船、有小船，那么调整时要考虑是把大船调整成小船，还是把小船调整成大船。如果假设全是大船，那调整时是把大船调整成小船；如果假设全是小船，那么调整时是把小船调整成大船。

师：你的分析很有见地！我们回顾这个问题的解决过程，我们应用的策略是——假设、调整、检验。解决这个问题，有的同学应用了方程策略。我们再来看一看方程。

（再次出示图 4—63。）

师：设大船有 x 只，其实也就是假设大船的只数，这时小船也就有$(10-x)$只，根据这样的假设，我们再寻找 x 的值。

生：方程，其实也是假设。

生：不过，列方程时假设的不是一个具体的数，而是一个用 x 表示的未知数。

师：哈哈，我们的认识，又提升了。在解决问题的过程中，我们应用的策略还有：摘要整理题目、画图、列表等。

四、对“鸡兔同笼”问题的再认识

师：请大家再看一个问题。

（出示问题：鸡和兔一共有 8 只，数一数，腿有 22 条。你知道鸡和兔各有多少只吗？）

生：（脱口而出）鸡兔同笼。

师：对！我们有同学在课外已经学过“鸡兔同笼”。我想了解一下，有多少同

学课外学过？请举手。

（全班有32名学生举手。）

师：那今天这节课的学习，你有什么收获呢？

生：我们学习了假设策略，知道假设之后，调整，检验，找到答案。

孔令宇：我们知道了鸡兔同笼，不一定是鸡、兔，大船、小船问题也是，都用假设，我们要能举一反三！

生：以往是老师告诉我们假设都是鸡、假设都是兔。今天我们还懂了为什么这样假设。

生：我们知道了有不同的假设方案，关键在于如何调整。假设全是鸡，或全是兔，调整时的思考比较简单。

师：说得真好！这道题，你会解答吗？如果有困难，可以先画图，再解答。

（学生解答。展示学生的解答，其他学生解释展示的学生是怎样想的。）

师："鸡兔同笼"问题，是我国古代的数学名题之一。在我国古代的一本算书《孙子算经》中有这样的题目——

（出示：今有鸡兔同笼，上有三十五头，下有九十四足，问鸡兔各几何？）

师：你能用大家都能听得懂的语言解释这道题目吗？

（学生解释，教师出示白话文译文。）

师：在日本，也有这样的问题，不过，他们的问题中，不是"鸡"与"兔"，而是什么呢？

（出示：龟、鹤共有35头，94脚。龟、鹤各有多少？）

师：在这里，龟相当于——兔，鹤相当于——鸡，我在美国的一本小学数学教科书中也看到这样的问题——

（出示：一自然摄影师拍了一些音知鸟和水獭的照片。她拍了35个动物，有94条腿。她各拍了几只音知鸟和水獭？）

生：音知鸟相当于鸡，水獭相当于兔。

师：日本、美国的两道题目，请大家任选一题解答。

（学生解答。）

师：回头看，解答其中一题之后，其他两题的答案知道了吗？

生：动物虽然不同，问题的实质是一样的。

生：我现在的想法，大船相当于5只脚的"动物"，小船相当于3只脚的"动物"。假设"相同"了，然后出现矛盾，再调整，问题也就解决了。

师:你的想法和前面孔令宇的发言有异曲同工之妙！谢谢大家积极的思考、精彩的交流。今天的数学课,就到这儿！下课！

【教学思考】

“鸡兔同笼”问题,是我们熟悉的中国传统数学问题。在数学课程标准中,将其作为案例分析介绍。在各种版本的课标小学数学教科书中,都有这一内容。如何教学呢？行动与思考相伴同行。

一、关于教学目标的思考

苏教版六年级上册教科书(注:苏教版教材修订时,这部分内容调整安排到了六年级下册)在“解决问题策略”单元,以“鸡兔同笼”问题为载体,促使学生初步学会用“假设”的策略分析和解决问题,增强解决问题的策略意识,提高解决问题的水平。

我的直觉,六年级学生可能会解答“鸡兔同笼”问题了。而这,我难以对上课班级的学生作一个前测。因为,前测中若出现“鸡兔同笼”问题,会对学生其后的课堂学习产生影响。于是,我有了和一位二年级孩子探讨“鸡兔同笼”问题的经历。而这,也成了我这节课的教学资源。

我在想:有不少学生都已经在课外的各种学习中接触了“鸡兔同笼”问题,这是我必须直面的现实。学生现在在哪里？学生将走向哪里？学生如何走向那里？面对学生的“已有”“已知”,我们常常困惑:该怎么处理？甚至,有教师有时视学生的“已有”“已知”为“洪水猛兽”。在思考中,我逐步明晰了这一课时的教学目标,并在课堂实施中得到了体现。正如课中交流“今天这节课的学习,你有什么收获呢”,几位学生相互兼容、相互补充的发言,让我更清楚地意识到本节课的教学价值。其实,学生所说的几点,正是我课前的预设想法。在课堂中,学生把我的想法化成了他们的认识。

再思:本课的课题是解决问题的策略,解决问题策略的学习,和解决问题的学习是统一的。解决问题策略的学习,不可能脱离具体的解决问题的过程,它是和解决问题紧密结合在一起的。在例题学习过程中,问题是策略学习的载体;在应用练习中,策略是解决问题的工具。也就是说,解决问题策略的学习,是基于解决问题,为了解决问题。“鸡兔同笼”问题,只是策略学习的载体,学生学习的不仅仅是怎么求得“鸡兔同笼”问题的解,而且要对解决“鸡兔同笼”问题的过程有一个清晰的认识,习得“假设”这一解决问题的策略。

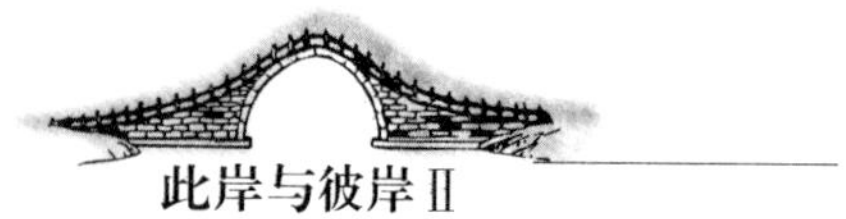

二、关于教学方法的思考

我的想法是:学生的“已有”“已知”,就是教学资源,应当充分地加以利用。教师引导学生将自己原有的认识外化出来与全班交流,这是更有效的“导”。于是,我组织“兵教兵”。而我,则在关键处追问——如何理解这里相除算出的是小船只数?在无疑处设问——用假设的策略解决这个问题,一定要假设全部是大船,或全部是小船吗?从而让学生的思考走向深入,认识得到提升。

这节课,学习“假设”这一解决问题的策略,并不排斥以往学习的解决问题策略的应用。学生学习解决问题策略的过程,是在不断整合、应用不同策略的过程中,丰富自己解决问题的经验,并在新的问题中主动、综合、灵活地应用各种策略解决问题。那么,学生用方程来解这道题,是否回避?若用方程解,那“假设”又如何处理?

学生探索“大船、小船”问题解答时,全班有 9 人首先是用方程且正确地解答。我以为,方程解法与算术解法应当并驾齐驱。不过,本节课侧重“假设”。于是,我在学生试做之后,让学生先是展示方程解法,并对“如何设未知数”以及“列方程所依据的等量关系”着重让学生理解。继而,交流“假设”思路。在学生对“假设”有了充分的认识之后,我又杀了个“回马枪”,学生的思维豁然开朗:方程,其实也是假设。

而从学生后来的作业来看,学生解决“鸡兔同笼”问题的方法并没有唯一化。我觉得,也不必唯一化。优化,应当是有个体差异的。不同的学生,在某一学习阶段,不要强制性地“统一”优化用某一种方法解决问题。

又思考:解决问题过程中的画图,意图是什么?画图,探索问题的答案——这是六年级学生首先想到的方法吗?好像太“低级”了些。于是,我在学生对“如何理解这里相除算出的是小船只数”解释不清时,引导他们画图。此时,画图是理解问题、解释说明问题的助手。

再说教师的指导,在学生的学习过程中是不可缺失的。如课堂教学伊始,分步呈现例题,并引导学生边读边想,在完整出示题目后,复述、摘要整理,这里,都是用“行动”指导学生如何收集处理信息,并进入分析。怎样收集处理信息,不是我们在哪一节数学课上一蹴而就地完成教学,而是需要在平时的教学中点点滴滴地加以指导。

三、关于学生课中作业的分析

为了反映学生在课堂学习过程中真实的思考情况，我在上课之前，分发给每位学生一张白纸。并和学生约定：今天这节课，所有的内容都写在这张纸上。即使你出错了，也不要擦掉，直接在其下面重写。

全班 44 位学生上课。试做“大船、小船”问题，学生解答情况如下：

不会解答	14 人
用方程解答	9 人
假设全是大船	10 人
假设全是小船	1 人
用凑(尝试、列举等)的方法解答	11 人

其中，有一位学生焦芙蓉用了两种方法解答，她既假设全是大船，又假设全是小船。所以，上述的人数合计是 45。全班除 14 人不会解答外，其余学生都正确解答。

有意思的是，学生用“凑”的方法解答，可谓“百花齐放”。这里，我把 11 位学生的解法一一呈现。

方宁彦的解法如图 4—72 所示。

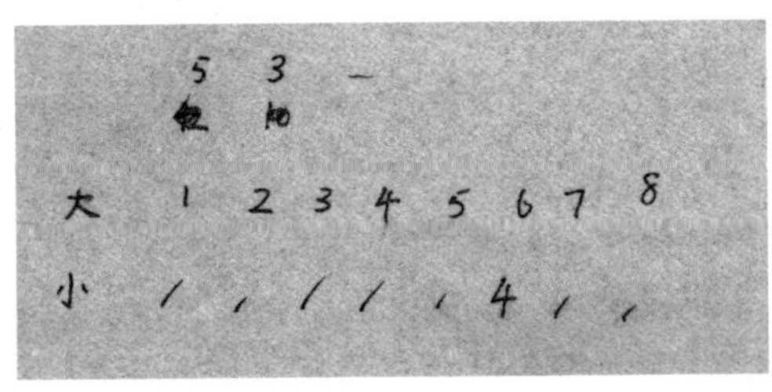

图 4—72

这是典型的“一一列举”解法。课中，我呈现了二年级学生蔡培元的解题思考过程，全班学生兴致盎然。而我如果呈现方宁彦上面的解法，那班级中的其他学生是否会认为他的方法比较“笨”而嘲笑他？我没有在课堂中呈现方宁彦以及下面各学生的解答，正是基于此考虑。其实，在探索问题阶段，学生采用的各种方法并没有优劣之分。但这是我的想法，学生常常不这样想。我不能因为某一位学生的解法被呈现而使他受到伤害。

姜周曦林的解法如图 4—73 所示。

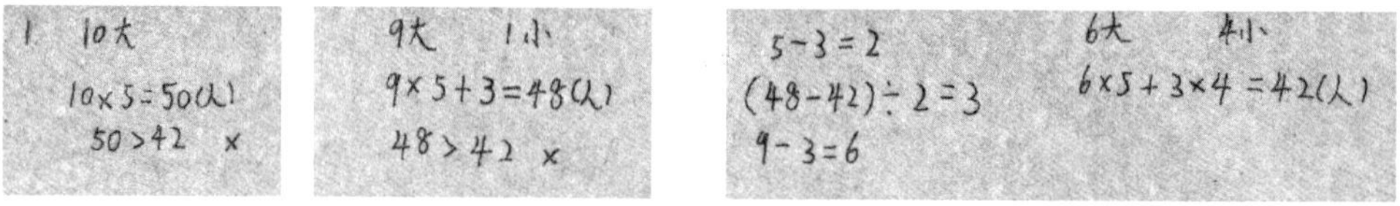

1. 10大
10×5=50(人)
50>42 ×

9大 1小
9×5+3=48(人)
48>42 ×

5-3=2
(48-42)÷2=3
9-3=6

6大 4小
6×5+3×4=42(人)

图 4—73

从“10 大”到“9 大 1 小”，再到“6 大 4 小”的调整，可以清晰地看出姜周曦林思维水平的飞跃。

林佩璇的解法如图 4—74。

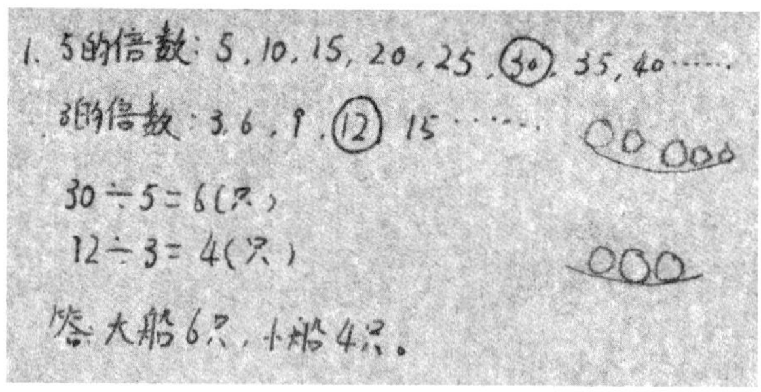
1. 5的倍数：5，10，15，20，25，(30)，35，40……
3的倍数：3，6，9，(12)，15……
30÷5=6(只)
12÷3=4(只)
答：大船6只，小船4只。

图 4—74

从“倍数”的角度思考，有新意！

潘泽颖的解法如图 4—75 所示。

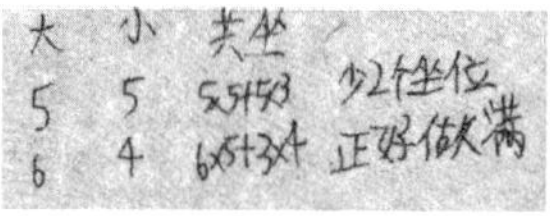

大	小	共坐	
5	5	5×5+5×3	少2个坐位
6	4	6×5+3×4	正好做满

图 4—75

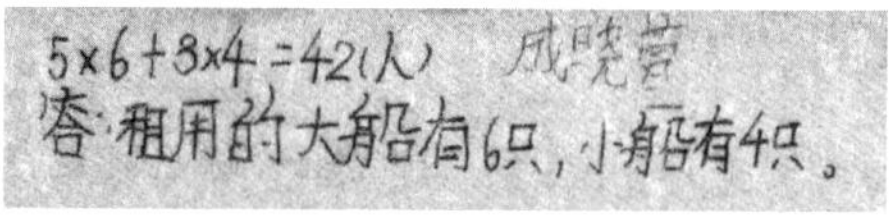

5×6+3×4=42(人) 成晓萱
答：租用的大船有6只，小船有4只。

图 4—76

这正是“5 大 5 小”的假设。为何潘泽颖先从中间作“5 大 5 小”的假设？她怎么会这样想的呢？

成晓萱、张天宇、林超毅、刘熙临、唐诚粲、张芮齐的解法分别如图 4—76、图 4—77、图 4—78、图 4—79、图 4—80、图 4—81 所示。

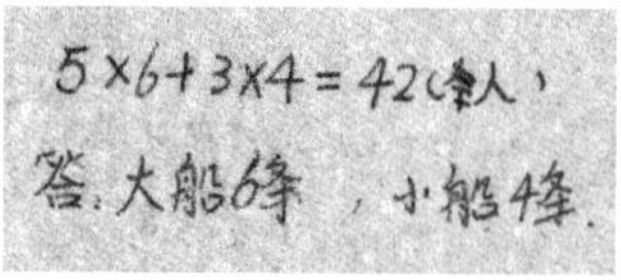

5×6+3×4=42(人)
答：大船6条，小船4条。

图 4—77

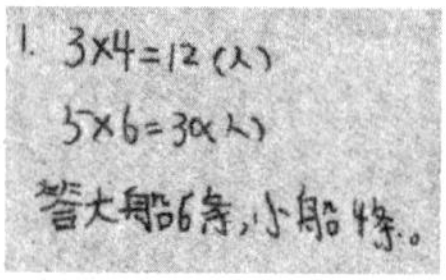

1. 3×4=12(人)
5×6=30(人)
答：大船6条，小船4条。

图 4—78

这 6 位学生呈现的都是用计算得出总人数是 42 的算式，如何找到“6 大 4 小”，对我来说，是个“暗箱”。

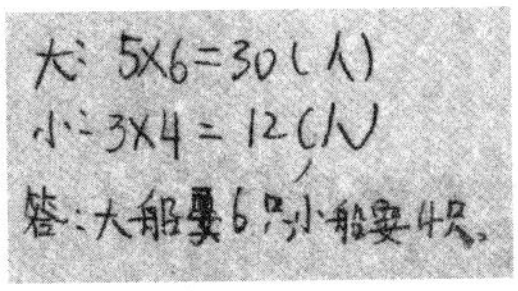

大：5×6=30（人）
小：3×4=12（人）
答：大船要6只小船要4只。

图 4—79

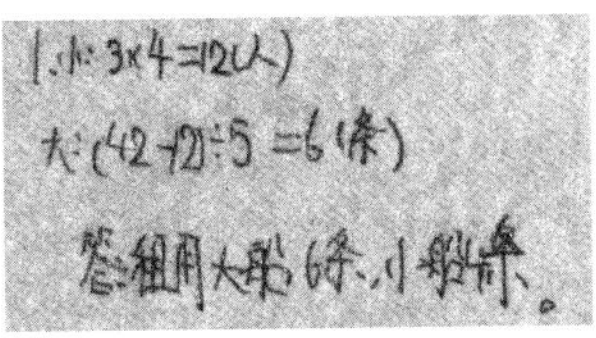

1.小：3×4=12(人)
大：(42-12)÷5=6(条)
答：租用大船6条，小船4条。

图 4—80

1. 10×5=50(人)
1. 5×6=30(人)
3×4=12(人)
30+12=42(人)
答：

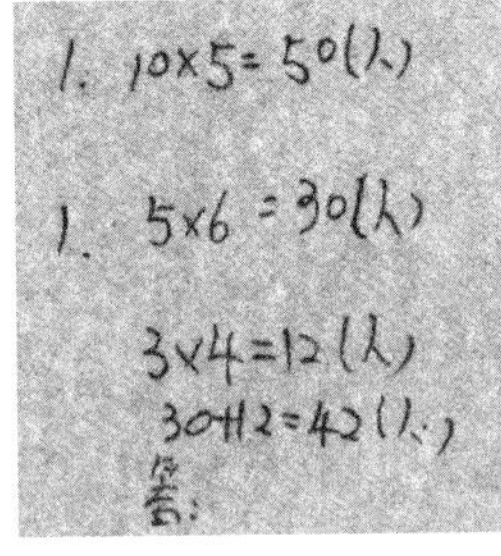

图 4—81

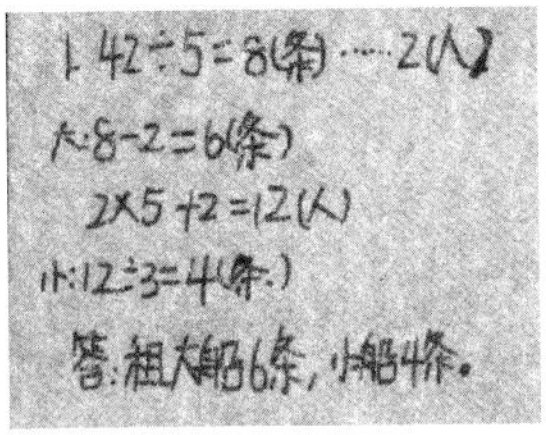

1.42÷5=8(条)……2(人)
大：8-2=6(条)
2×5+2=12(人)
小：12÷3=4(条)
答：租大船6条，小船4条。

图 4—82

李佳钰的解法则如图 4—82 所示。

若全是大船，那要 8 条，多了 2 人，怎么办？大船减 2 条，12 人，坐 4 条小船。李佳钰是这样想的吗？

这些，为我积累了解读学生真实思维过程的资料。有效的教学，要建立在对学生真实了解的基础之上。写到这里，不由得想起了蒙台梭利的告诫："我们成人习惯于用自以为是的方法来解释孩子的行为，用自以为正确的方式来对待孩子，这不仅造成学校教育的偏差和整个教育体制的误导，更导致社会采取了一连串完全错误的行动。"

这节课的走向，往哪里？如果纵向延伸，那是否是走"奥数路线"？如果横向拓展，那又怎么做？

我在继续思考中……

基于学生的数学教学

——《图形的放大和缩小》教学与思考

【教学内容】

苏教版六年级下册《图形的放大和缩小》。

【教学目标】

1. 初步理解图形的放大和缩小，能利用方格纸按一定的比把简单图形放大或缩小。

2. 在观察、比较、思考和交流等活动中，感受图形放大、缩小在生活中的应用，初步体会图形的相似，进一步发展空间观念。

【教学过程】

一、认识“放大”和“缩小”

师：请看屏幕。（出示图4—83）一张长方形照片。你能看清照片中是谁吗？后面的同学看不清楚，那我把照片变大一些。仔细观察，长方形照片是怎样变化的？

图4—83

图4—84

（演示图4—83“放大”成图4—84。）

师：我们发现，照片中的人长胖了。

（演示图4—83“放大”成图4—85。）

生：长高了。

（演示图4—83“放大”成图4—86。）

生：长大了。

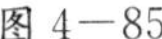

图 4—85

图 4—86

师：如果按照我们平时的想法，与第一幅图比，第二、三、四这三幅图都放大了。不过，三幅图中，只有一幅图符合数学意义的放大。你认为是哪一幅呢？

生：第四幅图。

师：为什么？

生：放大，长和宽都要放大。

（删去图 4—84、图 4—85，再将图 4—83 的长拉长、宽拉长，长、宽放大的倍数不同，如图 4—87。）

图 4—87

生：放大时，长边放大的倍数和宽边放大的倍数应相等。

生：长、宽都要放大相同的倍数。

师：通过刚才的辨析，我们认识到第四幅图是把第一幅图放大了。不过仅仅认识了这一点，还不够。我们再看第一幅图与第四幅图，第四幅图是放大了，放多大呢？（手势演示）这么大？这么大？这样用手势描述，准确吗？数学，要用“数”来说话。我们看一看第一幅图和第四幅图的有关尺寸。

（删去图 4—87，点击出示图 4—83 的有关尺寸：高 2 厘米，宽 3 厘米，如图 4—88。帮助学生理解“高度”与“宽度”的含义。）

尺寸和旋转

高度(E)：2 厘米　　宽度(D)：3 厘米

图 4—88

（再点击出示图4—86的有关尺寸，如图4—89。）

尺寸和旋转			
高度(E):	4 厘米	宽度(D):	6 厘米

图4—89

师：比较有关尺寸，说说怎样放大的？

生：第四幅图的长和宽是第一幅图的2倍。

生：第四幅图的长、宽放大到第一幅图的2倍。

师：这是用我们学过的“倍”的说法表达的。“比”，我们已经认识了，能用“比”表达么？也就是说，第一幅图按照几比几放大成第四幅图？

生：按1∶2放大。

生：按1∶4放大。

师：“4”，是怎么来的？

生：第四幅图的长是第一幅图的2倍，第四幅图的宽是第一幅图的2倍，第四幅图的面积是第一幅图的4倍。

师：听明白你的想法了。请大家想一想，第一幅图按1∶2放大成第四幅图，第一幅图按1∶4放大成第四幅图，这两种说法可能同时都是对的吗？

生：不可能。

师：可能一对一错？

生：可能。

师：可能都是错的？

（学生回答“不可能”，随即改口“可能”。）

师：那究竟怎样表述呢？我们可以向老师请教，也可以请教不会说话的老师——书。请阅读、自学教科书第38页。在阅读的过程中，圈画出你认为比较重要的地方。

（学生自学后，教师出示教科书第38页的一段文字：把长方形的每条边放大到原来的2倍，放大后的长方形与原来长方形对应边长的比是2∶1，就是把原来的长方形按2∶1的比放大。教师组织学生再轻声读一读出示的这段文字。）

师：就这段话，你觉得需要讲解交流的是什么？

生：对应边长。

（教师请该生到屏幕前指着第一幅图与第四幅图具体解释“对应边长”。）

生：第四幅图是把第一幅图按 2∶1 放大。对应边长放大到原来的 2 倍，图形按 2∶1 放大。之前说的 1∶2、1∶4 都不对。

师：通过刚才的自学、交流，我们对“放大”有了新的认识。现在说说关于图形的放大，要注意什么？

生：把长、宽按照相同的份数放大。

生：所有对应边都要同时按相同的比放大。

生：2∶1，是放大。如果是 1∶2，那是缩小。

师：对！把图形按 1∶2 处理，是缩小。图 1，按照 1∶2 缩小，长和宽都是原来的几分之几？

（学生口答后，教师操作演示：复制图 4—83。）

师：缩小后长、宽各是几厘米？

（学生回答时，教师将图形复制后的长方形的长、宽分别设置为 1.5 厘米、1 厘米，然后组织学生观察图形按 1∶2 缩小的过程。）

二、揭题

师：今天这节课，我们学习图形的放大和缩小。从所表述的比中，怎么能看出是表示放大，还是表示缩小呢？

生：“放大”的比，前项大、后项小；“缩小”的比，前项小、后项大。

师：为什么？

生：比的前项表示放大或缩小后的，后项表示原图的。前项比后项大，那是放大；前项比后项小，那是缩小。

生：我又想到了，如果比的比值大于 1，这个比就是表示“放大”的比；如果比值小于 1，就是一个表示“缩小”的比。

师：那比值等于 1 呢？

生：前项和后项相同，没放大也没缩小。

三、巩固对“放大”和“缩小”的认识

（出示图 4—90。学生独立思考后同桌交流，指名学生到前面讲解。）

生：⑤号是①号放大后的图形，按 2∶1 的比放大的。⑤号长 12 格，宽 4 格，是按 2∶1 放大的。

（教室内响起了掌声，也有学生举手。）

师：有掌声，也有举手，说明有不同的意见。

生：④号是①号放大后的图形。⑤号是平行四边形。

（教室内又响起了掌声。）

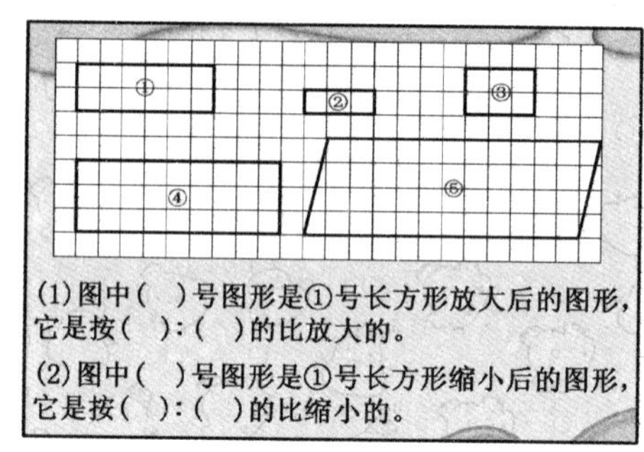

图 4—90

师：掌声，有时是同意、赞扬，有时是鼓励你有表达自己想法的勇气。

生：平行四边形的相邻的两条边是“斜”着的。

生：我认为一个图形的放大和缩小是不会改变形状的。

师：一个图形，放大和缩小，不会改变形状。那平行四边形是怎么回事？为什么有同学会说平行四边形呢？

生：把⑤号图这个平行四边形沿着一条高剪、移、拼成长方形，拼成的长方形长 12 格，宽 4 格。

生：①号图可以放大成长 12 格、宽 4 格的长方形，这个长方形可以由⑤号图平行四边形转化而来，但长方形放大后不是平行四边形，而是平行四边形转化成的长方形。

师：通过刚才的交流，大家对图形的放大、缩小有什么新的想法？

生：长方形的放大和缩小是不会改变形状的。

生：②号图，按 1∶2 的比缩小。

师：按 1∶2 缩小，你是怎样想的？

生：②号图，长 3 格、宽 1 格；①号图，长 6 格、宽 2 格。长与长的比，3∶6，化简后是 1∶2；宽与宽的比，1∶2。

师：那为什么选择②号图而不选择③号图？

生：③号图与①号图比较，长变了，但宽没变，不是“缩小”。

四、操作：把图形“放大”和“缩小”

师：刚才，我在电脑中操作把图形放大或缩小，如果让你在方格纸上放大图形、缩小图形，你会吗？

（出示图4—91。学生完成题目叙述中内容为“放大”与“缩小”的填空。然后，完成画图。指名学生到讲台前视频展示所画的图，并讲解放大或缩小后的长方形的长、宽是如何确定的。）

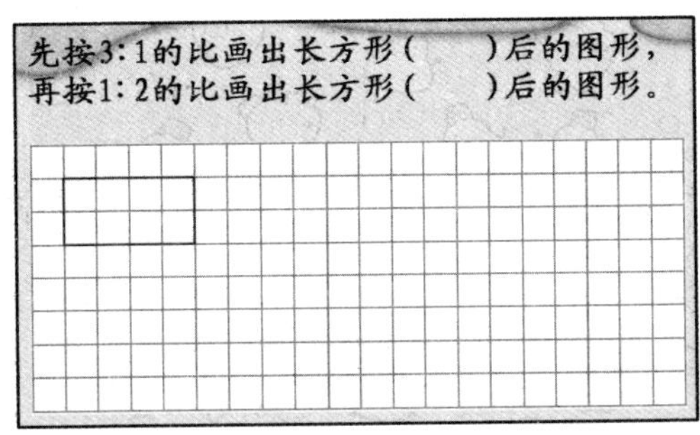

图4—91

师：把长方形放大、缩小后分别得到这两幅图。观察三个图形，你发现：图形放大或缩小，变化的是什么？

生：边的长度。

生：面积变了。

生：周长变了。

师：长方形的长变了，宽变了，周长、面积都随之变了。那不变的是什么？

生：形状不变。

生：每个长方形的长与宽的比值是一定的。

师：我们一起来算一算，原来长方形的长与宽的比是——4∶2，化简后是2∶1；放大后的长方形，长与宽的比——12∶6，2∶1；缩小后的长方形，长与宽的比是——2∶1。长方形，放大、缩小之后，长与宽的比，等于原来长与宽的比。正如刚才同学们所说的发现，长方形的长、宽的比值不变。这也是长方形形状不变的一个重要方面。

五、解释与应用

师：在生活中，放大和缩小的现象有很多。大家能举例说说吗？

（结合学生的交流，教师相机出示图4—92。）

师：如果用放大镜看原来的三角形，你发现了什么？

生：三角形被放大了。

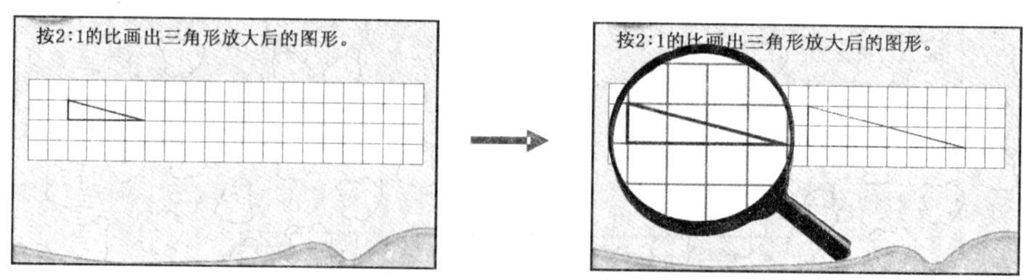

图 4—92

师:在我小时候,老师曾问我一个问题:放大镜,不能把什么放大呢?大家能回答这个问题吗?

生:角度。

师:准确说,是角的度数,角的大小。我们回头再想前面所探讨的那个问题,长方形的四个角是直角,把长方形放大、缩小后,它的四个角会变成钝角、锐角吗?(不会)长方形会变成平行四边形吗?(不会)长方形形状不变,另一个重要方面是角的度数不变。

(出示图 4—93。)

图 4—93

图 4—94

师:(指着其中显微镜目镜上的"16×")你能解释吗?

生:把物体放大 16 倍。

生:把物体按照 16∶1 放大。

(出示图 4—94。学生用"比"解释复印机操作面板上显示的"200%",再解释"50%"。出示"Word"文档,学生观察教师演示操作。)

师:将文档中文字进行放大,如果是按照 3∶2 放大,那菜单下面工具栏中的百分数显示是多少呢?

生:150%。

师:其实这里,也是将你看到的屏幕上的一张白纸放大或缩小。看我手中的一张白纸,(出示一张白纸,将长边对折)这是将长方形按 1∶2 缩小,对吗?

（学生判断。）

师：将长方形按 1∶2 缩小，应该如何操作？

（根据学生的回答，教师操作。）

师：如果倒过来看刚才的操作过程，也就是将这个小长方形——按 2∶1 放大。大长方形的长、宽分别是小长方形长、宽的 2 倍。如果将这个大长方形按 2∶1 放大，还需要几张这样的纸演示？

生：3 张。

师：放大后图形的面积与原来图形的面积比是 4∶1。但说放大的“比”，不是 4∶1，而是 2∶1，是按边长的比来定义的。

六、回顾总结

师：最后，让我们回顾今天这节课，我们认识了图形的放大和缩小，解决了“是什么（what）”的问题，我们会把图形放大和缩小，解决了“怎么办（how）”的问题，我们还需要再进一步，思考什么问题呢？

生：为什么。

生：Why。

师：对！用英文表达是“why”，用中文表达是“为什么”。大家回想今天这节课的学习过程，可以提出怎样的有关“为什么”的问题呢？

（教师再次在一张屏幕上出示图 4—83、图 4—84、图 4—85、图 4—86。）

生：为什么第一幅图到第四幅图是放大呢？

师：我明白你的意思，你说的为什么，是指：为什么数学上把第一幅图到第四幅图这样的变化，规定为“放大”，而不把第一幅图到第二幅图、第一幅图到第三幅图这样的变化，规定为放大呢？

生：为什么是根据边长说按 2∶1 放大，而不是根据面积说按 4∶1 放大呢？

师：这个问题问得好！同学们提出的两个“为什么”的问题，留给大家课后琢磨。这节课就到这儿，下课！

【教学思考】

“基于学生”的数学教学，即数学教学从学生的角度出发，关注学生的数学学习起点、学习方式、学习情感，按照学生的认知水平和心理发展特点，设计适切学生发展的数学教学。在这节课中，试图在以下四个方面体现上述思考。

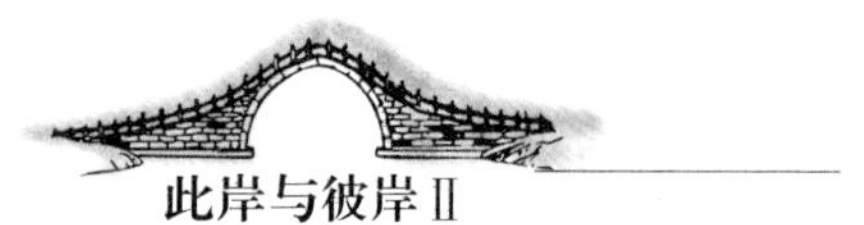

一、尊重学生的“已知”“已有”，重建对图形“放大”和“缩小”的理解

毋庸置疑，本课学习之前，学生在日常生活中已经积淀了有关“放大”和“缩小”的认识——放大，使图像、声音、功能等变大；缩小，使由大变小。而这，也就构成了本课数学学习的特定视界。基于此，新课伊始，同时呈现图形的“拉伸”与“放大”，在对比中认识“放大，长和宽都要放大”；进而，又以反例，以反衬正、以反激正，促进学生完善“放大时，长边放大的倍数和宽边放大的倍数应相等”的认识。在完成对“放大”的定性认识之后，紧接着，探讨关于放大的定量刻画。

当我们谈及“放大”和“缩小”时，很容易直觉认为把原图边长扩大 2 倍，即按 1∶2 放大，或许还会像学生所说的由面积扩大到原来的 4 倍作出回答“1∶4”。而数学上的规定，恰恰是 2∶1。本课的教学处理，先让学生把错误的想法暴露出来，继而引发学生看书自学的内在需求，并在交流中去伪存真，实现观念替代。

二、敞亮学生的潜在想法，推动每一位学生获得对知识内涵的深入把握

学生对“放大”“缩小”的理解并不是一蹴而就的过程。即使是在组织学生认识了放大与缩小的概念之后，一部分学生的头脑中仍会在一定时间内隐藏着一些错误的想法，而其潜在方式的存在状态是教师不能忽视的。

揭示课题之后，我组织学生完成一道选择填空题。这道题，源自教材。图 4—95 所示就是教材中的原题。

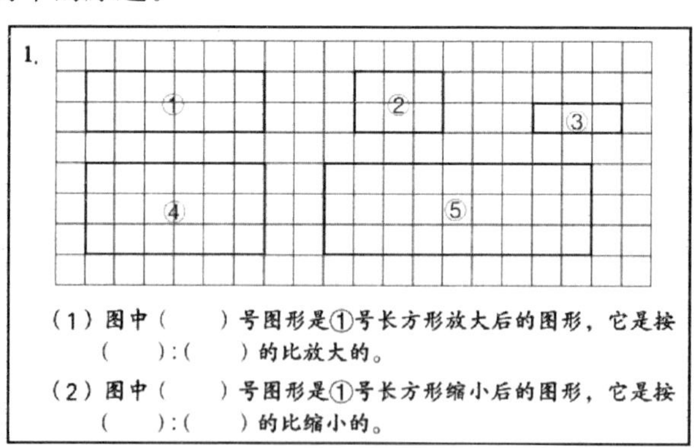

图 4—95

教材的编写意图是，让学生把提供的几个长方形分别与指定的长方形进行

比较，指出哪些图形是指定长方形放大后得到的，哪些图形是指定长方形缩小后得到的，并写出放大或缩小的比。主要是帮助学生巩固对图形放大和缩小的认识。

我在教学时，将这道题做了修改，主要是把⑤号图改成了平行四边形。可以想象，如果使用教材中的原题，这道题目的练习不会出现改编后的“教学波折”。都是改编惹的“祸”？其实，课堂中出现的波折正是学生真实思维活动的敞开。学生在学习平行四边形面积计算时，把平行四边形与长方形紧紧拴捆在一起，而这导致了学生误认为⑤号图也是①号图放大后的图形。学生的想法是有一定合理性的，只是这样潜在的想法是需要教师的设计才能呈现出来。教学，直面学生的现实，既要面对能听到、看到的想法，还要面对他们在头脑中潜在的、尚未敞亮的想法。这个问题的价值还在于，让学生在对这一问题的探讨过程中认识到：图形放大或缩小，形状不变。

学生这一新想法的生成，是对“放大、缩小”内涵的进一步把握。不过，在这里，学生的认识还停留于表层。如何进一步推进认识？此时尚不具备条件。我受我国外交中“搁置争议，共同开发”策略的启发，暂时搁置对形状不变的探讨。而是在后续教学中杀了两次“回马枪”，以完善学生的认识。即在操作画图之后组织学生交流：不变的是什么？使学生认识到长方形长与宽的比不变。在呈现放大镜后，引导学生思考：放大镜不能将什么放大？使学生认识到角的度数不变。由此，学生领悟图形放大、缩小的要义：保持图形的形状不变，只改变图形的大小。放大与缩小，是一种相似变换。能够保持图形的形状不变，而只改变图形大小的变换就是相似变换。在相似变换中，原图形中所有角的大小都保持不变，所以又称为保角变换。

三、相信学生的学习能力，放手组织学生按指定的比将一个图形“放大”和“缩小”

在教材中，例 2 是组织学生把一个图形按指定的比放大或缩小。教材是这样陈述的：“先按 3∶1 的比画出长方形放大后的图形，再按 1∶2 的比画出长方形缩小后的图形。放大后的图形长、宽各是几格？缩小后的图形呢？”在这节课中，改成如下陈述：“先按 3∶1 的比画出长方形(　　)后的图形，再按 1∶2 的比画出长方形(　　)后的图形。”

陈述变得简单了，给学生思考的空间却更大了。而陈述句中的填空，是针对学生容易出错的“误点”，进一步巩固对表示“放大”的比与表示“缩小”的比的认识。

画的过程，完全放手让学生探索操作、独立完成。“不教”，是因为学生有能力学，不需要教师教。不过，“放”与“收”是需要平衡的。画完放大与缩小的长方形之后的观察、比较与交流，促进学生认识到：图形的各部分长度都是按指定的比发生变化的，而角的度数不发生变化。

四、着眼学生的全面发展，丰富学生对“放大”和“缩小”的认识

本课的学习，从数学角度看，为后续的比例的学习以及中学里相似形的学习奠定基础。而“放大”和“缩小”，与日常生活有着紧密联系，正是在对生活中放大、缩小现象的解释过程中，巩固对新学的“放大”和“缩小”的认识，又让学生觉得“原来如此”“有意思”“好玩”。

当学生以数学的眼光观察生活现象时，他们的数学素养得到提升，在更深刻理解数学知识的同时，培养了积极的学习数学的情感。

一般教学时，我们考虑的是“怎么办(how)”的问题，然而，我们首先要关注事实，也就是“是什么(what)”的问题。我们还需要再进一步，追问“为什么(why)”的问题。在这节课中所说的“为什么”，不仅仅是让学生认识为什么要将图形放大，而是让学生在感受的基础上探讨：为什么长方形的长、宽扩大相同的倍数，才定义为放大？如果仅长拉伸，或仅宽拉伸，可否称之为“放大”？或，长、宽都拉伸，但拉伸的倍数不同，为什么也不能称之为“放大”？为什么是根据边长的数据而不是根据面积的数据来描述按几比几放大或缩小？这样的“为什么”的问题研究，促进了学生对“数学”增添了一份感悟与理解。

总之，本课教学，力求调度学生已有的认知，诱发学生的认知冲突，在层层递进的安排中帮助学生逐步澄清认识，建构正确的认识。而这些活动的展开，教师用不着更多的讲解，放手让学生自学、交流、操作、探索，重在让学生冲突、思考、领悟。一句话，相信学生的力量。

有序推进认识的深入

——《扇形统计图》教学与思考

【教学内容】

苏教版六年级下册《扇形统计图》。

【教学目标】

1. 结合实例认识扇形统计图，联系对百分数意义的理解，对扇形统计图提供的信息作简单的分析，提出或解决简单的实际问题，初步体会扇形统计图描述数据的特点。

2. 在认识扇形统计图的过程中，经历运用数据描述信息作出判断、解决简单实际问题的过程，建立数据分析观念。

3. 进一步体会统计在实际生活中的作用，感受数学与生活的密切联系，发展数学应用意识。

【教学过程】

一、在交流中初步认识

（出示图4—96。）

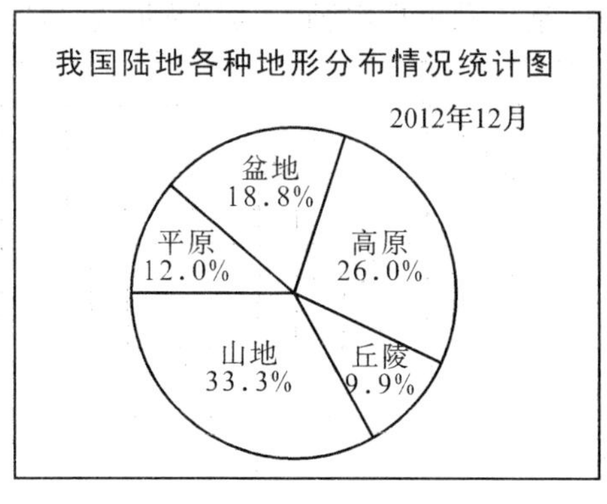

图4—96

提问：你知道这样的统计图叫什么统计图吗？

组织学生观察扇形统计图，引导思考：你能看懂这张统计图吗？从中你了解到什么？请你先仔细看一看，想一想，然后把你看懂的信息在四人小组内进行交流。

小组交流后全班反馈。

学生可能提出这个统计图统计的是我国陆地地形分布情况，教师相机说明：图中的圆表示的是我国陆地总面积。

学生可能提出可以看出各类地形占总面积的百分之几，教师让学生具体地说一说，并追问是怎样从图中看出这些信息的。

学生可能提出山地的面积最多，丘陵的面积最少，教师让学生说说是如何比较出多少的。

二、在对比中深入认识

提问：我国国土总面积是多少？根据扇形统计图中各类地形的百分数，你能算出什么？

在学生回答"可以算出各类地形的面积"后，出示我国各类地形面积的统计表，让学生用计算器进行计算（计算结果保留整数），然后填表。

地形	山地	丘陵	高原	盆地	平原
面积/万平方千米					

指名学生汇报，其余学生核对填写是否正确。

指出：我们可以根据这些数据制作成另一幅统计图。

教师在电脑中操作，输入数据后电脑"生成"条形统计图（如图 4－97）。

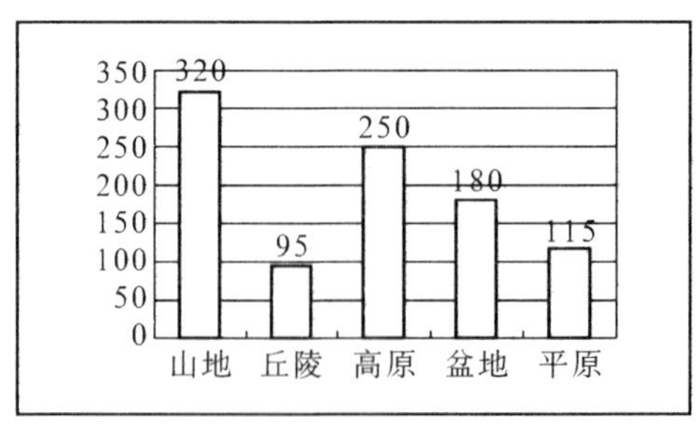

图 4－97

提问：你知道这样的统计图叫什么统计图吗？观察条形统计图，你从中得到了哪些信息？

组织学生观察、比较：用条形统计图和扇形统计图反映我国各类地形的情况，有什么不同？

学生可能回答在条形统计图中用直条的长度表示我国各类地形的面积，在扇形统计图中用扇形表示我国各类地形。教师指出：从这里大家能体会到统计图名称的不同，表示数据的方法不同。

学生可能回答从条形统计图中看出各类地形的面积，从扇形统计图中看出各类地形的面积占全国陆地总面积的百分数。教师追问：你能从条形统计图中看出各类地形的面积与全国陆地总面积的关系吗？你能从扇形统计图中看出每类地形的面积各是多少吗？

提问：回顾我们对扇形统计图与条形统计图的分析，说说扇形统计图和条形统计图各有什么特点？

在学生回答的基础上引导学生明确：扇形统计图可以清楚地表示出各部分数量与总数量之间的关系，扇形统计图中表示的是每个部分各占整体的百分之几，而不是一个具体的数量。条形统计图可以很清楚地呈现各种数量的多少。

三、在练习中强化认识

（一）完成“练一练”

学生观察两张统计图，说说获得哪些信息。

结合学生的回答，教师提问：这两幅图中的圆分别表示什么？

追问：观察这两张统计图，你有什么想法？

学生回答后教师指出：从两幅扇形统计图中可以看出我国人口数与世界人口数的关系，我国耕地面积与世界耕地面积的关系。我国人口数量在世界上是比较多的，但耕地面积却相对比较少。我国社会发展的伟大成就，是用世界 9.9% 的耕地养活了世界 19.6%的人口。

（二）完成练习一第 1 题

学生观察两张统计图。

提问：从图中你能知道些什么？你觉得两天的食物搭配各有什么特点？哪一天的食物搭配更合理些，为什么？

学生自由发表意见，教师适当点评，相机指出：根据营养学的观点，要多吃水果和蔬菜。

（三）完成练习一第2题

学生观察统计图，估计其他几种干果大约各占百分之几，并说说是怎样估计的。

（四）完成练习一第3题

提问：中国有几大海洋？你能按它们的面积从大到小排一排吗？

出示统计图，学生检验自己的想法是否正确。交流：根据统计图能知道些什么？

学生用计算器计算各海域的面积，填写统计表。

指名报答案，核对统计表中填写的数据。

交流：根据统计表知道些什么？根据统计图和统计表获得的信息有什么不同？

四、在回顾中完善认识

回顾日常生活中见到的统计图（如图4—98），提问：你能看懂这幅统计图吗？你觉得它和扇形统计图有什么联系？

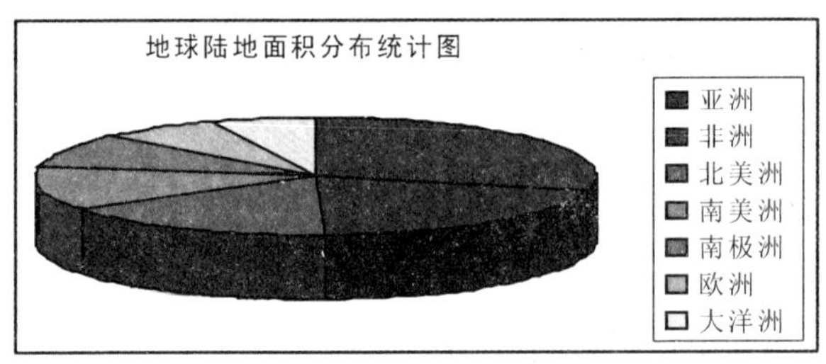

图4—98

回顾本节课的学习，提问：你对扇形统计图有什么认识？为什么在学习了条形统计图、折线统计图之后还要学习扇形统计图？这节课你还有哪些收获？

【教学思考】

当今的学生，生活在一个“读图”时代，他们在日常生活的各种环境与媒介中见到各种统计图，一般能“看懂”统计图。在本节课之前，学生在数学学习的过程中已经认识了条形统计图和折线统计图，他们都积累了一定的分析统计图的经验。本课基于此展开教学，从明晰统计图的名称（也即揭示课题）开始，放手让学生自主分析扇形统计图呈现的信息，通过学生的交流和教师的说明与追问，让学生初步认识扇形统计图。

认识扇形统计图，从看懂图开始。但这样的认识，还是具体的、浅层次的。本节课的教学，不仅仅是让学生看懂统计图，还要体会扇形统计图描述数据的特点。如何体会呢？在根据扇形统计图中有关信息进行计算之后，“生成”条形统计图，继而通过条形统计图与扇形统计图的对比，引导学生进一步认识和明晰扇形统计图的特点和作用。“比较是一切理解和思维的基础。”比较，激活了学生的思维，有利于学生对所学内容的深入认识。

这节课，在看懂扇形统计图，体会扇形统计图描述数据特点的过程中，更重要的是建立数据分析的观念。以上练习的过程，旨在进一步培养学生对统计图中的信息作简单分析的能力。这里的分析，不是停留于对信息的直接引述，而是计算、比较、估计、判断、解释以及通过类似“你能知道些什么”“你有什么想法”的问题，引领学生的分析走向深刻，促进学生形成数据分析观念。

课尾的回顾，一是回顾生活中见到的与扇形统计图有着紧密联系的“饼图”（或者说是变式的“扇形统计图”），拓展学生的认识；二是回顾梳理本课新学内容，帮助学生建立对扇形统计图比较清晰的认识，感受描述数据方法的多样性。

从“学”的视角重构数学课堂

——《“平面图形的面积”总复习》教学与思考

【教学内容】

苏教版六年级下册《“平面图形的面积”总复习》。

【教学目标】

1. 进一步理解和掌握平面图形面积计算方法，认识不同图形面积计算之间的联系，建构知识网络，能正确应用公式进行有关计算。

2. 发展空间观念，培养自主学习的意识，解决问题后的反思意识。

【课前准备】

课前，教师发给每位学生如下整理复习材料，学生独立、自主完成。

> **“平面图形的面积”整理复习**
>
> 1. 我们已经学过哪些平面图形的面积计算？能用画图或表格的方式将所学的平面图形面积计算的知识进行整理吗？
>
> 通过整理，我的体会：
>
> 2. 在学习平面图形面积计算时，哪些题目容易出错呢？收集一道题目，整理如下：
>
> 题目：
>
> 解答：
>
> 我的提醒：

【教学过程】

一、揭题

师：知道今天这节课学习什么吗？

（学生回答，教师板书课题：平面图形的面积总复习。）

二、整理

（一）小组交流各人课前自主完成的整理复习

师：课前，大家已经对平面图形面积计算的知识进行了整理。请大家先在小组里交流，你整理了什么？你是怎样整理的？通过整理，你有哪些体会？等会儿，我们全班交流。

（学生小组交流。）

（二）全班交流

（王雨萌展示，如图 4—99。）

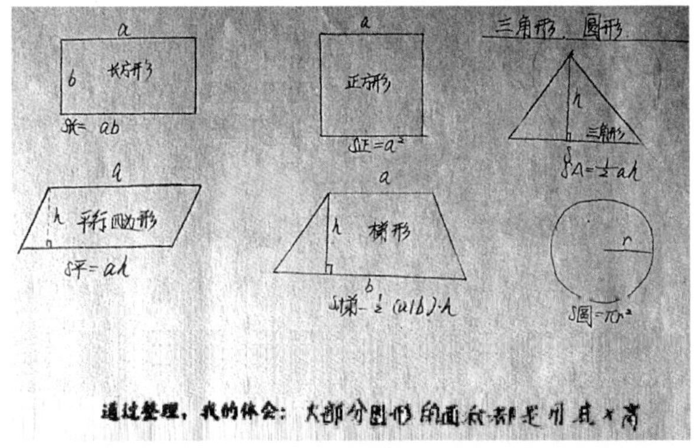

图 4—99

王雨萌：我先画了长方形和正方形，这是最先学习的图形。长方形的面积，底乘高，$S=ab$，正方形的面积 $S=a^2$；接着学习了平行四边形的面积 $S=ah$；然后学习的是三角形的面积，三角形的面积公式中有一个$\frac{1}{2}$不能忽略掉，$S=\frac{1}{2}ah$，三角形的面积是和它等底等高的平行四边形面积的$\frac{1}{2}$；梯形是在三角形之后学习的，$S=\frac{1}{2}(a+b)h$；最后我们学习的是圆，圆的面积 $S=\pi r^2$。通过整理，我发现，大部分

图形的面积都是用底乘高来算的。

（全班掌声。）

师：大家刚才看了她的整理，听了她的汇报，你觉得她的整理，好，好在哪儿？

生：我觉得她好在把几个图形的面积计算归纳为底乘高。

师：是的，她发现几个图形的面积与底乘高是有关系的。

生：她用画图的方法，把面积公式用字母表示出来。

师：刚才她汇报这些图形的顺序是怎样的？

生：先是长方形、正方形，然后是平行四边形、三角形、梯形，最后是圆。

师：这是按照我们学习的先后顺序来汇报的。我们最先学习的是什么？

生：长方形的面积计算。

师：再回顾她的交流，你觉得还有没有需要完善的地方？

生：我觉得她画图的时候，也就按照长方形、正方形、平行四边形、三角形、梯形、圆的顺序画。

师：（面向王雨萌）你接受她的想法吗？

（王雨萌点头。）

生：刚才她在汇报长方形面积计算的时候，说是底乘高，应该是长乘宽。

师：听得非常仔细！（全班掌声）展示的材料纸上写的，a 表示——长，b 表示——宽。刚才汇报时，口误了。感谢王雨萌的汇报，请回座位。（全班学生鼓掌）王雨萌是画图整理的，谁整理的和她不一样？

（部分学生举手，教师请一位男生范鑫展示交流。范鑫展示，如图 4—100。）

范鑫：（边指展示的表格边讲解）通过整理，我先是发现了正方形的面积是边长乘边长，长方形的面积是长乘宽，然后我们又学习了平行四边形，它的面积公式是 $S=ah$，也就是底乘高，是把平行四边形沿高剪下一块，移到右边去，得到这个公式。三角形……

师：（示意范鑫暂停）我打断一下，刚才他说，把平行四边形沿着高剪，然后移、拼成什么图形？

学生：（齐）长方形。

师：刚才他讲的，是怎样推导平行四边形的面积公式。讲得很好！鼓励一下。（全班鼓掌）请接着汇报。

范鑫：后来我们又学习了三角形，三角形的面积公式是底乘高除以 2，因为两个完全一样的三角形拼在一起是平行四边形，通过推导我们得出这个公式。然后

名称	图形	字母含义	特征	公式 （S=面积）
正方形		a=边长	四边相等，所有角都是直角，对边平行	$S=a^2$
长方形		a=长 b=宽	两对边平行相等，所有角都是直角	$S=ab$
平行四边形		a=底 h=高	两组对边分别平行 相等	$S=ah$
三角形		a=底 h=高	有三条边和三个角	$S=\frac{1}{2}ah$
梯形		a=上底 b=下底 h=高	只有一组对边平行的四边形	$S=\frac{1}{2}(a+b)h$
圆形		O=圆心 r=半径　π=圆周率 d=直径	同一圆半径相等，直径相等，直径是其半径的2倍	$S=\pi r^2$
圆环		r=内半径 R=外半径 π=圆周率	由两个同心圆组成，外半径－内半径=环宽	$S=\pi(R^2-r^2)$

通过整理，我的体会：

每一个新图形都能通过割补变成已学图形，使其求法简化。

图 4—100

我们又学习了梯形。梯形的面积是上底加下底的和乘高除以 2。这个推导、思考的过程和三角形是一样的。圆形……

师：（再次示意范鑫暂停）对不起，暂停一下。我觉得他刚才这一段话说得太好了。他说的是什么呢？

生：他刚才说梯形、三角形的面积公式推导过程是一样的。

师：都是要用三角形、梯形拼成平行四边形。这两个三角形、两个梯形，要注意什么呢？

生：这两个三角形，这两个梯形，要完全一样。

师：完全一样，是什么意思？

生：完全一样，是等底等高。

（全班沉默。）

师：同意吗？同意就鼓掌，不同意就举手。

（零星几位学生鼓掌，少数学生举手。教师请一位举手的学生发言。）

生：我觉得不一定，因为三角形有的是直角三角形。

师：（问其他学生）听明白了？

（有学生表示听明白了。）

师：你听明白了，我没听明白。这样，（教师转向对刚才的发言的学生说）我建议你到黑板上，可以画画图，再讲给大家听。

（该生在黑板上画，如图 4—101。教师指导该生面向全班讲解。）

图 4—101

生：（指着黑板上的图讲解）假设两个三角形的底边长都是 1 厘米，高都是 1 厘米，（指着左边的三角形）这是一般三角形，（指着右边的三角形）这是直角三角形，如果这两个三角形拼到一块儿，不能拼成平行四边形。

（全班掌声。）

师：你听明白了什么？

生：我听明白了，如果是一个直角三角形和一个一般三角形，不能拼成平行四边形。

师：也就是说，两个等底等高的三角形拼成一个平行四边形，这样的表达，是不是有问题？（学生纷纷点头）之前说，两个完全一样的三角形拼成平行四边形，完全一样，能不能就说等底等高？（学生回答“不能”）那怎么理解“完全一样”？

生：大小相等，形状相同。

师：我们回头看刚才在黑板上画的图，这两个三角形，等底等高，大小相等，也就是面积相等，但不能直接拼成一个平行四边形，因为——形状不同。能拼成平行四边形的两个三角形、两个梯形，要求——完全一样。拼成的平行四边形的面积是三角形、梯形面积的——2 倍；三角形、梯形的面积是拼成的平行四边形面积的——二分之一。

（教师示意范鑫接着讲。）

范鑫：上个学期，我们又学习了圆形。圆形的面积公式是 $S=\pi r^2$，这个公式是把圆沿着半径平均分成若干份，拼成一个近似的长方形，根据长方形的面积公式我们推导出圆的面积公式。后来我们又学习了圆环，圆环的面积等于大圆的面积减小圆的面积，$S=\pi(R^2-r^2)$。

（全班掌声。）

师：把你的体会说给大家听听。

范鑫：我的体会是，每一个新学的图形，都可以通过割、补，变成已经学过的图形，使其面积的求法变得简单明了。

（全班掌声。）

师：体会真好！我们在新学一个图形的时候，都是变成已经学过的图形。我们再看看，他是用什么方式整理的？

生：表格。

师：你觉得用表格整理，和前面王雨萌的整理比较，有没有什么好处？

生：用表格整理，特别清楚。

师：他说的用表格整理的好处，一个关键词——清楚。换个说法，也就是一目了然，使我们学过的内容一目了然。我们从范鑫的表格中可以看到，他还整理了字母分别表示什么，整理了图形特征。刚才范鑫在汇报的时候，不仅汇报了表格中整理的内容，还汇报了什么？

生：他还汇报了如何推导图形的面积公式。

师：让我们再次用掌声感谢范鑫和我们的交流。（范鑫在全班掌声中回到座位）范鑫还整理了环形的面积。环形和哪一个图形有关系？

生：圆。

师：圆是基本图形，我们再来回顾一下圆的面积公式是怎么推导的？

生：推导圆的面积公式，是把圆平均分成若干份，再拼成我们学过的长方形，然后通过长方形的面积公式推导出圆的面积公式。

师：也就是说，圆的面积公式推导过程，和哪个图形有关系？

生：长方形。

师：我们还知道，把圆沿半径分成若干份，分成的份数越多，拼成的图形——越接近长方形。

（教师在学生回答的过程中板画圆，再画长方形。）

师：（当画长方形的长的时候）长方形的长，画多长呢？

生：我认为长方形的长，应画圆周长的一半。

（教师用红色粉笔将黑板上所画的圆的周长的一半描成红色。接着画长方形的长。）

师：（边画边指出）长方形的长是圆周长的一半，也就是半径的 3 倍多一点。长方形的宽是多少？（生答“r”，师标注）长呢？（生答“πr”，师标注，黑板上画出图 4—102）长方形的面积是多少？（学生回答“πr 乘 r”）圆的面积是多少？

生：πr^2。

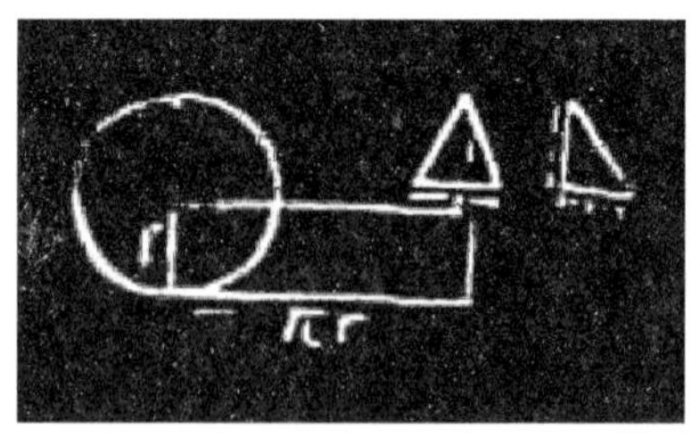

图 4—102

师：(再次呈现王雨萌所作的整理)刚才交流，我们发现圆的面积计算和长方形的面积计算是有关系的，那我想到，就在这幅图上，把长方形和圆之间添画一条线。

(投影展示图 4—103。)

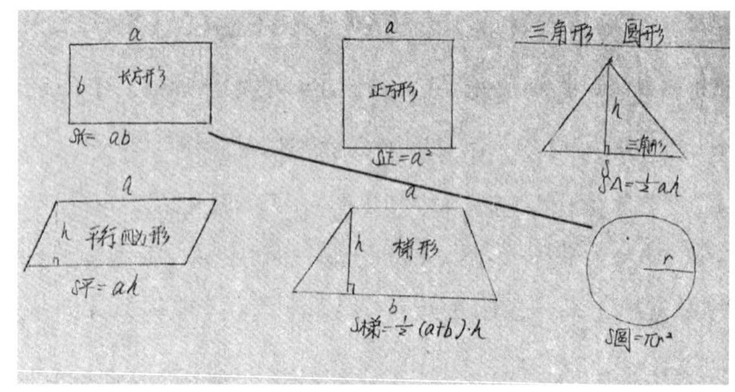

图 4—103

师：你能解释这条线表示什么意思呢？

生：也就是说，圆和长方形是有关系的。

师：是的，圆是变成长方形来推导面积公式的。请大家再看一看，其他几个图形之间如果连线，怎么画？同桌两人之间先交流一下。

(学生同桌间交流，教师巡视了解学生的想法。之后，请学生汇报。)

生：我觉得把平行四边形和三角形、梯形连上线。因为两个完全一样的三角形能拼成一个平行四边形，两个完全一样的梯形能拼成一个平行四边形。

(学生鼓掌。教师在展示的图中将三角形、梯形分别与平行四边形连线。)

生：还可以把长方形和正方形连线。因为长方形、正方形的面积都是把横着的那条边跟竖着的那条边相乘得来的。

师：(在图中将长方形和正方形之间连线)是的，我们知道，正方形是特殊的——长方形。在长方形中，a 乘 b，当 a 和 b 相等时是正方形，也就是 a 乘 a，即 a

的平方。

生：我觉得还可以把梯形和长方形连在一起。梯形通过割、拼，可以变成一个长方形。

师：我们前面交流的是，用两个完全一样的梯形，拼成——平行四边形。她提出，梯形可以割、拼，变成长方形。这也是可以的。

（教师在图中梯形和长方形之间连线。考虑到这样的转化，是不同于我们以往熟悉的转化成平行四边形的思路，画成虚线。）

生：平行四边形和长方形可以连在一起。平行四边形沿高切割，然后移到右边，可以拼成长方形。

（教师在图中将平行四边形和长方形之间连线，展示图 4—104。）

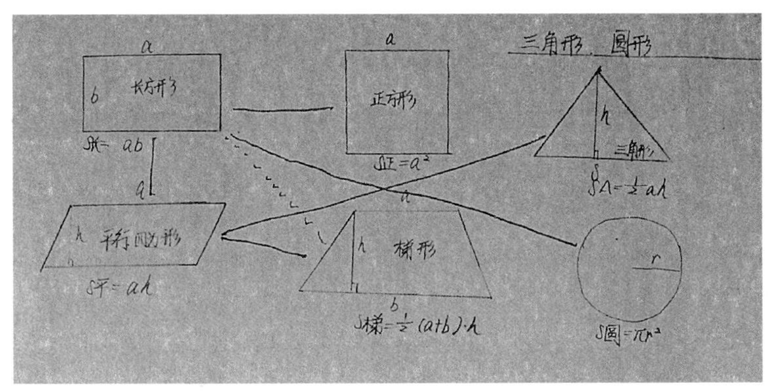

图 4—104

师：请大家观察现在这幅图，你觉得连线之后和连线之前有什么不同？

生：我觉得可以更清楚地反映出各个图形面积计算之间的关系。

（教师请一位学生复述刚才一位学生的发言。）

师：也就是说，这些图形的面积计算是有关系的，有联系的。

（教师板书：联系。）

师：（指着图）我们来看看，我们在探讨平行四边形面积计算的时候，探讨圆的面积计算的时候，怎么想？

生：我们都是把圆形、平行四边形转化成长方形。

师：他的发言，哪个词说得好？

生：（齐）转化。

（教师板书：转化。）

师：我们再看图，三角形、梯形呢？

生:转化成平行四边形。

师:我们再看一幅图。

师:(出示图 4—105)这里我们能看出我们学过的六种基本的平面图形。(动态演示 6 种图形形成网络图,如图 4—106)你看懂了吗?看懂了什么?

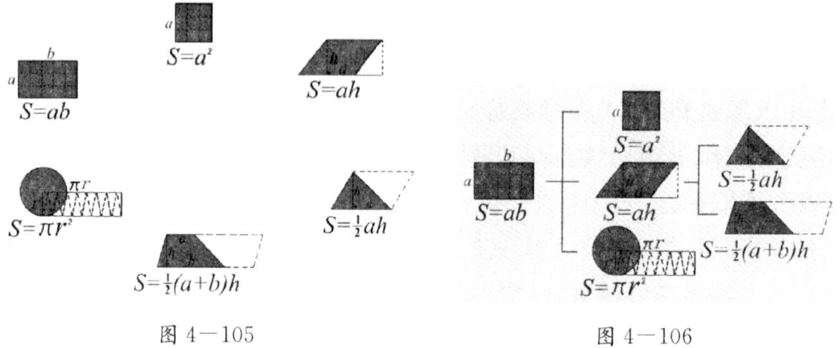

图 4—105　　　　图 4—106

生:我看懂了长方形和正方形、平行四边形、圆形是有关系的,平行四边形和三角形、梯形有关系。

(全班掌声。)

师:从左往右看,根据长方形的面积公式推导出了——正方形、平行四边形、圆的面积公式,根据平行四边形的面积公式推导出了——三角形和梯形的面积公式。从右往左看,我们在探讨三角形、梯形面积计算方法的时候——转化成平行四边形,在探讨平行四边形、圆的面积计算方法的时候——转化成长方形。这幅图和刚才那幅图(即王雨萌的连线之后的图,投影展示)样子不一样,但表达的道理却是——一样的。现在想一想,在小学里,我们最先学习的是哪个图形的面积计算?

生:长方形。

师:前面王雨萌和大家交流时,也说到这一点。那为什么先学长方形的面积计算呢?

生:因为先学长方形,才能够推导出正方形、平行四边形、三角形、梯形还有圆形的面积计算公式。

师:也就是说,长方形的面积计算是学习其他图形面积计算的——源头、起源、基础。我们现在回顾一下,刚才复习了什么?

生:刚才我们梳理复习了平面图形的面积。

师:我们复习了面积计算公式,复习了——这些面积公式是怎样推导来的,我们发现，这些图形是有联系的，在探讨新的图形面积计算方法时，都运用了——转化思想方法。

三、练习

（一）基本练习

出示表格，学生计算，指名汇报计算结果，屏幕显示答案，全班核对。计算圆的面积，引导学生编题：已知圆的半径或直径或周长，求圆的面积。

图形名称	已知条件		面积
长方形	长 6 厘米	宽 4 厘米	
平行四边形	底 3 分米	高 1.2 分米	
三角形	底 3/4 厘米	高 4 厘米	
梯形	上底 3.5 厘米 下底 6.5 厘米	高 2.4 厘米	
正方形	边长 0.5 米		
圆			

（二）交流“易错题”

师：现在我们看课前的整理复习材料的第二题，这里，要大家整理一道怎样的题目？

生：（齐）易错的题目。

师：为什么要大家整理一道易错的题目呢？请大家读一读“研究学习”材料页脚的两行文字。

生：（读）聪明人会认识自己的错误，聪明人会改正自己的错误，聪明人不重复犯同样的错误，最聪明的人是不重复犯别人的错误。

师：这几句话告诉我们，要善于从错误中学习，从自己的错误中学习，从他人的错误中学习。我们首先有请赵雅妮展示一下她所选择的题目。

（赵雅妮展示，如图 4—107。）

赵雅妮：我选择的题目是，在一个边长为 4 厘米的正方形中画一个圆，最大的圆的面积是多少？我要讲的是，在这个正方形中，画一个最大的圆，这个圆的直径等于正方形的边长。解答是，先求出这个圆的半径，$4\div2=2$（厘米），再求圆的面积，$3.14\times2^2=12.56$（平方厘米）。在一个边长为 4 厘米的正方形中画一个圆，最大的圆的面积是 12.56 平方厘米。

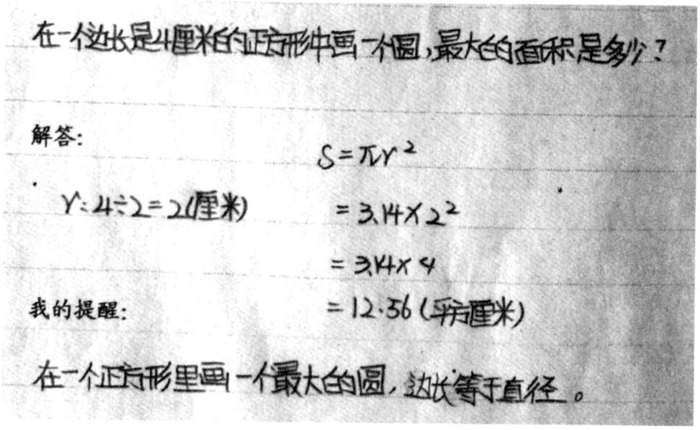

在一个边长是4厘米的正方形中画一个圆，最大的面积是多少？

解答：

$r=4\div2=2$（厘米）

$S=\pi r^2$

$=3.14\times2^2$

$=3.14\times4$

$=12.56$（平方厘米）

我的提醒：

在一个正方形里画一个最大的圆，边长等于直径。

图 4—107

（全班掌声。）

师：听了她介绍这道题目，我的头脑中想象了一幅图。有谁把这幅图画到黑板上？

（学生纷纷举手，教师让赵雅妮请班上一位学生到黑板上画图，如图 4—108。全班掌声。）

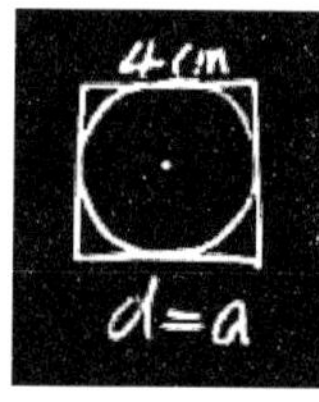

图 4—108

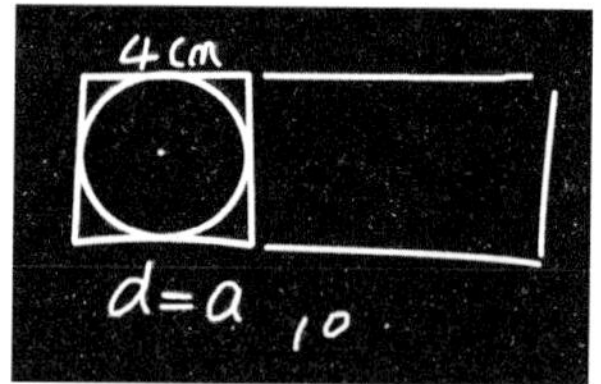

图 4—109

师：大家的掌声，也就是说，刚才这位同学画的图，和我们每位同学头脑中想象的图是一样的。回顾一下赵雅妮的这道题目，提醒我们注意：在正方形中画一个最大的圆，圆的直径等于正方形的边长。由这道题目，我想到，在正方形里面可以画一个最大的圆，那长方形里可以不可以呢？

（学生说"可以"，教师随即追问：把正方形改成长方形，长为几？学生回答"长10"后，教师修改黑板上的正方形图，如图 4—109。）

师：现在要画一个最大的圆，这个圆的直径是多少？

生：4 厘米。

师：你还有什么想法？

生：可以考虑，在长方形中画正方形，有多少个正方形，就能画多少个圆。

师：我们班另一位同学，就编了一道类似这样的问题。

（教师邀请段文博展示，如图4—110。）

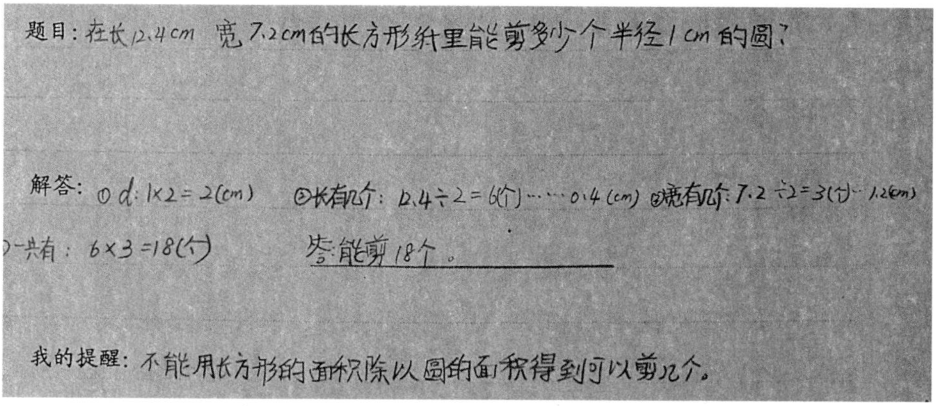

题目：在长12.4cm 宽7.2cm的长方形纸里能剪多少个半径1cm的圆？

解答：①d：1×2=2(cm)　②长有几个：12.4÷2=6(个)……0.4(cm)　③宽有几个：7.2÷2=3(个)……1.2(cm)

④一共有：6×3=18(个)　答：能剪18个。

我的提醒：不能用长方形的面积除以圆的面积得到可以剪几个。

图4—110

段文博：我的题目是，在长12.4厘米、宽7.2厘米的长方形纸里，能剪多少个半径1厘米的圆？这道题，我先想，如果先剪正方形，那就先剪多少个边长2厘米的正方形。它的长可以剪6个，还余0.4厘米；宽有3个，余1.2厘米。所以我的答案最后是剪18个。

（段文博正准备说“我的提醒”，教师示意段文博暂不讲解，而是请班上其他学生来讲。）

生：他说，可以看作剪正方形。

生：段文博提醒大家，不能用长方形的面积除以圆的面积，圆是有空隙的。

生：他说圆是有空隙的，我觉得这句话表达不够准确，应当是，圆不能密铺。

师：我们再看数据，如果把长12.6改成12，宽7.4改成7，结果一样不一样？（一样）这道题目是有边角料的问题。其实，题目的变化太多了。（指着黑板上的图）如果在这个正方形中剪半圆，在这个长方形中剪半圆……这些问题都留给大家思考。再看课前整理复习的材料，还有不少同学收集的错题，后面继续展示交流。今天这节课就到这儿，下课！

【教学思考】

教学《“平面图形的面积”总复习》这节课，要从10年前说起。

为了探索复习课改革的路子，中国教育学会小学数学教学专业委员会于2000年底决定，2001年举办全国第五届小学数学优化课堂教学观摩课评比活动。这次活动抽签确定上课的课题，并安排了12节复习课。江苏和北京抽到的上课内容是12节复习课之一——六年级平面图形面积或者立体图形体积的总复习。得此

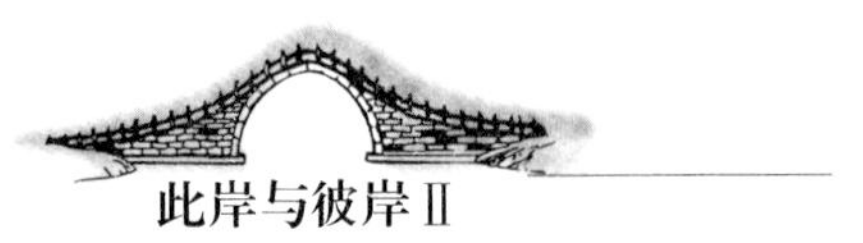

通知后，江苏省在全省范围内举行了课堂教学比赛选拔活动。从学校到县、市、省，经过一轮又一轮的初赛、复赛，层层选拔，我获得了参加全国赛课的机会。在山东淄博，我执教《“平面图形的面积”总复习》，获得了一等奖第三名(复习课类第一名)。

歌手孙悦曾在上个世纪90年代演唱《祝你平安》，而在10年后，孙悦又推出了十年版《祝你平安》。其中一句歌词是：“周围的世界每天在改变。”李宁运动用品的广告语是什么？“一切皆有可能”，我们耳熟能详。不过，这是曾经的广告语。当下，李宁运动用品的广告语是“让改变发生”。周围的世界每天在改变，我们的课堂呢？我们的课堂是否让改变发生？

10年过去了，如果我再上《“平面图形的面积”总复习》这节课，我会怎样上呢？

在当下很多教学研讨活动中，我们常常看到同课异构的活动研讨方式。所谓“同课异构”，即不同的教师就相同的课题在同一个教学研讨活动中执教呈现，用课堂表达各自不同的设计与思考。作为多次参与过这样活动形式的上课教师，我深切地体会到同课异构带给上课教师的压力。正如南京大学郑毓信教授一次和我交流时谈到的，同课异构，教师们为了“不同”，殚精竭虑。

而我，多次体验同课异构的酸甜苦辣之后，逐步认识到，同课异构，避免雷同。但不同的教学处理，不应是猎奇之作，而应是不同的教育思考外显于课堂，上课教师用实践诠释自己的思考。因为思考，我们的课堂成为探索之旅。

当思考指向从公开课转到家常课之后，我进一步认识到，我们每一位教师更需要有与自己同课异构的自觉，即由与他人的同课异构转向与自己同课异构。在我们的教学经历中，某一课题，我们先后都执教过，那我们是将曾经的教学方案粘贴、复制到当下的课堂，还是带着新的思考对自己原先教学方案刷新、“异构”一下？

我再度设计执教《“平面图形的面积”总复习》这节课，“让改变发生”，一是给自己一个类似“十年庆”式的纪念；二是以课堂实践追问、审视自己，10年来的课堂，发生了哪些“静悄悄的革命”？

一、与自己“同课异构”，其实是一件很有意思的事

异构的过程，自然产生了比较。我们无法拒绝比较，也不应拒绝比较。俗话说“不怕不识货，就怕货比货”，然而，这样的观点是在通过比较决出优劣高低的目标下产生的。我们对同课异构课堂的比较，无论是自己与他人异构的比较，还是

自己与自己异构的比较，应达成这样一种共识：通过对同一个问题的思考、阐述、理解、辨析、感悟、再思，构建一种对话场域。通过比较，沟通理解，触发思考，促使优化，走向深刻。

10 年前的《“平面图形的面积”总复习》(以下简称“2001 版”)和当下的《“平面图形的面积”总复习》(以下简称“2012 版”)有什么不同呢？我从显性的课堂教学过程的三个主要环节作一些比较，并敞亮自己内隐着的一些想法。

(一) 导入，为谁设计？

“万事贵乎始。”如何导入，往往是教师苦思冥想一节课的开始。

2001 版课堂，我当时的想法是，设计与生活实际相关的面积计算的实际问题，以此导入教学。我曾由电视中播放的“立邦漆”广告得到启示。课堂教学伊始，播放“立邦漆”广告，提出问题：“用立邦漆刷墙壁，如果告诉你每平方米用漆 1 千克，预算买多少千克漆，想一想：还需要知道什么条件？”学生回答后，教师引出本课课题：“计算面积时，我们要运用一些基本的平面图形面积计算方法，这就是本节课复习的内容。”由于我已经在一定的场合公开展示过这则设计，于是我又苦苦寻找“人无我有”的导入新方案，意图带给听课教师耳目一新的感觉。持续的思考，终于在一天晚上躺在床上时突然想到“拍卖土地”(准确说，是拍卖国有土地使用权)的事。于是，从报纸上搜寻相关的公告，课堂教学比赛从县、市、省到全国，所展示的报纸跟随着上课比赛地点的变化，依次从《海安日报》更换成《南通日报》《丹阳日报》《新华日报》《淄博日报》。的确，全新亮相的导入，让听课教师的眼睛一亮。有教师如是评价：设计新颖，气势磅礴。学生感觉如何呢？我不知道。

2012 版的课堂导入，与 2001 版相比，平淡无奇。教师开门见山，揭示课题。为何如此？我在思考，导入环节的“卖土地”，真的调动了学生学习平面图形面积的兴趣了吗？当学生走进课堂时，他们真的不知道今天这节课学习什么吗？为什么要引子呢？开门见山，有什么不好？

导入，是指上课之初教师为使学生尽快适应教学活动而进行的一定的教学组织引导工作过程，是整个课堂教学的准备动作。导入的教学功能主要是帮助学生明确课题，集中注意，激发兴趣，启动思维。

导入，不是为了导入而导入。导入，应走出片面的形式追求。因为学生，导入，有时需要一个精彩而又妥帖的情境，有时可以单刀直入、开门见山。

(二) 整理，学生能否？

关于复习课中的知识整理，我的思考是：如何体现复习课的特点，帮助学生将平时所学的零散知识系统化？

2001 版的课堂，先是通过提问，集中呈现面积计算公式，然后让学生在小组交流的基础上汇报，逐个梳理推导过程，继而引导学生发现知识之间的联系，构建知识网络。最初，我设计了一组填空题：

（1）正方形可以看作是长和宽相等的（　　）形。

（2）平行四边形可以通过剪、移、拼转化成（　　）形。

（3）三角形和梯形可以转化成（　　）形。

（4）圆可以分割、转化成（　　）形。

这组题目出示后，让学生逐一思考、填空。我的设计意图是，沟通平面图形面积计算之间的关系，让学生体验到学过的平面图形是转化成长方形、以长方形面积公式为基础推导面积计算方法的。反思这样的设计，我感觉到教师"牵"得太多，放手不够。于是，我又思量着教学设计的调整。小学阶段，学习平面图形面积计算方法的顺序是：长方形、正方形、平行四边形、三角形、梯形、圆。这样的顺序是有"说法"的。由此，我设计了如下的问题："在小学阶段，我们首先学习的是长方形的面积计算，这是为什么呢？"这样的问题，可能是以往教师研读教材时思考的问题，我将之移植到课堂中，以这一思维含金量颇高的问题组织讨论，推动学生自主地把各个平面图形的面积计算与长方形联系起来，然后让学生在讨论的基础上用画图的方式外化他们的想法，并在交流之后，将学生绘制的其中一种平面图形面积计算关系图旋转 180°，以此转出形象的"知识树"。这一设计让课堂又产生一个至今仍被一些教师津津乐道的亮点。特级教师华应龙如是评述：把学生画的关系图出乎意料地一"转"，图还是那个图，可转出一棵"树"来，乃神来之笔，体现了复习课的融会贯通、温故知新。形象的"知识树"一定让学生经久不忘。

2012 版的课堂，我又思考：学生能自己整理吗？他们会怎样整理呢？2001 版课堂中学生绘制的"知识树"的成功，恰恰给了我信心与启发。学生学得精彩，才是真正的精彩。教师要给学生充裕的思考时间，酝酿精彩；教师要给学生充分的交流时间，展示精彩。有一首歌的歌名是"有一种爱叫作放手"。只有教师的放手，学生的"眼睛、双手、头脑、嘴、空间、时间"才能得到解放，学生才能成为学习的主人。不过，如果让学生在课堂上整理，时间可能限制了学生思维的展开。从数学思考的需要出发，学生学习与理解数学有时需要较长的思考时间。正如著名数学家陈省身指出："数学是自己思考的产物。首先要能够思考起来，用自己的见解和别人的见解交换，会有很好的效果。但是，思考数学问题需要很长时间，我不知道中小学数学课堂是否能够提供很多的思考时间。”于是，我设计了课前整理复习的材料，让学生独立、自主完成。这样，为学生提供了先想、先做的空间与时间，弥补了课堂内学生独立思考时间的不足。之后的课堂学习，则给予学生更充分的学生与学生、学生与教师的交流互动时间。

不过，学生的学习表现“一切皆有可能”。这节课，是和天津市红桥区跃进里小学六(1)班的学生一起上的。学生整理知识的方式，有逐个列举的，有用表格整理的，但全班没有一位学生用“网络图”进行整理。于是课堂中，教师主动出击，紧接着学生的“话”，在学生的图上将长方形与圆之间连上线，并让学生解释连线的意思。这犹如给平静的水面投下一颗石子，打破了学生思维的平静状态，继而从单个的图形面积知识的梳理复习走向图形面积知识之间关系的探讨。逐个列举整理，表格整理，网络图整理，这些都是整理知识的不同呈现形式。在交流的过程中，学生不仅温习了所学的知识，还感受了整理知识的方法。我们看到，学生能整理，学生能用与自己学习水平相应的方式进行整理，学生所作的整理是有差异的，而这样的差异，正是课堂交流的动力与资源。因为不同，我们才需要对话与交流。

(三) 练习，练习什么？

复习课，查漏补缺，连线结网，巩固应用，提升水平。练习，练什么？如何练？这是教学设计时无法回避的问题。

2001版的课堂，在练习部分我安排了下面的问题：

(1) 填表，直接运用公式计算图形面积。

(2) 选择题。

(3) 结合情景，说一说在实际生活中面积计算的应用，再解决以下实际问题。

① 描述墙壁上的装饰画有多大。

② 地面铺方砖，装修时至少用了多少块？

③ 用50万元买一块地，够不够？

(4) 视听故事“阿凡提赶羊”。

我寻思的是：练习如何有新意？每一道题目，我都绞尽脑汁，力求与众不同。以视听故事“阿凡提赶羊”为例，这是我将教材中的一道题目“一个长方形和一个圆的周长相等。已知长方形的长是9厘米，宽是6.7厘米，它们的面积各是多少”所作的加工改造。视听结合、声画并茂的“包装”，使原本枯燥、乏味的题目变得鲜活、生动。北京师范大学周玉仁教授在评课时充分进行了肯定：“使学生觉察到‘在周长一定的情况下，圆的面积最大’，既综合运用了长方形、正方形和圆形的周

长与面积的知识，解决了实际问题，又渗透了极值的数学思想，体现了数学知识的价值。”

2012版的课堂，原先以填表的方式运用公式计算图形面积的基本题保留下来，接下来是“易错题”的交流。查漏补缺，以往常见的是教师依据自己的“感觉”与经验，给学生查漏补缺。能否让学生自主地对自己查漏补缺？易错题，是学生课前从自己曾经出错的题目堆中选择的。我以为，选择一道题目的过程，是温习若干题目的过程。这里，不仅是练习的量的问题，还有练习的方式的问题。进一步分析，作为学生，与以往比较多地关注“老师让我们练什么”形成对比的是，现在要关注自己练什么。也就是说，学生在学习过程中发展元认知意识，学习自我调节。自我调节的意义在于：当学生能自我调节时，意味着学生自主地完善着认知结构的建构；当学生能自我调节时，意味着学生积极地投身于学习，而不是被动地接受信息；当学生能自我调节时，意味着学生将学习真正作为自己的事，真正成为学习的主人。我们知道，学生的错误不可能单独依靠正面的示范和反复的练习得以纠正，必须是一个自我否定的过程，而自我否定又以自我反省，特别是内在的观念冲突作为必要的前提。认识错误，追究错因，纠正错误，这都依靠学生的自我调节。基于这些思考，2012版的课堂，用学生自主选择的易错题，替换了教师精心设计的问题。

二、与自己“同课异构”，也是一件很有意义的事

异构的过程，是对自己的课堂获得更清晰认识的过程。

2011年，我去山东青岛参加一场教学研讨活动。在活动过程中，一个素不相识的教师对我说：我听过你的课，记得阿凡提赶羊……我笑着和他打趣：呵呵，我10年前上课时就期待着今天这一天，就期待着多少年之后，有人对我说：我听过你的课……

坦率地说，回顾反思2001版课堂的设计经历，我关注更多的是知识点和按部就班地上课，是封闭性的教学进程是否顺畅，是参与听课的教师（包括评委教师）的反应。我觉得，这节课似乎可以定义为“为教师的设计”，既为听课的教师而设计，也为执教的教师而设计。

2012版的课堂，少了预设，多了生成，在开放性的教学过程中研讨学生真正的问题，让学生真实地参与学习过程。教师从“学”的视角重构课堂，即教师把学生带到学习任务中，以学生的已有知识和观念作为新教学的起点，给学生多了学习

和建构的机会，从而促进学生的学习。

耐人寻味的是，我曾在我工作的学校的一次教研活动中，先后呈现了2001版、2012版的《“平面图形的面积”总复习》，听完这两节课后，有一部分教师直言不讳：还是10年前的课好看，更喜欢10年前的课。

而我现在的想法是，课堂，不是给听课教师看的，课堂是教师和学生共同学习、生活，教师和学生共同分享彼此想法的地方。在分享中，师生的“思想”不断被打开。

课堂，好看么？即，课堂，是否具有观赏性？课堂的风景在哪儿？我以为，课堂的风景在学生那儿。那我们是否缺失了发现风景的眼睛？世界上不是没有美，而是我们的眼睛没有找到发现美的角度。

我们该追问：课堂，是促进了学生的发展，还是拘囿了学生的发展？是控制了学生，还是解放了学生？根据课程标准和学生的实际需求，教师能否不再追求课堂教学程序的严密和教学结构的完整，能否不再墨守封闭性教学过程的预设，而灵活地安排教学程序，适时地调整教学环节，创设开放的课堂，真正提高教学实效？

布鲁纳指出：“我们教师的目的在于：我们应当尽可能使学生牢固地掌握学科内容。我们还应当尽可能使学生成为自主而自动的思想家。这样的学生当他们在正式学校教育结束之后，将会独立地向前迈进。”由此来看，当教师从“学”的视角重构课堂时，比“让学生积极主动地学习”更有意义的是，学生在学习中学会了学习。

一路走来:记录"2015"

2015年,对于我来说,是不寻常的一年。因为,我在年初设想出版的《此岸与彼岸Ⅱ》即将出版了。无疑,这会成为我和我的学生难以忘却的记录。

本书的书名为何叫《此岸与彼岸Ⅱ》?我要说明的是,这是学生的创意。去年,我告诉我当时所带的(6)班学生,我要把和他们几年的教学经历写一本书,赠送给他们作为毕业礼物。当时有学生脱口而出"此岸与彼岸2"。全班学生哈哈大笑。那本书后来在出版时书名定为《现场与背后》,但学生美妙的想法——"此岸与彼岸2",留存在我心中了。

说到《此岸与彼岸Ⅱ》,我想起了电影《速度与激情》——现在我们已经看到了《速度与激情7》。从"1"到"7",记录了《速度与激情》团队的成长历程。教师,也应在不断的成长中。

《此岸与彼岸Ⅱ》,主要记录继《此岸与彼岸》之后我在数学教学中的一些实践与思考。其中,第一辑,记录了我对小学数学教学内容的思考;第二辑,记录了我对小学生以及小学生数学学习的认识。我以为,能思考的教师,总能找到适合学生学习的那一个方法;能思考的教师,总能找到抵达学生心灵的那一条道路。小学数学教学,是面向小学生的,教师所思考的应该是如何让学生也真正思考起来,享受数学思考的酸甜苦辣。第三辑,记录我和学生的故事。与"活泼泼"的学生携手同行,彼此思想打开,于是就有了值得忆的事、值得思的事,师生都觉得数学"好玩"。第四辑,记录了我的一些课堂。小学数学教学的主阵地是课堂,我们要不懈努力的是,用思考支持课堂,用思考唤醒自信,再用课堂把思考外化出来;我们要时刻提醒自己的是,课堂不可能没有缺点,但一定不能没有特点,课堂可以有缺憾,但不能没思考。

作为教师,我们在思考吗?

下面这段话,是我某一天的活动记录:

今天,早上到校,首先帮英语李老师看早读;然后,帮语文李老师看操和晨会;

第一节课，听课；第二节课，上课；第三节课，第四节课，评课，再帮另一位老师备课、说课；中午，吃饭、值班；下午，第一课，帮体育老师代课；下午第二课，听另一位老师上课；紧接着，安排本周双休日学校在东南大学举办的活动。然后，评课，帮助备课，直至五点半，回家。课间，批改作业。

那一天，我班的一位家长早上发给我一则邮件，想和我交流她孩子的数学学习情况。而我，直到晚上才回复邮件，以上文字也就是我迟迟回复的解释。我也正是从已发送的邮件中找到这段文字记录。我知道，一个学期近百天，不可能天天如此，但我常常如此。但如果每天记录这些，那我们将盲目于忙碌，在疲惫甚至一丝倦怠中迷失了自己真正需要的思考。

教师的成长，是思行相伴、思行互动的过程。随着教学实践与思考的累积，用文字记录下思想的声音与行动的轨迹，也就留下了自己的个人教学史。每次文字形成的过程，是与自己对话、跟自己诉说、和自己谈心的过程。对问题的认识，有正确和错误之分，有深刻与肤浅之分，不管如何，我们只有在实践与思考的互动过程中，才能让自己的已知得到丰富、深化或者修正。在这个过程中，要力求做到：保持宁静的心境，审视教学，收获洞见；保持宁静的心境，解读学生，解放教学；保持宁静的心境，反省自我，发展自我。这样的文字，对自己来说，是一种纪念，纪念自己过去的时光；是一面镜子，帮助自己更好地认识自己。对他人来说，不是样本，也不是蓝本，只是呈现一种事实与场景，是在提醒：做老师，也可以这样。

教师的思考，是这一路不断地追求美好；教师的思考，是让自己的教育生活与众不同；教师的思考，是让自己的生命傲然挺立。

巴西学者保罗·弗莱雷说："我不能替别人思想，没有别人我也无法思想，别人也无法替我思想。"充满思想的行程，既是享受孤独的行程，又是一个不孤单的行程，更是一个幸福的行程。

我是幸福的！

感谢我的学生！没有他们同行，我的思考与行动也就是无源之水、无本之木。

感谢成尚荣、游建华、闫勤、华应龙几位专家作序，他们对我的鼓励，不断增添着我前行的动力。

感谢游建华先生、朱凌燕女士、张金凤女士！他们持续甘为他人作"嫁衣"，才让《此岸与彼岸Ⅱ》与《此岸与彼岸》《现场与背后》一起既有速度、又有激情地与大家陆续见面，也让我的2015年不同寻常。

感谢我的同事、我的朋友、我的家人……

感谢我自己，我不敢说梦中都在思考，但我在思考中追梦。

借用某品牌汽车的广告词作为结语——

以新我，超自我！

贲友林

2015 年 6 月